整合劳动教育的研学旅行课程研究

胡蓉 著

华东师范大学出版社·上海

教育部人文社会科学规划项目"中小学生劳动素养培育的家校社协同机制研究"（项目号：22XJA880005）

重庆市教育科学"十四五"规划 2022 年度重点课题"推进中小学劳动教育实效性策略研究"（K22YB202009）

西南大学研究生优秀教材建设项目资助（项目号：SWUYJS234007）

图书在版编目(CIP)数据

整合劳动教育的研学旅行课程研究/胡蓉著.

上海:华东师范大学出版社,2025. —ISBN 978 - 7
- 5760 - 5890 - 1

Ⅰ. G40 - 015

中国国家版本馆 CIP 数据核字第 2025DL8223 号

整合劳动教育的研学旅行课程研究

著　者　胡　蓉
责任编辑　林青荻
特约审读　郑　月
责任校对　王丽平　时东明
装帧设计　刘怡霖

出版发行　华东师范大学出版社
社　　址　上海市中山北路 3663 号　邮编 200062
网　　址　www. ecnupress. com. cn
电　　话　021 - 60821666　行政传真 021 - 62572105
客服电话　021 - 62865537　门市(邮购)电话 021 - 62869887
地　　址　上海市中山北路 3663 号华东师范大学校内先锋路口
网　　店　http://hdsdcbs. tmall. com

印刷者　上海新华印刷有限公司
开　　本　787 毫米 × 1092 毫米　1/16
印　　张　14.5
字　　数　219 千字
版　　次　2025 年 7 月第 1 版
印　　次　2025 年 7 月第 1 次
书　　号　ISBN 978 - 7 - 5760 - 5890 - 1
定　　价　68.00 元

出 版 人　王　焰

(如发现本版图书有印订质量问题,请寄回本社客服中心调换或电话 021 - 62865537 联系)

序

　　自 2016 年教育部等 11 部门联合发布《关于推进中小学生研学旅行的意见》,研学旅行课程化推进已近十年。随着 2020 年中共中央、国务院《关于全面加强新时代大中小学劳动教育的意见》的颁布,如何切实而有效地将劳动教育整合进研学旅行课程,不仅成为极具现实性的实践问题,也成为具有时代性的理论问题。劳动教育与研学旅行课程的整合,既可为劳动教育在学校课程中的整合实施提供具体框架,又可为研学旅行在"五育"融合方面的价值提升提供理论基础,可以在一定程度上弥合已有研究的"知识缝隙"。同时,立足新时代,扎根本土的丰富实践,有助于凝练和构建新时代劳动教育和研学旅行的"中国经验"和"中国话语"。

　　本书以系统整合理论、马克思主义劳动观、STEAM 教育理论、扎根理论等为指导,按照"缘何——为何——是何——如何"的逻辑思路,提出整合劳动教育的研学旅行需探讨的四大问题:一是为什么要开展劳动教育与研学旅行整合课程的研究探索? 二是劳动教育与研学旅行的整合为何可能? 三是劳动教育与研学旅行课程化发展是何现状? 四是劳动教育与研学旅行如何整合? 从理论搭建和实践探索两个层面对四大核心研究问题进行了回应,综合采用了扎根理论、数字画像、结构方程模型、问卷调查、案例分析等方法,从"理论架构——现状分析——路径探寻"三个阶段进行论述,分析了研学旅行整合劳动教育的重要性和可能性,诊断了研学旅行课程化现状及满意度、中学生劳动素养现状及问题,提出了劳动教育课程设计、劳动研学课程资源建设及劳动研学跨学科主题学习活动设计的具体路线。本书旨在通过丰富而多样的数据,可靠的证据,为理论研究者、一线实践者开展劳动教育以及研学旅行课程建设提供理论指导、经验概括和可借鉴的实践方案。

目　　录

理论篇

第一章　绪论 / 2

　　一、问题缘起 / 2

　　二、关于研学旅行的研究 / 6

　　三、关于劳动教育的研究 / 19

第二章　研学旅行的学习机制研究 / 31

　　一、捷克、挪威两国研学旅行的本土化发展 / 31

　　二、研学旅行的学习机制分析 / 34

　　三、对研学旅行课程的启示 / 38

第三章　劳动教育与研学旅行课程整合的适切性分析 / 41

　　一、研究工具与数据获取 / 41

　　二、劳动教育与研学旅行整合的可行证据 / 49

　　三、劳动教育与研学旅行整合的应然状态 / 57

现状篇

第四章 基于数字画像的中学生劳动素养调查 / 64

一、中学生劳动素养画像的框架设计 / 64

二、中学生劳动素养画像的指标体系建立 / 67

三、中学生劳动素养画像的构建 / 70

四、素养画像视角下中学生劳动素养培育中存在的问题 / 83

第五章 中学研学旅行课程现状及满意度调查 / 86

一、研究设计 / 86

二、研学旅行课程化现实样态 / 90

三、研学旅行课程化满意度分析 / 93

四、启示 / 98

第六章 整合劳动教育的研学旅行课程基本模式调查 / 105

一、调查设计 / 105

二、基本模式 / 108

三、启示 / 118

策略篇

第七章　基于劳动大概念的劳动研学课程设计 / 124

一、大概念融入劳动教育的核心意蕴 / 124

二、基于政策工具的劳动教育大概念建构 / 127

三、大概念框架下的劳动研学课程设计模型 / 131

第八章　基于 STEAM 理念的劳动研学课程资源建设 / 143

一、整合劳动的研学课程资源建设价值探寻 / 143

二、整合劳动的研学课程资源建设理论框架 / 145

三、整合劳动的研学课程资源建设路径 / 153

四、整合劳动的地理研学课程资源建设案例设计 / 165

第九章　基于跨学科主题学习的劳动研学活动设计 / 177

一、跨学科主题学习活动的内涵 / 177

二、基于跨学科主题学习的劳动研学活动设计 / 180

三、基于跨学科主题学习活动的劳动研学活动案例设计 / 192

第十章　研究结论 / 204

后记 / 208

参考文献 / 210

理论篇

第一章 绪论

一、问题缘起

(一) 政策导向：回应国家政策的关切

2016年，教育部、国家发改委等11部门联合印发《关于推进中小学生研学旅行的意见》，首次将研学旅行正式纳入教育改革的国家纲要性文件，要求将研学旅行纳入中小学教育教学计划。随后全国多个省市陆续颁布具体实施意见，研学旅行在全国快速推进，成为教育改革和文旅融合的重要话题。特别是随着2020年中共中央、国务院《关于全面加强新时代大中小学劳动教育的意见》的颁布，如何切实而有效地将劳动教育整合进研学旅行课程，不仅成为极具现实性的实践问题，也成为具有时代性的理论问题。

对于劳动教育，习近平总书记多次在讲话中提到劳动及劳动者在中华民族伟大复兴历史进程中的重要作用，强调要加强劳动教育。在2018年全国教育大会上，习近平总书记着眼于世界发展新局势，立足新的历史方位和时代使命，将劳动教育纳入党的教育方针，明确提出"要努力构建德智体美劳全面培养的教育体系""培养德智体美劳全面发展的社会主义建设者和接班人"[1]。习近平总书记的重要论述为新时代加强劳动教育提供了根本遵循。在习近平总书记的重要指示下，中共中央、国务院和教育部先后颁布《关于全面加强新时代大中小学劳动教育的意见》《大中小学劳动教育指导纲要（试行）》等政策文件，文件指出"把劳动教育纳入人才培养全过程，贯通大中小学各学段和家庭、学校、社会各方面，与德育、智育、体育、美育相融合"，旨在构建"五育并举""五育融合"的现代化教育

---

① 习近平在全国教育大会上强调坚持中国特色社会主义教育发展道路培养德智体美劳全面发展的社会主义建设者和接班人[EB/OL].(2018 - 09 - 10)[2024 - 04 - 24]. http://www. moe. gov. cn/jyb_xwfb/s6052/moe_838/201809/t20180910_348145. html.

体系。①② 由此可见，劳动教育是学生全面发展的现实需要，也是我国新时代教育发展的必然要求。故随着新时代劳动教育重要性的与日俱增，迫切需要扭转以往忽视劳动教育的局面，积极开拓劳动教育的实践在我国具有重大的时代意义。

（二）改革牵引：立足课程改革的趋势

"21世纪应该培养怎样的人才，如何培养人才"是当前国际社会普遍关注的教育问题，无论是美国倡导的技能教育、欧盟提出的关键能力，还是中国研制的21世纪中国学生发展核心素养，无不彰显着"素养"已经成为全球性的教育目标，而指向学生终身学习和素养发展的基础教育课程改革必为大势所趋。③ 素养指向的时代背景之下，死记硬背基础知识与机械掌握基本技能的做法早已与教育背道而驰，教育真正要实现的目标就是落实学生发展的核心素养，培养适应社会发展的全面的人。

在学校教育中，核心素养的落实更多依靠基础学科课程。然而需要明确的是，学科课程与核心素养并非一一对应的固定关系，所有的学科领域都有助于多种素养的发展，与此同时，没有一种素养的发展单纯依赖一种学科。④ 因此核心素养的整体性决定了其不可能借助分科课程体系培育，课程整合是学生核心素养培育的必由之路。⑤ 研学旅行与劳动教育的整合便是顺应社会发展，提供现实的、探究价值高的研学资源，满足学生深入探究和多元化学习的需求，培养学生的生活技能和集体观念，养成自理自立、文明礼貌、互勉互助、吃苦耐劳、艰苦朴素等优秀

① 中共中央国务院关于全面加强新时代大中小学劳动教育的意见［EB/OL］.（2020 - 03 - 26）［2024 - 04 - 24］. https://www. gov. cn/zhengce/2020-03/26/content_5495977. htm.
② 教育部关于印发《大中小学劳动教育指导纲要（试行）》的通知［EB/OL］.（2020 - 07 - 15）［2024 - 04 - 24］. https://www. gov. cn/zhengce/zhengceku/2020-07/15/content_5526949. htm.
③ 王向东，邓若男，梁秀华. 地理学科核心素养整合培育的内涵与建议［J］. 课程·教材·教法，2024，44(4)：140—145.
④ 安桂清. 基于核心素养的课程整合：特征、形态与维度［J］. 课程·教材·教法，2018,38(9)：48—54.
⑤ 刘宇. 指向核心素养培育的课程整合及其推进策略——以新西兰为例［J］. 全球教育展望，2021,50(6)：3—11.

品质和精神,拓宽人才培养渠道,为培养高素质人才奠定基础。

党的十八大提出要"全面实施素质教育,着力提高教育质量"。① 党的十九大指出要在全面实施素质教育的基础上,做到"坚持立德树人根本任务,发展素质教育",强调"发展素质教育直接关乎着社会主义教育事业的发展方向"。② 党的二十大进一步强调要"加快建设高质量教育体系,发展素质教育,促进教育公平"。③ 近年来,"核心素养"逐渐成为我国教育领域的热词,其被认为是教育课程目标改革的重要转向,是对全面发展教育和综合素质教育的超越。④ 而研学旅行作为一种新颖的综合实践活动课程,倡导学生在行动中探索,在实践中体验和感悟,从而获得知识和经验,契合了学生核心素养培育的主题要义,是培育学生核心素养的重要路径。⑤

2016 年,教育部、国家发改委等部门印发《关于推进中小学生研学旅行的意见》,首次将研学旅行正式纳入教育改革的国家纲要性文件,要求将研学旅行纳入中小学教育教学计划,可见国家对研学旅行的重视程度大大提高。⑥ 随后全国多个省市陆续颁布具体实施意见,研学旅行在全国得以快速推进,并成为教育改革和文旅融合的重要话题。在新时代"五育并举"的教育方针引领下,研学旅行与各学科的有机融合逐渐成为一种创新教育实践方式。比如《普通高中地理课程标准(2017 年版 2020 修订)》指出:"地理实践力指人们在考察、实验和调查等地理实践

---

① 胡锦涛在中国共产党第十八次全国代表大会上的报告[EB/OL]. (2012 - 11 - 17)[2024 - 04 - 24]. http://www. gov. cn/ldhd/2012-11/17/content_2268826. htm.

② 习近平. 决胜全面建成小康社会夺取新时代中国特色社会主义伟大胜利:在中国共产党第十九次全国代表大会上的报告[EB/OL]. (2017 - 10 - 27)[2024 - 04 - 24]. https://www. rmzxb. com. cn/c/2017-10-27/1851777. shtml.

③ 习近平. 高举中国特色社会主义伟大旗帜为全面建设社会主义现代化国家而团结奋斗:在中国共产党第二十次全国代表大会上的报告[EB/OL]. (2022 - 10 - 25)[2024 - 04 - 24]. http://www. gov. cn/xinwen/2022-10/25/content_5721685. htm.

④ 胡定荣. 全面发展·综合素质·核心素养[J]. 新疆师范大学学报(哲学社会科学版),2018,39(6):61—78.

⑤ 刘亚迪. 研学旅行:让学生在数学活动中思考、体验与创新[J]. 辽宁教育,2020(7):14—17.

⑥ 教育部等 11 部门关于推进中小学生研学旅行的意见[EB/OL]. (2016 - 12 - 02)[2024 - 04 - 24]. http://www. moe. gov. cn/srcsite/A06/s3325/201612/t20161219_292354. html.

活动中所具备的意志品质和行动能力。"研学旅行为锻炼和提升学生的地理实践力提供了最佳途径。同时,研学旅行的实践性、综合性等特征与劳动教育不谋而合。

(三)问题驱动:突破劳动与研学教育困境

回顾我国劳动教育的发展历史,可以发现劳动教育在实践中几经坎坷,有所偏离,但劳动教育始终是中小学课程体系的重要组成部分。学校在劳动教育探索中,初步形成了一套相对独立且完整的劳动教育课程体系。① 步入新时代,伴随着劳动形态的不断迭代和更替,劳动者、劳动工具、劳动对象等也在社会的发展洪流中发生了根本变化。在这种背景下,劳动教育如何融入学校教育体系是教育改革面临的核心问题之一。② 各中小学也对劳动教育进行了积极的探索和实践,但受劳动时间和空间的制约,我国劳动教育仍处于相当不成熟的阶段。譬如"十指不沾阳春水"的青少年缺乏对劳动的真实体验和正确认识,劳动教育的价值存在被淡化、弱化与异化的倾向③;学校的劳动课程名存实亡,课程体系不完善、以课代劳、以教代劳、以说代劳等现象普遍存在;劳动教育教师专业性低、管理随意性大。④ 故确立劳动教育在学校的具体实施形式、开发及利用新的劳动教育资源、构建全面系统的劳动教育课程体系十分必要。⑤

同时,自 2016 年我国研学旅行课程化推进以来,在政府、教育部门、社会机构等各方推进下,我国研学旅行教育的受关注程度、实践范围不断扩大,在全国呈蓬勃开展之势。但作为教育和旅行的跨界组合,研学旅行实践暴露出重游玩享乐、

---

① 张莉,赵景欣,刘霞. 指向核心素养的劳动课程设计[J]. 北京师范大学学报(社会科学版),2023(4):71—77.
② XUE E, LI J. What is the ultimate education task in China? Exploring "Strengthen Moral Education for Cultivating People" ("Li De Shu Ren") [J]. Educational Philosophy and Theory, 2021,53(2):128-139.
③ 赵荣辉. 劳动教育的内涵、主旨与功用[J]. 教育理论与实践,2024,44(5):3—6.
④ 李磊,路丙辉. 高校劳动教育资源开发的路径探析[J]. 湖北工程学院学报,2023,43(5):71—76.
⑤ 夏明霞,李丹,何雪琦. "双减"背景下小学劳动教育资源的开发及利用[J]. 中国教育学刊,2021(S2):228—230.

轻观察探究与深思,重录制复制、轻理性反思与总结,重景点观光、轻生产劳作与体验等乱象。① 研学旅行课程化进程中,部分学校并未将其纳入教学计划和课程体系之中,常常将其视为利用寒暑期或周末开展的冬令营、夏令营或校外社团活动等,缺乏持续性、流于形式、疏于管理,随意性、零散性等现象较为普遍,且文化性不足、教育性不强、操作性不够,难以正常开设和实现预期目标。实施的科学性、规范性仍有待提高。

研学旅行是落实劳动教育的创新途径之一。将劳动教育与研学旅行相融合,能有效拓宽学生劳动教育的渠道,丰富学生劳动教育实践的途径,促进学生劳动素养的提高。因此,整合劳动教育的研学课程研究是必要且亟需的。

二、关于研学旅行的研究

关于研学旅行的研究主要围绕研学旅行内涵、研学旅行价值功能、研学旅行利益相关者、研学旅行产业、研学旅行课程化等展开。②

(一) 研学旅行内涵

研学旅行是一种历史悠久的旅行形式。中国的儒家仁学之游、比德之游,道家的逍遥③,陶行知的知行合一都体现了早期的研学旅行思想。西方则可追溯到16—17 世纪的大游学,即贵族子弟在欧洲大陆求学的"漫游式修学旅行"。国内外学者对研学旅行概念的认识具有模糊性和广延性,在名称上出现多种称呼,如中文的研学旅行、研学旅游、修学旅行、教育旅游等,英文的 educational tourism,field trip, study tour 等。国内早期研究主要继承和借鉴日本的经验,多使用修学

---

① 殷世东,张旭亚. 新时代中小学研学旅行:内涵与审思[J]. 教育研究与实验,2020(3):54—58.
② 胡蓉,莫少雯. 中国研学旅行研究热点与走向[J]. 西南师范大学学报(自然科学版),2021,46(5):81—86.
③ 杨晓. 研学旅行的内涵、类型与实施策略[J]. 课程·教材·教法,2018,38(4):131—135.

旅行的提法(日语称为しゅうがくりょこう),随着研究视角从单一的旅游学到教育学等多维度的拓展,多使用"教育旅游"的称呼。自 2013 年国务院办公厅发布《国民休闲旅游纲要(2013—2020 年)》,首次在政府文件中明确"研学旅行"概念,现在学界普遍采纳这一提法。

　　学者们从不同的视角对研学旅行进行了界定。从旅游学的视角,理查德(Richard)提出研学旅行的增长是文化旅游分散化的结果,研学旅行是与志愿者旅游、语言旅游和创意旅游不同的一个细分市场[①],包括生态旅游、遗产旅游、乡村/农场旅游和教育机构之间的学生交流四个旅游子类型。从人类学的视角,里奇(Ritchie)基于不同年龄组游客的动机因素提出教育旅游的细分模型(图 1-1),他认为教育旅游是学习的欲望,学习可能是旅行的主要或次要动机,学习可能是以正式的(通过专家或导游)方式进行的,也可以是以非正式的(独立或自我驱动)方式开展。[②] 从教育学的视角,皮特曼(Pitman)认为教育旅游是通过旅行进行的体验式学习活动,将教育旅游描述为"涉及刻意而明确的学习体验"[③]。

　　广义的研学旅行覆盖青少年到老年各个群体,是以研究性、探究性学习为目的的专项旅行,是旅游者出于文化求知的需要展开的旅游活动。狭义的研学旅行主要针对中小学生,是由学校有计划地组织安排,通过集体旅行、集中食宿方式开展的研究学习和旅行体验相结合的校外教育活动。国际上多围绕广义的研学旅行展开研究,特别是伴随着终身学习的兴起和拥有可支配收入的健康退休人员队伍的不断壮大,从学龄前儿童到老年人的广泛的教育游客范围为研学旅行产品开发提供了无限的机会。国内研究多基于狭义的研学旅行,聚焦中小学生群体的研学旅行发展。

　　研学旅行具有四大关键特征,依次是教育性、体验性、实践性、公益性。第一,

① Richards G W. Cultural tourism trends in Europe: A context for the development of cultural routes [M]//Khovanova K. Impact of European Cultural Routes on SMEs' innovation and competitiveness. Strasbourg: Council of Europe Publishing, 2011:21-39.

② Ritchie B W. Managing educational tourism [M]. Bristol: Channel View Publications, 2003.

③ Pitman T, Broomhall S, McEwan J, et al. Adult learning in educational tourism [J]. Australian Journal of Adult Learning, 2010,50(2):219-238.

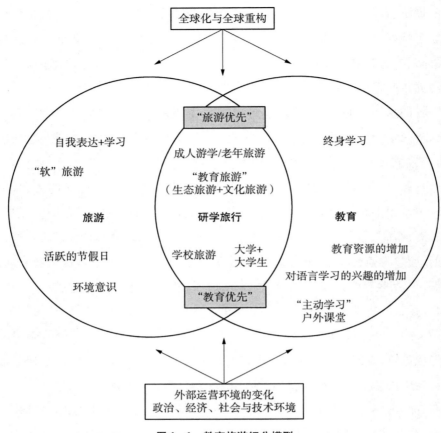

図 1-1 教育旅游细分模型

教育性。作为教育与旅游的深度融合,研学旅行具有特定的教育追求。① 不管是与地理、历史等具体学科的结合,还是对自然人文景观等的广泛认知,教育目标的达成是研学旅行的重要意义所在,同时研学的行程应围绕教育计划而展开。第二,体验性。研学旅行的方式是体验式的,是一种深思熟虑和明确的学习体验,即在真实情境中的体验式学习。②③ 旅行者通过或自然体验、或生活体验、或文化体

---

① 宋晔,刘清东.研学旅行活动的教育学审视[J].教育发展研究,2018,38(10):15—19.
② 殷世东,汤碧枝.研学旅行与学生发展核心素养的提升[J].东北师大学报(哲学社会科学版),2019(2):155—161.
③ 杨晓.研学旅行的内涵、类型与实施策略[J].课程·教材·教法,2018,38(4):131—135.

验或职业体验等,在体验中感受与体悟科学世界与生活世界的真谛,获取学习经验。研学旅行强调提供独特而有差异性的体验。第三,实践性。研学旅行继承和发扬"知行合一"理念,培养旅行者的实践能力。① 通过学与行整合的旅游实践活动,有效衔接理论与实践、课堂教学与旅行体验、校内教育与校外教育,有效提升旅行者在真实情境中的意志品质和实践能力。第四,公益性。研学旅行不同于一般意义上以营利性为目的的旅游,作为社会性的服务产品,其市场行为和资金运作应坚持公益性。②③ 特别是我国政策已明确将研学旅行纳入中小学教育教学计划,研学旅行由选修课变为了必修课,其公益性事关教育公平性。

(二) 研学旅行价值功能

研学旅行具有多样化的价值功能。经济价值方面,它有助于促进地方经济发展;社会价值方面,它能促进不同文化和民族的人之间的和平;教育价值方面,研学旅行能够促进学习认知、改变思维情感、发展技能行为④,研学旅行通过强化课堂学习,将课程带入生活,培养学生的好奇心和新视角。

研学旅行作为当前我国旅游业创新发展的新的增长点,育人价值追求是我国研学旅行的核心和首要目标。具体体现在三个方面:研学旅行是国家落实立德树人根本任务的重要载体,是学校推进素质教育的重要阵地,是学生发展核心素养的重要途径。其中,研学旅行与学生核心素养的相关关系成为教育学研究者关注的热点。如黄莉敏等从学生身心发展、求知、实现自我价值、解除心理危机、建设学习型社会等方面分析了核心素养与研学旅行的相关关系。⑤ 殷世东指出研学旅

---

① 田晓伟,张凌洋.研学旅行服务发展中的公私合作治理探析[J].中国教育学刊,2018(5):46—50.
② 钟林凤,谭净.研学旅行的价值与体系构建[J].教学与管理,2017(31):30—33.
③ 李兴防.研学旅行的特点及实施准备研究[J].中学地理教学参考,2017(7):7—8.
④ McGladdery C A, Lubbe B A. Rethinking educational tourism: Proposing a new model and future directions [J]. Tourism Review, 2017,72(3):319 - 329.
⑤ 黄莉敏,王阔,陈锐凯,等.大学生研学旅行的学理基础与地学科普使命[J].地理教学,2019(5):24—28.

行是学生发展核心素养的行动路径,通过体验式学习,在学习与旅行的生活共同体中,朋辈群体相依,获得社会文化生活基础,增强生存能力和社会责任感,提高实践能力和创造能力,提升学生发展核心素养。① 宋晔等认为研学旅行促进个体回归自然、亲近社会与走向自我,最终促进人的终身发展。② 研学旅行育人价值的分析从教育学理论层面的学理辨析向具体学科的实践领域扩展,如契合度较高的地理学、历史学研究成果大量涌现。

　　研学旅行育人价值通过学习积累而实现。在研学旅行情境中,学习过程如何发生? 已有研究主要分为三个视角:经验学习理论、情境学习理论、建构学习理论。依据经验学习理论,研学旅行过程中学习受到认知因素、情感因素及行为因素的刺激,通过资源、知识、个体的交互,研学旅行者抓住经验、转化经验,从而实现学习的经验、反思、分析和评估等环节,反思是研学旅行者的核心行为。③ 依据情境学习理论,研学旅行是离开惯常的社会网络,进入一个新的临时的社会组织,唤起好奇心,引发新的学习兴趣,其本质在于新环境触发的学习兴趣和可供学习的社会组织。④ 依据建构学习理论,研学旅行是在原有认知结构上对新事物的同化或顺应的建构加工,强调在真实情境中解决问题,在社会互动中内化知识,促进生成性学习。⑤ 现有研究还处于起步阶段,重视研学旅行学习活动情境设计,缺乏多元视角的研学旅行学习规律揭示。

(三) 研学旅行利益相关者

　　研学旅行利益相关者是能对研学旅行活动开展施加影响并且受到研学旅行活动影响的个人或群体。研学旅行涉及复杂的利益相关者,它们之间的利益关系和矛盾制约着研学旅行的健康发展。学者们基于不同的视角开展研究。基于公

---

① 殷世东.活态文化视角下中小学研学旅行课程的价值考察[J].教育研究,2019,40(3):154—159.
② 宋晔,刘清东.研学旅行活动的教育学审视[J].教育发展研究,2018,38(10):15—19.
③ 李军.近五年来国内研学旅行研究述评[J].北京教育学院学报,2017,31(6):13—19.
④ 王牧华,付积.论基于馆校合作的场馆课程资源开发策略[J].全球教育展望,2018,47(4):42—53.
⑤ 黄宇,杨雪.建构主义学习理论视角下研学旅行的特征和原则[J].地理教学,2019(3):60—64.

私性,田晓伟等提出研学旅行涉及具有公共性的政府部门、私人性的社会部门及兼具公共性及私人性的第三部门,三部门间形成平等及相互依赖的关系①;基于支持度,陈慧婷提出研学旅行包括能提供强大支持力的各级政府和学校等正式支持系统,追求自我利益或发展而主动承担责任的旅行社、饭店等非正式支持系统及无明确责任划分但支持国家研学旅行政策的家庭、民间组织等辅助系统,三大系统相互关联和依托②;基于目的性,滕丽霞提出研学旅行包括决策者和组织者的教育行政管理部门和学校,参加活动的中小学学生,提供自然和人文旅游资源的活动基地以及提供研学旅行服务的旅行社。③ 总体而言,研学旅行利益相关者的界定是清晰、明确的,经历了从 20 世纪 90 年代对旅游景点为主的旅游企业单一主体的关注,到对旅行者、学校、旅游企业等多元利益主体的转移。由于各利益相关者在研学旅行活动中的角色、地位以及所处环节的不同,研究的重点也不同(表1-1)。

表 1-1　利益相关者的利益诉求及研究热点

利益诉求	利益相关者	角色	研究热点
教育价值、经济利益	各级政府	调控者、监督者	公共政策、管理模式
教育价值	学校	执行者	课程开发与实施、管理机制
教育价值、休闲游憩	家长	协助者	旅游感知与需求
教育价值、休闲游憩	旅行者	实践者	行为特征、参与方式
经济利益	旅游企业	执行者	经营模式、基地建设

　　研学旅行者是利益相关者中的核心主体。总结国内外研学旅行成果,勾勒中国研学旅行者的基本特征:(1)学习动机。相较于传统的大众旅游者,研学旅行者

① 田晓伟,张凌洋.研学旅行服务发展中的公私合作治理探析[J].中国教育学刊,2018(5):46—50.
② 陈慧婷.利益相关者视域下的研学旅行社会支持系统构建[J].商业经济,2017(11):126—128.
③ 滕丽霞,陶友华.研学旅行初探[J].价值工程,2015,34(35):251—253.

具有学习意识。青少年研学旅行意在增长见识[①],学习效果是影响青少年研学旅行意愿的最重要影响因素[②],学习满意度越高,学习成效越好[③]。(2)中小学生为主。研学旅行者可以是在校学生、处于人格发展阶段的青少年群体、不断追求进取的成年人[④]、闲暇时间较多的老年人等,但国内研学旅行者的主要构成仍是中小学生,教育部、旅游局等相关部门的研学旅行政策均聚焦于中小学生群体。(3)旅行目的地偏好。国内外研究一致表明,安全因素是影响研学旅行目的地选择的首要因素,安全系数高的景区是研学旅行者的偏好地。(4)组织特征。研学旅行的组织形式可以是集体组织、旅游团队及独立出游等,国内研学旅行者更喜欢以团队的形式(学校组织、旅行社组织)进行。

(四)研学旅行产业

研学旅行产品的类型、数量和质量极大地影响了研学旅行产业的发展水平。早期研究主要关注汉字修学、日本来华修学等研学旅行产品类型,随着近年来研学旅行市场的持续升温,产品类型更为多样化。学者们按照产品的空间属性、资源属性、参与方式、参与主体、时间属性、教育功能等标准,对研学旅行产品分类进行了探讨(表1-2),从各个方面揭示研学旅行产品的特质及开发策略,增强各类研学旅行产品开发与利用的针对性和有效性。

---

① 赵幼芳. 试论我国国内旅游的青少年学生市场[J]. 旅游学刊,1996(4):33—35+63.
② 李东和,朱玲玲,朱国兴. 研学旅行影响因素分析——以合肥市青少年为例[J]. 黄山学院学报,2016,18(6):23—28.
③ 刘珂,张原诚. 我国中学生研学旅行学习满意度及学习成效探讨——以陕西省西安市为例[J]. 中国市场,2017(9):113—114+125.
④ 白长虹,王红玉. 以优势行动价值看待研学旅游[J]. 南开学报(哲学社会科学版),2017(1):151—159.

表 1-2　研学旅行产品分类

文献	产品分类	对应标准
殷世东等①	历史古迹、自然景观、博物馆、科技馆、知名院校、工矿企业	产品空间属性
杨晓②	历史文化类、红色革命类、科技活动类、职业体验类、军事训练类、亲近自然类	产品资源属性
李倩③	体验研学——感悟自然与文化、专题研学——组织主题活动、互动研学——对口交流实践尝试	产品参与方式
赵幼芳④	由父母等非紧密伴随、由教师或家长伴随、由原所在学校教师率领、由学校和旅行社配合组织、由学校与科学部门配合组织、由旅行社或同学自由结伴	产品参与主体
赵幼芳⑤	三日内、一月内、一周内、季度内	产品时间属性
王润等⑤	道德教育型、健康教育型、科普教育型、审美教育型	产品教育功能

　　在研学旅行产品类型多样化的同时,产品开发中存在的诸多问题随之涌现,突出表现在四个方面。一是教育内涵和价值严重缺失,如李臣之、于书娟等指出部分研学旅行产品目标虚化,缺乏对研学旅行教育价值的准确认识,对于研学旅行的教育意义、目标、主题等缺乏系统的思考。⑥⑦ 二是整体规划不够,如章全武提出研学旅行从制度、资源等外在条件,到师资、实施等都缺乏系统仪式和整体规划,导致产品使用中的盲目、零散、冲突和低效等问题。⑧ 三是与学生发展的契合度不高,如濮元生等提出大多数的研学旅行产品单纯走形式主义,没有通过划分

① 殷世东,汤碧枝.研学旅行与学生发展核心素养的提升[J].东北师大学报(哲学社会科学版),2019(2):155—161.
② 杨晓.研学旅行的内涵、类型与实施策略[J].课程·教材·教法,2018,38(4):131—135.
③ 李倩.国内研学旅行课程研究:回顾、反思与展望[J].西北成人教育学院学报,2019(1):79—84.
④ 赵幼芳.试论我国国内旅游的青少年学生市场[J].旅游学刊,1996(4):33—35+63.
⑤ 王润,张增田.研学旅行:价值取向与问题透视[J].河北师范大学学报(教育科学版),2017,19(6):90—95.
⑥ 李臣之,纪海吉.研学旅行的实施困境与出路选择[J].教育科学研究,2018(9):56—61.
⑦ 于书娟,王媛,毋慧君.我国研学旅行问题的成因及对策[J].教学与管理,2017(19):11—13.
⑧ 章全武.研学旅行纳入学校教学的两难困境及其超越[J].课程·教材·教法,2018,38(4):121—125.

需求层次来合理科学地设计产品。① 四是多种风险并存,如目标偏离的风险、学生安全的风险、乱收费的风险、市场介入产生的逐利风险等。②

作为未来旅游投资的十大重要领域之一,健全的保障措施是研学旅行产业可持续发展的关键。已有研究主要集中在研学实践基地建设、研学旅行导师培养和研学旅行保障机制构建三个方面。研学实践基地,是富含研学旅行资源和具备研学旅行设施的研学旅行场所。③ 我国现有 581 家全国中小学生研学实践教育基地,40 家全国中小学生研学教育营地。作为研学旅行产业发展的重要载体,基地建设应严格准入准出④,打造特色基地⑤,推动区域合作和整合资源,优化基地的空间布局⑥和增强基地的实践功能⑦。研学旅行导师,是导游和教师的跨界融合,是研学旅行产业质量提升的关键。现有研学旅行产品中研学旅行导师缺位或质量不高,大多由中学教师、高校学生及导游担任。研学旅行导师建设可从以下方面展开:改善福利待遇,吸引旅游从业人员、课程教师、志愿者(如退休老干部、老教师、相关专业大学生等)参与;健全研学导师资格审查,提升研学旅行产业从业门槛;加强在职培训,提高在职研学导师队伍的整体素质。研学旅行保障机制,是相关部门在研学旅行安全、经费、组织管理等方面提供的外在保障。安全方面,通过加强学生安全教育,建立责任追究机制,强化应急防范措施,加强安全保障建设。⑧ 经费方面,可建立以法律保障为基础、以政府为牵动力、以学校为辅助、以家庭为主的研学经费分摊机制。⑨ 可采取多种形式、多种渠道来筹措研学旅行经费,

---

① 濮元生,濮蓉. RMP 视角下南京市生态+研学旅游产品开发研究[J]. 江苏商论,2018(11):48—50+53.

② 李祥,郭杨. 规避中小学研学旅行风险的建议[J]. 教育研究与评论(中学教育教学),2018(1):96.

③ 袁书琪,李文,陈俊英,等. 研学旅行课程标准(三)——课程建设[J]. 地理教学,2019(7):4—6.

④ 钟志平,刘天晴. 研学旅行示范基地政策评价与需求方强相关性因素研究[J]. 湖南社会科学,2018(6):147—153.

⑤ 王晓燕. 研学旅行的基本内涵和核心要义——《关于推进中小学生研学旅行的意见》读解[J]. 中小学德育,2017(9):15—16.

⑥ 郝鹏翔. 地理核心素养视域下中学地理研学设计与实施[J]. 地理教学,2019(2):45—47.

⑦ 邹太龙. 中小学研学旅行亟须处理好五对关系[J]. 教育理论与实践,2019,39(11):9—11.

⑧ 钟林凤,谭净. 中小学研学旅行安全保障体系的构建[J]. 教学与管理,2018(18):71—74.

⑨ 宋晔,刘清东. 研学旅行活动的教育学审视[J]. 教育发展研究,2018,38(10):15—19.

探索专项经费保障机制,探索建立政府、学校、社会、家庭共同承担的多元化经费筹措机制。组织管理方面,建立研学旅行工作协调小组,统筹规划教育、交通、旅游、食品药品监管、文化、财政、公安等相关部门。

值得一提的是,融合现代信息技术成为研学旅行产业发展的新方向。如刘芳提出连接研学旅行云平台与智慧景区云平台,建设虚拟研学体验中心①;黄亚宇等提出用物联网的思维②,搭建智慧研学信息平台,整合区域资源开展先导学习,建立多元评价。李先跃等提出创建集学生、学校、旅行社、研学基地、旅游行政管理部门、家长"六位一体"的研学旅行服务平台 APP,动态监控研学旅行全过程。③

(五)研学旅行课程化

研学旅行课程化是实现研与行的深度融合,推进研学课程真正进入中小学教育教学计划的有效途径。作为一种新的课程样态,众多学者将其定位为一种新的综合实践活动课程。中小学一线教师和学者们对研学旅行的课程开发进行了广泛的理论和实践的探索,主要围绕课程内容的选择和开发主体两个方面展开。

综观国内研学旅行课程开发的成果,课程内容的选择可归纳为三个原则:一是秉承人本主义理论,尊重学生的个性化发展需求④;二是加强学科之间的整合,在与教学内容衔接的同时,最大程度拓展学科知识⑤;三是结合乡土乡情、县情、市情,形成具有研学旅行特色的地方课程⑥。大量实践案例暴露出国内课程内容多沿袭资源依赖性路径,强调实践知识的获得,忽视研学旅行教育目标中德育、美育、体育、劳育目标的养成。

① 刘芳. 研学旅行云平台建设[J]. 电脑知识与技术,2015,11(35):162—163+166.
② 黄亚宇,李庆. 互联网+研学旅行:高职创业教育教学创新与实践[J]. 科技经济市场,2017(7):169—171.
③ 李先跃,张丽萍. 全域研学的理论基础、发展理念与实践研究[J]. 经济地理,2022,42(8):232—239.
④ 任虹燕. 研学旅行课程在实践中的几个问题[J]. 中小学德育,2017(9):24—26.
⑤ 孟初薇. 研学旅行课程内容设置方法及其注意点[J]. 江苏教育研究,2018(35):34—38.
⑥ 黄敏,王露. 中小学生研学旅行课程开发探讨[J]. 当代教育理论与实践,2018,10(3):1—4.

对于课程开发的主体仍存有争议,主要有三种实践范式。第一种由研学旅行机构主导开发与实施,但课程设计是否符合学理和学生身心的现实逻辑值得商榷。① 第二种由教育主管部门、学校、公司合作打造教育方案,学校、教师负责计划和开展②,但课程的常态化实施则面临组织和管理的难度大等问题。第三种则完全由学校组织,但由于学校对旅行的不擅长,容易导致隧道视野效应,使研学旅行之路越来越窄。③ 也有学者从理论上提出发挥学生的主体性,由学生自主收集资料、设计线路、组织团队活动等。④ 如何针对不同的课程、不同的研学者选择开发与实施的主体,才能最大程度地促进研学旅行多功能价值的实现尚需进一步研究。

课程实施和评价是研学旅行课程化的关键和难点。以泰勒现代课程理论为指导,朱洪秋提出课前、课中和课后三个阶段,确定目标、选择资源、课程实施、课程评价四个环节的"三阶段四环节"研学旅行课程模型。⑤ 以优势行动价值为理论指导,白长虹等设计了行前情境唤起、行中经验学习及行后学习效果检验的实施机制。⑥ 以课程实施的涉及因素,严万云提出了基于课程资源的四个体系、组织方式的四位一体、学习方式的四部深入及能力提升的四层阶梯的四四模式。⑦ 还有不少成果展示了具体研学内容下的具体化实施方式。⑧⑨⑩ 课程评价方面,主要有

① 王润,张增田.研学旅行:价值取向与问题透视[J].河北师范大学学报(教育科学版),2017,19(6):90—95.
② 李军.近五年来国内研学旅行研究述评[J].北京教育学院学报,2017,31(6):13—19.
③ 陈海彬.研学旅行课程设计问题和对策[J].中学地理教学参考,2018(24):68—69.
④ 吴支奎,杨洁.研学旅行:培养学生核心素养的重要路径[J].课程·教材·教法,2018,38(4):126—130.
⑤ 朱洪秋."三阶段四环节"研学旅行课程模型[J].中国德育,2017(12):16—20.
⑥ 白长虹,王红玉.以优势行动价值看待研学旅游[J].南开学报(哲学社会科学版),2017(1):151—159.
⑦ 严万云.城市初中研学旅行活动课程"四四"模式初探[J].中学政治教学参考,2018(30):56—57.
⑧ 周春梅.整合设计,让研学旅行课程更有深度——以太仓市实验小学研学旅行课程设计为例[J].江苏教育研究,2019(11):28—30.
⑨ 谢妙娴,郭程轩.基于地理核心素养的课程开发——以佛山陶瓷产业工业研学旅行为例[J].地理教学,2018(19):60—62.
⑩ 张帝,陈怡,罗军.最好的学习方式是去经历:研学旅行课程的校本设计与实施——以重庆市巴蜀小学为例[J].人民教育,2017(23):19—24.

过程性评价和多元化评价两种模式。过程性评价方面,北京陈经纶中学采用学习小组每天总结性展示、学生过程性日记和反思评价打分的方式。更多的课程评价则采用了过程性评价和结果性评价相结合的方式,如北京第十一中学建立了包含时间观念、专注学习、纪律意识和自身形象等内容的过程性评价以及研究型学习课题完成情况的终结性评价,杨天军构建了包括研学旅行的直接经验和情意体验的行前、行中、行后和应用四个阶段的体验式学习评价标准[①]。已有评价方法多为质性评价,学生是评价的主体,与教师、基地等其他主体间缺乏联动机制。

(六) 研究述评

综上所述,研学旅行的理论研究取得了丰硕的成果,研学旅行实践方面也进行了积极的探索。主要呈现出以下特点。

(1) 研究框架初形成,研究深度待加强。研学旅行研究的基础理论和框架体系基本形成。研学旅行的关键问题:如研学旅行内涵、研学旅行价值功能、研学旅行利益相关者、研学旅行产业及研学旅行课程化得到了各界学者的广泛关注,为后续研究的开展奠定了基础。但研究的深度亟待提高,大多数的研究结论还只是以问题解决为旨归,停留在工作经验的机械归纳,缺乏基于多个案例的实践过程及发展规律的总结提炼,导致研究成果发表层次低,内在的科学性与外在的推广性都有待提高。

(2) 政策导向明显,研究主题多元化。从 2013 年国务院发布的《国民休闲旅游纲要》提出逐步推进中小学生的研学旅行,研学旅行相关政策经历了从逐步推行到积极开展再到支持开展的过程,研学旅行研究受政策催化作用明显,研究主题也从研学旅行产品、市场的关注向研学旅行利益相关者分析、教育价值彰显、研学基地等多元化的主题扩展。

(3) 学科交叉与融合,研究方法偏定性。研究成果从最初的旅游学,到教育学

---

① 杨天军.研学旅行中体验式学习评价标准开发与应用研究[J].学周刊,2019(1):57—58.

转向,再到学科的交叉与融合。学者们将教育学、地理学、社会学、心理学、经济学、文化学等相关理论应用于研学旅行问题分析,多学科的视角丰富了研学旅行研究的视野。但研究的方法仍主要以定性研究、理论探讨为主。

根据研学旅行发展的现状及近年来的研究热点,可构建出研学旅行研究系统(图1-2),未来研学旅行研究可从研学旅行理论体系构建、研学旅行者学习行为、研学旅行课程的多视角建设、研学旅行发展模式提炼等方面开展深入研究。具体如下:

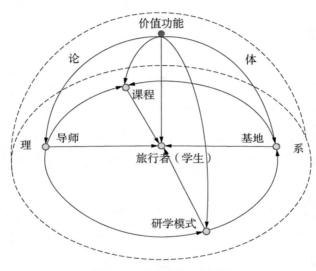

图1-2 研学旅行研究系统

第一,研学旅行理论体系构建。研学旅行是研学与旅行跨界融合的产物,在国家立德树人教育任务的背景下,研学旅行有了更深的内涵意蕴。针对当前研学旅行概念泛化的现状,未来应在借鉴国内外教育旅游、儿童旅游、体验式教育等理论与实践的基础上,立足中国现实语境开展研学旅行理论本土化构建,界定研学旅行的概念内涵与外延以及相关的基础概念,为研学旅行的创新发展奠定学理基础及逻辑框架。

第二,研学旅行者学习行为研究。研学旅行者是研学旅行研究系统的核心。

研学旅行者,特别是以青少年为主体的研学旅行者的研学旅行偏好、需求和满意度等行为习惯可以为研学旅行产业发展、研学旅行课程化建设提供重要依据。不同于一般旅游对旅游者决策行为及空间行为的关注,研学旅行由于突出的教育价值旨向,其学习行为备受瞩目。我们可以从研学情景—学习行为—内在感知各个阶段探索研学旅行者的认知方式和学习机制,从而寻求刺激学生更有效学习的研学旅行发展策略。

第三,研学旅行课程的多视角建设。研学旅行课程作为一门综合程度极高、实施形态极为开放和灵活的课程,跨学科边界,跨课堂边界,跨时空边界,正处于"摸着石头过河"的阶段。已有研究多从教育学视角描述课程理念和总结课程实施经验。未来,可整合教育学、旅游学、地理学、计算机等相关基础理论设计研学旅行课程,破解青少年研学旅行课程资源建设的现实困境。同时我国教育信息化正步入 3.0 时代,如何深度融合技术与研学旅行课程,基于教育大数据及旅游大数据多维化、个性化、精准化开发与实施研学旅行课程,丰富课程的表征形式,改变课程资源的分布状态,显得极富必要性和紧迫性。

第四,研学旅行发展模式提炼。研学旅行发展涉及众多的利益相关者,究竟采取何种模式,使各方在利益博弈中实现研学旅行价值功能,尤其是育人价值的最大化有待深入思考。已有研究成果集中在基于旅行者、学校、旅游企业的发展模式构建,忽略其他利益相关者,不能全面真实地揭示研学旅行参与者的状态。随着全域旅游和"旅游+"理念的提出,研学旅行发展可在因地制宜地考虑需求、供给、中介和支持等各方利益的基础上,提炼具有普适性、推广性的研学旅行发展模式。

三、关于劳动教育的研究

关于劳动教育的研究主要围绕劳动教育内涵、劳动教育价值、劳动教育课程改革及劳动教育评价等。

(一) 劳动教育内涵

"劳动"一词最早出现在《庄子·让王》中,如"春耕种,形足以劳动;秋收敛,身足以休食",其意义涵盖了"活动"和"劳作"。① 孟子最早将"教育"一词合用,在《孟子·尽心上》中表述为"得天下英才而教育之",并将其作为"君子三乐"之一,"教"和"育"表达了对人才的教导和培养。② 劳动教育涉及"劳动"与"教育"的关系问题,既是认识问题,又是实践问题,需要放到特定的历史背景和教育实践中去考察。③

在国内外迥异的历史文化语境中,劳动教育是一个复杂的概念。系统梳理劳动教育的内涵要义和外延拓展是全面加强新时代劳动教育的基础和前提。由于各国国情等方面的差异,劳动教育的内涵亦呈现出相应的多样性(表1-3)。

表1-3 国外劳动教育相关表述

国家	术语表达	特点
德国	职业教育和培训 Berufsbildung	双元制教育体系、企业参与、职业资格认证
日本	劳动教育ろうどうきょういく	全人教育理念、融合性课程体系
芬兰	手工艺课 Crafts 家政课程 Home Economics	融合性课程体系
澳大利亚	职业教育与培训 Vocational Education and Training	中小学劳动教育因州而异、高中以职业为导向
美国	职业教育 Vocational Education/ Career Education	以实用主义为基础、中小学劳动教育分散、高中以职业为导向

国外劳动教育突出青少年主体地位,关注青少年的职业发展,重视培养其自

---

① 班建武. 新时期劳动教育理论体系建构研究[M]. 杭州:浙江教育出版社,2022.
② 王道俊,郭文安. 教育学(第七版)[M]. 北京:人民教育出版社,2016.
③ 刘芳芳,吴琼. 习近平关于劳动教育重要论述的思想内涵与时代价值[J]. 内蒙古社会科学,2021,42(3):9—15.

我效能感。在促进青少年的职业发展方面,美国、加拿大、澳大利亚等国家推出"职业管理技能蓝图"。它通过学习领域、学习模型、学习水平三个核心要素阐明概念框架,并通过资源、社区、政策等三个背景要素阐明内容①,旨在提出一种职业发展的方法,让个人具备积极管理职业生涯的能力。安德鲁总结了一项为期十年的学生职业发展纵向研究,探究职业期望、性别角色等主要变量对职业发展的影响,并提出对职业教育的启示。② 在自我效能感方面,不少研究认为学校职业教育课程有效提高了学生的"自我效能感"③,这种积极的经历可以帮助青少年为他们的未来做准备。如加拿大 CBE(Competency Based Education)的职业教育模式,强调学生自己设定目标并进行自我评价,这种自主性有助于培养学生的自我效能感,使其更有信心应对未来的职业挑战。④ 职业发展项目能够帮助学生完成从学校到工作环境的复杂过渡的作用已经得到普遍认同。

国内的劳动教育长期与综合技术教育、劳动技术教育、劳作教育、工艺劳动等概念交叉出现。从历时性的角度看,劳动教育内涵呈现鲜明的时代特性。作为特定社会历史环境下的教育实践活动,劳动教育深受社会生产力和生产关系的影响,不同社会、不同时代赋予劳动教育以不同的内涵。新中国成立初期,在"为工农服务、为生产建设服务"的人才培养理念下,劳动教育几乎等同于劳动技术教育,是培养学生基本生产知识和技能的实践活动。劳动教育课程以农业常识课、制图课、工业基础知识课等为主。"文化大革命"时期,为了培养"又红又专"的社会主义劳动者,劳动教育具有强烈的政治功能,成为意识形态改造的政治运动工具,呈现在"以干代学""开门办学""上山下乡"等政治活动中。改革开放后,在社会主义现代化建设的大背景中,为了培养"四化"建设的人才,学校全面开设劳动

---

① Hooley T, Watts A G, Sultana R G, et. al. The "Blueprint" framework for career management skills: A critical exploration [J]. British Journal of Guidance & Counselling, 2013, 41(2):117 - 131.

② Andrew A H. A test of Gottfredson's theory using a ten-year longitudinal study [J]. Journal of Career Development, 2001(28):77 - 95.

③ Jossberger H, Brand-Gruwel S, van de Wiel M W J, et. al. Exploring students' self-regulated learning in vocational education and training [J]. Vocations and Learning, 2019(13):131 - 158.

④ 唐林. 国外职业教育典型模式简介及其经验借鉴[J]. 试题与研究,2020(7):117.

技术课,劳动教育几乎等同于劳动技术教育,此时已突破传统的"劳动等同于体力劳动",强调"脑力劳动和体力劳动相结合"。进入新世纪,《大中小学劳动教育指导纲要(试行)》《义务教育劳动课程标准(2022年版)》等文件颁布,明确要求大中小学要设置劳动教育必修课程,标志着劳动教育从综合实践活动课程内容的组成,到独立课程的确立。

新时代劳动教育内涵可从广义和狭义两个维度进行界定。广义的劳动教育是关于"劳动"的教育,泛指一切与"劳动"有关的教育活动。狭义的劳动教育是教育者有目的、有计划、有组织地围绕"劳动"进行的教育实践。2020年中共中央、国务院印发的《关于全面加强新时代中小学劳动教育的意见》,在劳动教育的目标、内容、途径、评价等多个环节做了更为具体的部署与明确指导,确立了劳动教育树德、增智、强体、育美的综合育人内涵。新时代劳动教育立足人的整体性,是指向"完整的人"的培育,强调五育间相统一的发展样态。各育之间相辅相成,互相促进,其中劳动教育与其他各育存在内在关联性,是"五育并举"的黏合剂。劳动教育是践行立德树人根本任务的重要环节,传递劳动的道德价值;劳动教育活动中生成知识和技能的过程便是一种智力活动,能扎实学生的劳动理论基础;劳动教育鼓励学生自觉参与、亲自参与,促进了学生身心健康发展;劳动教育过程亦是美育的过程,帮助学生在劳动中感受美、鉴赏美、表达美和创造美。

(二)劳动教育价值

劳动教育作为一种生存生活教育、实践能力教育、职业启蒙教育和集体主义教育,能很好地促成教育的内在价值与外在价值的有机统一,具有政治价值、育人价值和工具价值等多重价值意蕴。劳动教育的初心、使命和归宿是立德树人,其独特的育人价值受到国内外学者的广泛关注。

国际上各个国家的国情不同,劳动教育侧重点也有所不同,其育人价值目标表现出差异性。劳动教育的育人价值主要包括劳动知识和技能、情感态度、价值观念以及品格特征等不同方面。① 如芬兰注重学生对于技术的掌握,强调学生的动手能力,其课程设置具有很强的综合性和应用性②;英国重视学生在劳动过程中解决问题的能力,强调对学生实际能力的培养③;俄罗斯侧重培养学生独立进行劳动生活的能力,同时注重对个性品质及职业规划技能的培养④;德国在劳动教育的实施上注重行动力导向,尤其注重帮助学生树立正确的劳动价值观念,重视学生在劳动中的责任感和可持续发展精神等劳动品格的培养⑤。各国的劳动教育发展历程都呈现出从关注个体的技能培养向注重素养发展的转变。

新时代,我国的劳动教育遵循培育马克思主义劳动观的意识形态指向,以全面提高学生的劳动素养为重要的育人价值目标。正如有学者所言:"劳动教育固然要学习劳动技术,应该有劳动产品的产出,但对于学生发展来讲,最根本的目标不是要生产多少产品,而是要确立劳动价值观。"⑥对于劳动素养内涵界定的研究尚处于起步阶段,对劳动素养内涵及结构的研究主要体现在两个方面:一方面,从劳动和劳动教育的本质出发,对劳动素养的蕴涵进行深入探析,如檀传宝对与劳动教育有关的概念进行界定,提出劳动素养是指个人在生活和教育活动中形成的与劳动有关的素养,包括劳动价值观、劳动知识与技能等⑦;纪德奎等从结构上进行分析,得出劳动素养的内涵为个体在体力和脑力劳动中形成的与劳动有关的必备人格品质和行为能力⑧;龚春燕等以习近平新时代劳动观为重要思想指导,在此基础上构建劳动素养框架,包括劳动观念、劳动精神、劳动能力和劳动习惯四

① 王晖,刘霞,刘金梦,等. 中小学生劳动素养评价的国际经验及启示[J]. 北京师范大学学报(社会科学版),2022(4):142—149.

② Uusitalo R. Return to education in Finland [J]. Labour Economics, 1999,6(4):569–580.

③ White L. Impact: World development in British education [M]. London: The Education Unit Voluntary Committee on Overseas Aid and Development, 1971.

④ Hans N. The Russian tradition in education [M]. London: Routledge, 2012.

⑤ Paulsen F. German education past and present [M]. New York: Scribner, 1908.

⑥ 檀传宝. 劳动教育论要:现实畸变与起点回归[M]. 北京:北京师范大学出版社,2020.

⑦ 檀传宝. 劳动教育的概念理解——如何认识劳动教育概念的基本内涵与基本特征[J]. 中国教育学刊,2019(2):82—84.

⑧ 纪德奎,陈璐瑶. 劳动素养的内涵、结构体系及培养路径[J]. 天津师范大学学报(基础教育版),2021,22(2):16—20.

个方面①。另一方面,部分学者受到素养概念理论研究成果的影响,从核心素养视角出发,对劳动素养概念进行界定,如王泉泉等通过比较和分析国内外学者的相关研究,认为劳动素养是学生在长期学习和实践过程中逐步形成的能够适应个人终身发展和社会发展需要的必备品格、关键能力和价值观,其结构维度包括劳动观念、劳动能力、劳动习惯和品格三个关键成分②;余江舟从心理学的知、情、意、行四个方面考虑,对劳动素养进行了从内到外逐层展开的四重维度建构,认为新时代劳动素养主要包括劳动价值观、劳动情感品质、劳动知识技能和劳动实践习惯四个维度③。

(三) 劳动教育课程

审思我国劳动教育课程变革的历史经验与问题,是构建新时代劳动教育新体系的基础和镜鉴。已有研究梳理了不同历史尺度下劳动教育课程的发展脉络,调查了劳动教育课程化样态,并提出了劳动教育课程改革的实践进路。

不少学者聚焦新中国成立 70 年来的劳动课程发展历程。赵长林对新中国成立以来的重要教育文献和劳动课程设置互动关系进行审视,基于课程设置和目标的考量,将 70 年来的演变历程分为五个时期,即 1949—1958 年的明显"钟摆"现象,体力劳动与脑力劳动产生矛盾与疏离;1958—1978 年劳动教育泛政治化和实用技术化;1978—2000 年,劳动教育转向对人的全面素质成长的教育本真意义;2000—2018 年,劳动教育向劳动素质培养转向;2018 年至今,面向未来建设新时代中国特色社会主义劳动教育课程。④ 而艾兴等人梳理新中国成立 70 年来课程计划中对劳动教育课程的设置和要求,发现中小学劳动教育课程发展可以分为探

① 龚春燕,魏文锋,程艳霞. 劳动素养:新时代人才必备素养[J]. 中小学管理,2020(4):9—11.
② 王泉泉,刘霞,陈子循,等. 核心素养视域下劳动素养的内涵与结构[J]. 北京师范大学学报(社会科学版),2021(2):37—42.
③ 余江舟. 新时代劳动素养的四重维度[J]. 中国高等教育,2021(22):53—55.
④ 赵长林. 新中国成立 70 年我国劳动教育思想的演进与劳动课程的变迁[J]. 国家教育行政学院学报,2019(6):9—17.

索与创建(1949—1956年)、自主与迷失(1957—1976年)、改革与重整(1977—2000年)、转型与创新(2001年至今)四个历史阶段。① 通过对不同历史时期劳动教育思想及课程变迁的梳理,可以发现劳动教育发展与时代脉搏紧密相连。在不同的社会历史背景影响之下,劳动教育发展呈现比较明显的兴衰更替。重视劳动教育课程对于国家发展以及人民幸福有着战略意义。随着我国进入中国特色社会主义新时代,劳动教育的地位将不断提高,未来创新劳动教育课程将是重中之重。

有效厘清劳动教育课程化现状是劳动教育课程改革的起点和关键点。范涌峰通过问卷调查与访谈,分析新时代劳动教育课程在课程开发、实施、保障、效果等方面的现实样态,并针对现实困境提出课程应该遵循规范发展、特色发展、高质量发展、可持续发展的实践逻辑。② 杨志平等通过反思学校劳动教育实践中的前提、过程与内容等问题,以澄清学校劳动教育存在的"失时""失真""失衡"误区。③ 李刚等人认为当前学段之间的层级式、横断式劳动教育,学科之间的零散式、独立式劳动教育以及社会组织的偶然式、片段式劳动教育将统一的劳动教育拆解开来。④ 张拥军等在湖北省部分高校调查发现,大学生整体上劳动认知良好,但仍存在认知功利化等问题⑤;华东师范大学五育融合研究中心则发现学生与教师、家长在劳动认知上存在一定差异,其对于劳动教育价值的认识有待提升⑥。

学者们从多样化的视角提出了劳动教育课程的建设策略。毕文健等从心理学出发,基于乐学思想,从"教学内容、教学指导、教学方法、效果评价"四个维度建构劳动教育课程的乐学策略,让学生在体悟劳动的乐趣之中从事创造性劳

① 艾兴,李佳.新中国中小学劳动教育课程设置:演变、特征与趋势[J].教育科学研究,2020(1):18—24.
② 范涌峰.新时代劳动教育课程的现实样态与逻辑路向[J].教育发展研究,2020,40(24):28—35.
③ 杨志平,辛继湘.学校劳动教育实践的三重反思[J].教育科学研究,2020,307(10):25—30.
④ 李刚,吕立杰.大概念视域下我国大中小学劳动教育课程一体化建设的思考[J].教育科学,2020,36(5):19—26.
⑤ 张拥军,李剑,徐润成.新时代大学生劳动教育现状及认知影响因素研究——基于湖北省部分高校大学生的实证分析[J].思想教育研究,2020(6):151—155.
⑥ 宁本涛,孙会平,吴海萍.我国中小学劳动教育的认知差异及协同对策——基于六省市的实证分析[J].教育科学,2020,36(5):11—18.

动。① 熊晴基于具身认知，揭示时下劳动教育的离身困境，探索劳动教育由离身这一实然境遇走向具身这一应然之态的实践路径。② 林克松等从融合课程的角度，提出组建异质交互的课程主体，整合横纵交叉的课程资源等策略。③ 王倩等基于教育实践活动的视角，提出细化劳动教育内容、加强劳动活动反思环节、创设多维情境以及实施家校社协同等方式来加强劳动教育课程建设。④

综上，已有研究从不同的学科视角对劳动教育课程进行解构与建构，使劳动教育课程的发展呈现多点开花的欣欣态势。但当前研究中，关于"怎么做"的思辨性研究较多，实证研究还较为缺乏。劳动教育的教育属性和社会属性不言而喻，因此其研究不能仅仅凭借自我思维定性评论，而要进行辩证的定量定性分析。

（四）劳动教育评价

劳动教育评价是开展劳动教育活动的"指挥棒"，对引导劳动教育的目标达成和实施走向具有重要意义。国内外关于劳动教育的评价由于关注点的差异，评价的内容也有差异，但都秉持系统性原则，重视过程性评价与结果性评价的结合。

在评价内容方面，生涯教育评价和劳动素养评价是劳动教育评价的重点。在生涯教育评价方面，有研究从职业适应性视角出发，通过建立评价模型探讨职业教育对职业适应性、职业发展等方面的影响，从而提出有效指导职业教育创新发展的策略。⑤ 有学者基于职业建构理论将职业适应性分为职业关注、职业控制、职业好奇心和职业信心四个维度，在此基础上建立评价模型以预测求

---

① 毕文健,顾建军. 乐学思想与新时代劳动教育课程建设策略探析[J]. 中国教育科学(中英文),2020, 3(1):85—92.
② 熊晴. 指向具身认知的中小学劳动教育课程实施研究[D]. 重庆:西南大学,2020.
③ 林克松,熊晴. 走向跨界融合:新时代劳动教育课程建设的价值、认识与实践[J]. 湖南师范大学教育科学学报,2020,19(2):57—63.
④ 王倩,纪德奎. 中小学课堂教学中劳动素养培育的困境与路径探析[J]. 当代教育论坛,2021(6):108—114.
⑤ 方伟. 构建中国特色大学生职业生涯发展教育理论体系探析[J]. 国家教育行政学院学报,2022(7):10—18.

职结果,并提出未来研究应继续考察环境因素等变量,以期为职业过渡的资源安排做准备。[1] 在劳动素养评价方面,关于劳动素养的评价指标主要包括劳动观念、能力、精神、习惯与品格等方面,具体到各个国家,其侧重方面略有不同。例如在德国的劳动课程中,评价指标主要涉及劳动知识、技能、习惯与品格等方面,评价过程要考查学生对于劳动知识和技能的掌握情况,还着重关注学生的态度是否积极,是否有自觉的环保意识。[2] 日本家政课的评价指标涵盖了劳动知识、技能、创造和品格四个方面,强调对生活中劳动知识的理解和技能的掌握,还关注学生的热情和态度。[3] 新加坡、加拿大、芬兰等国在确定劳动素养评价指标的基础上,进一步进行了等级化界定,以便更加科学精确地开展劳动素养评价工作。[4]

劳动素养评价指标体系及测评模型构建是劳动教育评价的关键。在评价指标体系建构方面,蔡瑞林等采用混合研究方法,在质性研究的基础上进行定量分析,通过指标筛选、结构分析、信效度检验及指标赋权测算,最终构建了大学生劳动素养评价指标体系[5];李琦等在研究中职学生人才培养蕴含的基础上,结合人才培养的特殊规律,构建了融合"生存,生活,生产"的劳动情境,汇"能劳动,会劳动,爱劳动"发展维度为一体的三生三维评价体系[6];曹飞从外部社会需要和内部心理品质两个视角出发,将劳动素养分为三个方面,包括知识技能与观念、情感态度以

① Barak M, Assal M. Robotics and STEM learning: students' achievements in assignments according to the P3 Task Taxonomy-practice, problem solving, and projects [J]. International Journal of Technology and Design Education, 2018,28(1):121-144.

② Addison J T, Schnabel C, Wagner J. The course of research into the economic consequences of German works councils [J]. British journal of industrial relations, 2004,42(2):255-281.

③ Aoki K. The use of ICT and e-learning in higher education in Japan [J]. International Journal of Educational and Pedagogical Sciences, 2010,4(6):986-990.

④ Bruneau W. A Canadian journey: Post-secondary education since 1945[J]. Education Canada, 2004, 44(4):25-27.

⑤ 蔡瑞林,花文凤. 基于混合研究方法的大学生劳动素养评价指标体系构建[J]. 中国大学教学,2021 (11):81—85+96.

⑥ 李琦,鲍鹏,周永平. 中等职业学生劳动素养"三生三维"评价体系建构[J]. 中国职业技术教育,2021 (28):73—76.

及行为习惯,每个维度又都体现德智体美创新等要求,两个视角相互交叉,从而形成三套评价指标体系。① 在评价测评模型构建上,王正青等运用定性与定量结合的方法,以大学生为研究对象,在确立内涵的基础上,制定了劳动素养评价指标体系,并通过结构方程模型等分析方法建构了大学生劳动素养测评模型②;李家邦在借鉴已有的教育测评模型的基础上,利用文献及统计分析等方法,构建了小学生劳动素养测评模型③。

  根据劳动教育评价指标以及各学段学生的身心发展特点选取合理的劳动教育评价方式,是保障评价工作有效开展和落实的重要环节。通过对国际上劳动教育评价方式的分析,各国在劳动教育评价过程当中均采用多元化的方式,以保证评价结果的客观及科学性。例如德国的评价方式具有灵活性的特点,学校可以根据具体情况自主分配各评价指标,劳动教育课程采用多种综合性科目的形式来进行,虽然形式不尽相同,但是目标是一致的。④ 日本对学生劳动评价的方式体现了各教学主体的共同参与,学校关注学生平时的劳动表现情况,并将此作为学期综合成绩测评的重要参考。⑤ 芬兰在评价过程当中会根据每一位学生的具体表现情况建立电子档案袋,让学生及时记录自己作品的制作过程与成长过程,教师可以全面了解学生的劳动情况,以此做出综合评价。国外在具体评价实践过程当中更加突出过程性评价,强调科学信息技术在评价当中的应用,强调多方主体共同参与评价。国内学者对劳动素养评价方式的研究聚焦在促进学生个人发展上,例如董泽华等认为表现性评价对于发展学生的劳动素养具有重要价值,在实施表现性评价的过程当中,应当以劳动任务为评价的主要载体,并且要注重营造真实的劳动评价情境,制定发展性为主的表现评分规则。⑥ 陈鹏等认为增值性评价为学生

---

① 曹飞. 中小学生劳动素养评价指标体系探析[J]. 劳动教育评论,2020(1):42—55.
② 王正青,刘涛,杜娇阳,等. 新时代大学生劳动素养测评模型构建与测度研究[J]. 现代教育管理, 2021(6):81—89.
③ 李家邦. 小学生劳动素养测评模型构建研究[D]. 重庆:西南大学,2021.
④ 任平. 德国中小学如何实施劳动教育[J]. 人民教育,2020(11):71—74.
⑤ 蒋洪池,熊英. 日本小学劳动教育:形式、特点及启示[J]. 外国教育研究,2020,47(12):71—81.
⑥ 董泽华,蒋永贵. 指向劳动素养的表现性评价[J]. 人民教育,2022(19):60—62.

劳动素养评价提供了新视角,在劳动素养评价过程当中,要注重学生自身的发展与进步,并且此类评价方式非常适合运用在劳动素养测评模型当中,为劳动素养评价体系的构建提供了新思路。[①]

可见,在劳动教育评价方面,虽然各国的侧重点有所不同,但涵盖了劳动素养的多个方面,且强调学生的实践动手能力,以促进学生全面发展和终身成长。而对于评价指标体系及测评模型的研究,我国的相关研究还较少,成熟的劳动教育测评理论和工具还处于探索阶段,而国外在此方面已经相对成熟,因此在一定程度上可以对我国的劳动教育评价起到借鉴作用。在评价方式上,也可在借鉴别国的基础上,促进评价方法和主体的多元化,构建新时代学生劳动教育评价体系,进而促进学生的全面发展。

(五) 研究评述

通过对国内外劳动教育研究现状的梳理,可为未来劳动教育研究提供新思路、新补充。

一是重视相关概念的内涵研究。当前回答劳动教育"是什么"的研究主要是对发展脉络的审视,针对性地对劳动教育目标及培养路径的探索还有待进一步深入。新时代对劳动素养内涵进行解构才能切实开展课程建设。劳动素养的内涵和构成与各国的国情和教育目标紧密相连,并且随着社会的不断发展,结合新时代劳动教育的目标和要求,劳动素养的内涵和结构会更丰富,不仅关注显性的劳动知识和技能,还更注重培养隐性的劳动价值观和情感态度。但目前对于劳动素养结构的研究尚不完善,劳动素养评价体系的建构离不开劳动素养内涵及结构的优化,因此可进一步推进劳动素养内涵的研究。

二是重视劳动教育实施效果的评价。当前研究主要是课程实施路径探索,然而对课程实施效果的评价等方面较少涉及。未来可从学生的视角,构建劳动教育

---

① 陈鹏,刘铖.中小学生劳动素养增值评价:"何能"与"何为"[J].教育测量与评价,2022(3):11—18.

质量标准评价体系，摸清劳动教育现状，为课程实施与学生发展提供科学的评价依据。

三是加强实证研究与案例研究。国内劳动教育主要停留在思辨性研究层面，这容易使课程建设理论化。采用问卷调查法、访谈法等各种定量与定性相结合的方法可以有效掌握劳动教育现实样态，从而针对性地解决实际问题。同时，需要创新研究视角，加强学科融合。国外大力提倡跨学科的融合策略，与创客教育、STEM 教育等结合起来。新时代劳动教育可以不断创新研究视角，促进多学科融合，探索与其他学科相整合的道路，通过与其他学科相融合来加深劳动教育的内涵，拓宽劳动教育的广度。

第二章　研学旅行的学习机制研究

研学旅行是具有普适性意义的教学方式,有助于学生跨越课堂,回归自然与社会,实现作为自然人与社会人的共同发展。捷克和挪威两国的研学旅行发展较早,在本土化发展中形成了极具特色的 VSL 和 Friluftsliv 两类模式。两国研学旅行发展的成熟经验可为我国研学旅行发展提供有益借鉴。本章通过探究挪威、捷克两国传统的研学旅行活动,借助哲学和心理学理论,从研学旅行中学习发生的基本要素身体、经验及两者的相互关系出发,揭示两国研学旅行的学习机制,解答研学旅行"为何能成为当下教育体系中的重要一环,其学习的内在过程和方式到底是什么"这一问题,以期为后续研究开展提供理论基础。

一、捷克、挪威两国研学旅行的本土化发展

受夸美纽斯的自然主义教育思想启迪,捷克在其特定政治环境与历史条件影响下所衍生的体验式教学方法被认为在使用身体活动、教育、创意和游戏方案及其整体的全面性方面是独特的。[①] 而处于北欧的挪威,教育系统强调以社会化为目的,大力推行"在自然中玩耍、行走和体验自然来增加儿童和青少年在身体、心理和社交方面发展的机会"。[②] Vacation School of Lipnice(以下简称"VSL")和 Friluftsliv 是捷克和挪威最具特色的本土化研学旅行。两者都强调在真实环境中学生个体身体素质的充分挖掘与群际关系的深入发展,具有冒险性、整体性与自然性特征。通过研学旅行过程中多元文化与多样场景的轮转,学生能有充分的机会开展自我内在探索与社会外在考察。

---

① Parry J, Allison P. Experiential learning and outdoor education: Traditions of practice and philosophical perspectives [M]. London: Routledge, 2019.

② Brewer T J. Rousseau plays outside in Norway: A personal reflection on how Norwegian outdoor kindergartens employ Rousseauian pedagogical methods of play [J]. International Journal of Play, 2012,1(3):231-241.

(一) 捷克 VSL:在体验中发展经验

捷克著名的大教育家夸美纽斯早在 400 多年前便提出在户外体验和游戏中进行学习,他相信能够通过所有感官的自然体验来教育思想,促使身体和灵魂得到发展。这一思想在捷克本土广为传承,最典型的体现就是自然学校。自然学校为城市里的孩子们提供了在大自然中生活一两个星期的机会,学习包括自然教育和户外活动在内的课程。① 课程的核心便是户外教育,即以学习自然为目的的趣味旅行和玩游戏,此后由帕拉茨基大学休闲学系的专家们发展为"体验式教育"(Experiential Pedagogy)这一概念。

随着捷克旅游业、童子军运动、木工技术、徒步活动的融入,体验式教育内涵不断丰富,表达为 VSL。VSL 课程汇集了涵盖身体和心灵的挑战冒险活动、创意艺术、音乐和戏剧工作坊的独特元素等,突出创造性,实践周期约为7—14 天。② VSL 课程设计及开发通常由四到六名讲师组成的教师团队进行,注重活动氛围的营造以保持强度和节奏的整体平衡。教师会有意利用"经验",精心选择对课程参与者发展能产生最大影响的课程元素,采用戏剧化的课程设计和教学方法,将户外、对身体有要求的活动与心理游戏、艺术有机地结合起来。

VSL 也成为发展身体经验的研学旅行研究组织的代名词。1977 年,在捷克社会青年联盟的领导下,捷克成立了专门研究体验式教学法和青年发展、开展自然和户外教育的民间组织,称为 VSL。该组织长期致力于以教育价值为基础,融合自然环境、文化遗产等诸多要素的课程开发。

---

① Jirásek I, Veselsk P, Poslt J. Winter outdoor trekking: Spiritual aspects of environmental education [J]. Environmental Education Research, 2017,23(1):1-22.

② Kudláček M, Bocarro J, Jirásek I, et al. The Czech way of inclusion through an experiential education framework [J]. Journal of Experiential Education, 2009,32(1):14-27.

（二）挪威 Friluftsliv：在自然中自由身心

Friluftsliv 是 19 世纪中期欧洲浪漫主义运动之后出现的一个术语，其字面意思是"自由的空气生活"，最早由剧作家亨利克·易性（Henrik Ibsen）在诗剧《高处》中使用。[①] 在挪威教科书中，Friluftsliv 被视为一门独立的学科、一项活动、一种教学方法和一种教学工具。在国家课程体系中，2006 年挪威实施的课程法案"Kunnskapsløftet"提出中小学课程是开展 Friluftsliv 的载体[②]，核心理想是通过经验和反思进行学习。Friluftsliv 力求最大限度地消除技术与设备，注重身体与自然的深刻、丰富、多样互动。例如为了深层次体验大自然的宁静、伟大和美丽，明确规定在一般情况下不采用以机动车辆作为出行工具。也有学者将 Friluftsliv 表述为"一种基于自然的自由体验和与景观精神相联系的哲学生活方式"。[③] 景观体验能够影响个体对特定地方的文化和社会解释的身体体验，不同的群体以不同的方式经历了相同的风景，在不同群体和不同方式的双重作用下，身体与感知的"活跃"属性得到彰显。

在实践过程中，Friluftsliv 强调最大限度地发挥参与者的身体在研学旅行中的作用。例如对于挪威占有 30 学分的秋季户外教育课程，其核心就是通过在独特自然环境中进行四种不同的多日短途旅行，目的地涵盖湖泊、水系、森林、峡湾、冰川等地。[④] 课程时长会根据学生的能力略有不同。在不同的环境中，学生切身

① Breivik G. "Richness in ends, simpleness in means!" on Arne Naess's version of deep ecological friluftsliv and its implications for outdoor activities [J]. Sport, Ethics and Philosophy, 2021, 15(3):417-434.

② Dahl L, Lynch P, Moe V F, et al. Accidents in Norwegian secondary school friluftsliv: Implications for teacher and student competence [J]. Journal of Adventure Education and Outdoor Learning, 2016,16(3):222-238.

③ Sharma-Brymer V, Brymer E. Norwegian Friluftsliv: A way of living and learning in nature [J]. Journal of Adventure Education and Outdoor Learning, 2019,21(1):93-95.

④ Winje O, Londal K. Theoretical and practical, but rarely integrated: Norwegian primary school teachers' intentions and practices of teaching outside the classroom [J]. Journal of Outdoor and Environmental Education, 2021,24(2):133-150.

体验一系列的户外场所所带来的不同方式的学习。学生深入自然环境,在与大自然的亲密接触中唤醒个体的原始属性,于广袤的景象中剥离传统教学环境所带来的桎梏,彻底的放松与沉浸,激发自我活跃属性。在个人身心自由的同时,Friluftsliv提供充分开展团队合作的机会,但不以目标和竞争为导向,避免有组织的比赛。

二、研学旅行的学习机制分析

人类用身体以合适的方式与世界中的其他物体互动而获得对世界的认识。[1] 研学旅行的学习正是研学者体行、体认、体知、体悟的结果。两国研学旅行均注重利用生动的教学方法在研学活动中给予学生开发身体的机会,帮助学生总结自身体验,抽象形成个体经验。由此,运用哲学、心理学理论,从身心体验、关键经验及身体与经验的相互关系三个方面,解析两国研学旅行学习机制。

(一) 身心体验下的认知突破

研学旅行通过与自然环境的接触获得高峰体验,基于一次次高峰体验的累加而拓宽经验视野,进而更新地平线,最终实现认知突破。

亚伯拉罕·马斯洛基于心理学的相关研究提出了人本主义人格理论中高峰体验这一概念,认为高峰体验是对心醉神迷、销魂、狂喜以及极乐的体验的概括,并描述了高峰体验的近20个共同特征,包括巨大的幸福感,惊奇和敬畏的感觉,关于时间和空间的暂时迷失方向,以及在宇宙的宏伟面前完全失去恐惧和防御等。[2][3] 他在一次名为"对处于高峰体验的认知"的演讲中断言高峰体验往往会留

---

[1] 何静. 身体意象与身体图式:具身认知研究[M]. 上海:华东师范大学出版社,2013.

[2] Hoffman E. Peak experiences in childhood: An exploratory study [J]. Journal of Humanistic Psychology, 1998,38(1):109 - 120.

[3] Hoffman E, Muramoto S. Peak-experiences among Japanese youth [J]. Journal of Humanistic Psychology, 2007,47(4):524 - 540.

下深刻的变革性影响。在研学旅行中,高峰体验既可以自发地出现,也可以通过具体目标规划而有目的地凸显。例如挪威的 Friluftsliv 强调在自然环境中调动学生感官,催生变革性经验,帮助学生在身体与环境的调试中产生高峰体验。当学生跨越重山,屹立于山顶的那一刻,带着对山脉壮丽的迷恋,进而将自己夸大到成为一种存在层面的精神维度,想象自己的身体脱离中立的束缚,开启穿越云层的飞行;当自然环境轮换到海洋之上,海上皮划艇带领学生感受到令人惊叹的海洋元素,并于海浪之中开启生命运动的新奇与刺激。除了自然环境的交替能够让学生产生这种体验之外,季节的更迭也会对身体产生直观触动。比如夏季的旅行可以让学生与动植物有更为密切的接触,夜空的深邃和星星的神奇闪光可以让人不知所措,冬季的旅行传达了与地面接触的力量,对霜冻的尊重以及移动身体以提供必要热量的愿望。大自然能够凭借其难以言喻的美激活高峰体验,助推个体精神表达的可能性。可见,研学旅行通过在体验教育框架中,身体与环境交互所产生的经验使研学者获得高峰体验,产生对整体实现生存的渴望来改变自己的生活,并对个体产生深远影响。

胡塞尔在其现象学理论中提出了地平线的概念,它定义了学生可以看到、感知和体验的范围。[1] 基于前人经验,我们能够认识到地平线总是存在的,限制我们前景的东西总有一个最终边界,但我们也知道,地平线是可以改变的。如果我们被摩天大楼包围,这一时刻的视野就会受到附近高层建筑的限制,如果爬到一座高山的顶端,一个完全不同的地平线会在我们面前展现。因此,地平线是恒定和变化的。我们难以摆脱自然规则的束缚;但同时,它提供了一种从根本上影响我们感知和体验自己的方式的转变,也就是说我们可以通过在景观中有针对性的行动来改变当下的经历及视野。在研学旅行中,通过户外活动、漫游等所获得的强烈体验不仅可以改变体验本身的意义,还可以通过它的变革力量重塑整个生命的视野。这种一以贯之的整体性发展正是通过以地平线作为"预先划定的"潜力而

---

① Jorba M. Husserlian horizons, cognitive affordances and motivating reasons for action [J]. Phenomenology and the Cognitive Sciences, 2020,19(5):847 - 868.

实现的。在捷克、挪威两国的研学旅行中,都强调在自然环境中培养学生的冒险精神。通过创造性的课程设计帮助学生于前所未有的体验中完成社交、心理、问题解决能力等多维度发展,于波澜壮阔的自然景象中拓展生命的视野,在崭新的地平线下完成自然与自我的意义建构。这种转变与建构不仅与一个实际的、目前经历过的事件有关,而且将现有的生活方向延伸到新的视野之中。

(二) 关键经验要素的四向触发

挪威、捷克两国的研学通常包含具有挑战性的冒险教育计划[1],这有助于促进个人成长和人际关系构建。挪威一项名为 En Competence 的项目也表明自然界等具有挑战性和不同地形的地方有助于高福利的身体活动以及人际关系的展开[2],这为研学旅行课程的开展提供了科学支持。虽然研学旅行者的世界观不会"一夜之间"发生改变,但研学旅行能够通过研学旅行者身体上的经历转变为具备普遍性的经验感知。[3] 接下来运用四箭模型论证研学旅行中的冒险性经历是如何形成个体发展的某种关键性触发因素。

四箭模型是由英国学者罗贵荣(Roger Greenaway)基于体验式学习提出来的,他认为个人成长可以看作是与几个方向中的任何一个建立新的联系,其中四箭代表了一个人在给定的教育经历中可能的四种发展趋势:向上、向外、向内和向下。[4] 向上的箭头代表实现潜力,比如学生在研学旅行中更愿意接受挑战,行为热

---

① Mutz M, Müller J. Mental health benefits of outdoor adventures: Results from two pilot studies [J]. Journal of adolescence, 2016(49):105 - 114.

② Sando O J, Sandseter E B H. Affordances for physical activity and well-being in the ECEC outdoor environment [J]. Journal of environmental psychology, 2020(69):101430.

③ Stott T, Hall N. Changes in aspects of students' self-reported personal, social and technical skills during a six-week wilderness expedition in Arctic Greenland [J]. Journal of Adventure Education & Outdoor Learning, 2003,3(2):159 - 169.

④ Fisher R M. Four Arrows: His philosophy, theory, praxis and pedagogy [EB/OL]. [2024 - 04 - 24]. https://prism. ucalgary. ca/server/api/core/bitstreams/7bed9953-9f8f-4837-b595-feb8b18d79c6/ content.

情,在恶劣环境中表现出更强的生活的能力、自信和自力更生等特征;向内的箭头是关于了解自己,学生经历一系列有组织的活动后能够深刻反思:我是谁? 我想要什么? 进而不断推进个人情绪调整,增加控制情绪的能力;向外的箭头代表的是遇到和了解他人,由于探险涉及团队合作,学生通常会发展社交和协作技能,如社区意识、人际关系技能和社会适应等能力;向下的箭头意味着脚踏实地,与周围的环境保持联系,更加关注、欣赏周围的环境,以及学生能够通过切身经历感觉到与比他们自己更伟大的事物保持联系的程度,形成环境欣赏、地方感和全球意识等特征。

在实践中,捷克的 VSL 所采取的戏剧艺术教学方法是将各种社会性、身体性、创造性和反思性、情感性的游戏和活动在自然界中交织在一起,强调高强度的教学节奏,帮助学生在不断呈现的课堂浪潮之中消除社交障碍和压力,增加内在动力和放松,进而在身体、社会和情感安全的氛围中扩张个体的舒适区。而舒适区的跨域有助于学生在活动中透过自身的反思以及外界环境的观察,将自身经验运用于实际活动之中,成为触发个体发展的关键因素,最终实现持续性的个体四个方向的发展。

(三) 身体与经验的双向传导

1986 年,舒尔曼教授首次提出学科教学知识(Pedagogical Content Knowledge)这一概念,并在诸如数学教育、科学教育、历史教育等学科中,强调将学科内容知识和学科教学知识作为学习和教学实践的焦点。学科教学知识的概念使人们注意到重点不仅是内容知识本身,还包括教师设计学生与内容之间的接触方式,以便真正实现知识的传递。经验在教学知识的传递中具有至关重要的作用。但在实际教学中,重点仍是课程内容与教学方法,课堂往往悬置于学生实际经验之上。与传统课堂不同,研学旅行将经验定位为学习的中心,并明确强调研学过程中参与者之间经验合作的重要性。通过在户外寻求与其他人一同工作的经验,研学旅行有助于实现个体与个体间经验的联系与共享。这种群体性经验不断被书写、制作、构建和表演。研学旅行所强调的这一逆转将知识置于经验中,从而突出经验在教育上是如何比教学法和课程更具基础性。

杜威也为研学旅行所强调的经验提供哲学理据。杜威所强调的经验并非局限于传统认识论意义上的主体感受或感知等纯粹的心理性主观事件。他认为在现实世界中形式与质料、主体与客体之间本无分割,这两方面都包含在一种未曾离析的整体之中,涵盖了整个生活和历史进程,因此经验具备主动与被动的双重结构。[1] 而联结经验双义性的中介就是身体,身体既是生成经验的媒介,又是传导双义性的行为主体,在被动的环境中发挥着个体主动性的生成建构功能。在生命与环境的碰撞中,身体充当二者的润滑剂,于主观能动性的调节下实施"做与经受"的行为动作,最终达成生命与环境之间的调适与吻合。

挪威与捷克的研学旅行充分发挥身体的双义性,依托学生兴趣为助推器,开展"做中学",唤醒多时空下所产生的经验并达成整体共识,从中探求至关重要的学习能力与知识,充分发挥身体适应过去与开创未来的可能性。个体所拥有的兴趣标志着个体与行为之间、材料与结果之间距离的消失,也是身体与环境有机结合的标志。捷克的研学旅行通过不断探索新的自然和户外教育形式,在注重活动内容、强度与气氛的同时关注新元素,尤其注重激发学生强烈的学习兴趣,这也是杜威"做中学"思想的鲜活实例。由此研学旅行能够在经验双义性基础上实现身体与环境的有机结合,对学生产生深远影响。

三、对研学旅行课程的启示

(一) 重视学生身体探索,凸显研学旅行具身性

挪威与捷克的研学旅行都关注身体对经验的发展,活动具有挑战性。"未知"

---

[1] 崔国富,朱美英."从做中学"与教育的生存论解读——杜威实用主义生存论学习与教育思想探析[J].外国教育研究,2005(4):15—19.(引用时,已据相关资料将此文中的"行为与质料"改为"形式与质料"。——引用者注)

意味着变化中蕴含挑战,两国在自然环境中开展的融合艺术、游戏的本真性研学体验能够摆脱固定化教学模式,每一场雨、每一处景都能成为意想不到的教育素材。借鉴两国的经验,我国研学旅行设计应注重学生的身体属性,建立面向身体的研学旅行知识观、活动观和资源观。对于短时间短途研学,可充分利用学生对于熟悉地方早已建立的地方依恋,整合地方性研学资源开展多样性的研学旅行;而对于跨区域的长远途研学旅行,可以依托学生对于研学环境的新鲜和好奇的探索欲求,适当提升研学旅行的挑战性,调动学生的身体感知,帮助学生在自然世界提升自我认知、人际关系、生存技能等多方面的能力。

(二) 完善身体保护措施,保障研学旅行挑战性

未知同样意味着风险。以 Friluftsliv 为例,受当地传统文化与地域资源影响,冬季山地游览是其重要组成部分,因此部分学校课程的 Friluftsliv 的重要一环发生在冬季的严苛环境之中。学生在恶劣环境中接受教育的同时必然伴随着种种意想不到的危险。挪威和国际研究表明,学校所开展的研学旅行中不时发生致命和非致命事故。[1] 截至 2021 至 2022 年间,挪威共计发生 143 例研学旅行安全事故,当地教师认为如果教师在户外活动方面接受过更好的培训,并且更好地培训和准备学生,那么部分事故本可以避免。[2] 因此我国研学旅行在深入挖掘学生发展潜力的同时,必须采取一系列措施保障研学旅行活动的安全性。首先加强家校社深度合作。在研学活动正式开展前,学校和家长应对学生身体素质与心理状况进行发展评估,家校社共同开展学生的适应性教育,教育内容不仅包括研学知识,还应涵盖出行安全、饮食安全、住宿安全等必备技能。其次健全研学导师团队配置。作为研学安全第一责任人的研学导师必须具备医护能力、紧急预案能力以及

---

① North C, Brookes A. Case-based teaching of fatal incidents in outdoor education teacher preparation courses [J]. Journal of Adventure Education and Outdoor Learning, 2017,17(3):191-202.

② Flekkøy K G. Many outdoor accidents can be averted [EB/OL]. (2021-12-08)[2024-04-24]. https://www.nih.no/english/research/news/2021/many-outdoor-accidents-can-be-averted.html.

领导能力,一个成熟的研学导师团队应当配有安全员、助教、领队等,健全的师资结构才能最大程度地确保学生的身心安全与发展。最后建立研学目的地安全评估机制。研学旅行承办方应当对研学目的地进行科学的安全性评估,包括预期天气状况、地理条件、开发程度等,根据目的地资源设计切实可行的研学活动,实现资源利用与学生发展的最大化。

(三) 促进个体经验生长,融通研学旅行自然性

如前所述,经验具备主动与被动的双重结构,在经验建构这一环节中,通过身体的深度参与,不断调适生命与环境的差异,最终形成个体属性的经验。在研学旅行中,团体性的行为使得活动过程中的个体经验必然再添群体性特征。这种集个体属性与群体特征于一体的经验是否存在内部矛盾?是否有利于学生的长期发展?为化解经验形成过程中可能出现的冲突,研学旅行应采取相应措施。参照挪威与捷克的经验,研学旅行的设计与实施应在充分尊重个体经验差异的同时融合群体经验价值,帮助学生主动协调经验的转化与生成。一方面,学习任务的预设与生成强调群体良性合作。受传统教育制度与社会资源配置影响,学会生存是学校教育活动的重要目标之一,这也就强化了教育活动的竞争性质,但过度竞争却不利于群体合作意识的形成。挪威 Friluftsliv 强调学生在享受大自然的美丽之时不以"竞争"为目的的团队合作。我国研学旅行的任务设定可以在尊重个体经验基础上尽可能扩大群体合作比重,助推学生面对复杂问题与环境时集众人之力。另一方面,研学效果的评价与展示应关注学生核心素养的总体发展与关键经验要素发展的融合。在评价环节,关键经验要素发展可以通过学生内部反思以及师生交流、生生交流,以四箭模型为指导,从个人发展的四个向度,开展研学活动的评价与展示,直观呈现学生的多维发展程度,帮助学生锚定个体成长的优势方向与不足之处,进而规避学生在群体活动中迷失自我目标与成长路径,在多维交流互动中实现个体的长久发展。

第三章 劳动教育与研学旅行课程整合的适切性分析

劳动教育、研学旅行作为学校教育众多课程之一,如何规划使其避免表面化、游戏化、碎片化倾向,最大程度发挥课程有效性是劳动教育和研学旅行课程建设亟待解决的问题。而课程整合恰恰可以解决这一问题——通过打破传统分科课程,消除学科壁垒,使学校教学系统中分化了的各要素及其各成分之间形成有机联系的课程形态,从而建立一种新型的课程形态。那么,劳动教育与研学旅行是否具有整合的可行性呢?又应该怎么整合?本章采用质性研究方法,通过分析劳动教育、研学旅行的相关政策文本,遵循课程本位思想,试图从政策文本中找到劳动教育、研学旅行课程要素的契合点,以期为整合课程打下现实基础。

一、研究工具与数据获取

(一) 研究工具

研究运用 NVivo 12 软件对政策文本进行质性分析。该软件由澳大利亚 QSR 公司开发,功能强大,能够支持包括文本、视频、音频等各类数据分析,可以编码、搜索、建立基于布尔逻辑的系统和概念网络系统,以帮助研究人员组织、分析和查询非结构化或定性数据,是当下非常流行的质性研究软件。

(二) 研究数据的获取与整理

1. 政策文本的来源

研究选取的政策文本均为公开发表数据。在教育部、省市级教育厅等官方网站上,以"劳动教育""研学旅行"为主题搜索相关政策文件,结果见表 3-1 和表 3-2。为了增强政策文本选取的科学性与准确性,研究遵循以下原则对研究对象进行筛选:第一,以中国特色社会主义新时代作为政策文本选取的时间起点,同时参考劳动教育、研学旅行第一部正式文件发布时间,将时间范围限定为 2015 年至 2023 年;第二,政策文本指向劳动教育、研学旅行、综合实践活动等内容;第三,政策文本形式包括通知、意见、纲要、决定、课程标准等,可以直接体现政府对劳动教育、研学旅行的态度和措施。基于以上原则,共搜索到相关政策文本 43 篇,其中关于劳动教育的政策文本 24 篇,关于研学旅行的政策文本有 19 篇。

表 3-1 劳动教育政策文本

序号	文件名称	发文单位	文件类型	时间
1	关于加强中小学劳动教育的意见	教育部	意见	2015.07
2	中共中央国务院关于全面加强新时代大中小学劳动教育的意见	中共中央、国务院	意见	2020.03
3	大中小学劳动教育指导纲要(试行)	教育部	纲要	2020.07
4	义务教育劳动课程标准(2022 年版)	教育部	标准	2022.03
5	广东省关于加强中小学劳动教育意见的通知	广东省教育厅	通知	2015.11
6	浙江省教育厅关于加强中小学劳动实践教育的指导意见	浙江省教育厅	意见	2018.07
7	山东省关于加强中小学生劳动教育开好综合实践活动课程的指导意见	山东省教育厅	意见	2019.02
8	山东省小学综合实践活动课程实施方案	山东省教育厅	方案	2019.04
9	山东省初中综合实践活动课程实施方案	山东省教育厅	方案	2019.04
10	山东省高中综合实践活动课程实施方案	山东省教育厅	方案	2019.04
11	天津市关于全面加强新时代大中小学劳动教育的若干措施	天津市委、人民政府	措施	2020.08
12	广西壮族自治区关于全面加强新时代大中小学劳动教育的实施意见	广西壮族自治区党委、人民政府	意见	2020.09
13	山东省全面加强新时代大中小学劳动教育若干措施	山东省委、人民政府	措施	2020.09
14	上海市关于全面加强新时代大中小学劳动教育的实施意见	上海市委、人民政府	意见	2020.09

序号	文件名称	发文单位	文件类型	时间
15	云南省关于全面加强新时代大中小学劳动教育的实施意见	云南省委、人民政府	意见	2020.11
16	吉林省教育厅关于全面加强新时代大中小学劳动教育的实施意见	吉林省教育厅	意见	2020.12
17	江苏省关于全面加强新时代大中小学劳动教育的实施意见	江苏省委、人民政府	意见	2021.02
18	天津市普通高中劳动教育课程建设指南	天津市教育委员会	指南	2021.02
19	天津市义务教育学校劳动教育课程建设指南	天津市教育委员会	指南	2021.02
20	陕西省全面加强新时代大中小学劳动教育的若干措施	陕西省委、人民政府	措施	2021.03
21	四川省教育厅等10部门全面加强新时代大中小学劳动教育实施方案	四川省教育厅	方案	2021.03
22	江西省推进新时代大中小幼劳动教育一体化实施方案	江西省教育厅	方案	2021.05
23	福建省教育厅关于做好2023年中小学德育和劳动教育有关工作的通知	福建省教育厅	通知	2023.02
24	山东省关于印发加强普通中小学劳动教育若干措施的通知	山东省教育厅	通知	2023.04

表3-2　研学旅行相关政策文件

序号	文件名称	发文单位	文件类型	时间
1	关于做好全国中小学研学旅行实验区工作的通知	教育部	通知	2016.03
2	教育部等11部门关于推进中小学生研学旅行的意见	教育部	意见	2016.11
3	研学旅行课程标准	教育部	标准	2019.04
4	陕西省关于推进中小学生研学旅行的实施意见	陕西省教育厅	意见	2017.04

序号	文件名称	发文单位	文件类型	时间
5	福建省教育厅办公室关于认真做好研学旅行工作规划的通知	福建省教育厅	通知	2017.04
6	江西省关于推进全省中小学生研学旅行的实施意见	江西省教育厅	意见	2017.07
7	重庆市教育委员会等 10 部门关于进一步深化中小学生研学旅行试点工作的实施意见	重庆市教育委员会	意见	2017.08
8	天津市教委关于认真做好研学旅行工作的通知	天津市教育委员会	通知	2017.11
9	四川省教育厅等 11 部门关于推进中小学生研学旅行的实施意见	四川省教育厅	意见	2017.12
10	吉林省教育厅等 11 部门关于开展中小学生研学旅行的实施意见	吉林省教育厅	意见	2017.12
11	湖南省关于推进中小学生研学旅行工作的实施意见	湖南省教育厅	意见	2018.01
12	河南省关于开展中小学生研学旅行实验区、实验校工作的通知	河南省教育厅	通知	2018.03
13	海南省教育厅等 12 部门关于推进中小学生研学旅行的实施意见	海南省教育厅	意见	2018.03
14	安徽省关于推进中小学生研学旅行的实施意见	安徽省教育厅	意见	2018.04
15	浙江省教育厅等 10 部门关于推进中小学生研学旅行的实施意见	浙江省教育厅	意见	2018.07
16	广东省教育厅等 12 部门关于推进中小学生研学旅行的实施意见	广东省教育厅	意见	2018.08
17	河南省教育厅关于推进中小学生研学旅行的实施方案	河南省教育厅	方案	2019.03
18	内蒙古自治区关于推进中小学生研学旅行工作的指导意见	内蒙古自治区教育厅	意见	2019.04
19	北京市教育委员会关于加强全市中小学研学旅行管理的通知	北京市教育委员会	通知	2021.02

2. 政策文本基本信息分析

（1）发文时间分布

从图3-1中可以看出，在2015年至2023年间劳动教育与研学旅行的发布时间存在错峰现象。研学旅行的相关政策文本主要集中在2017年至2019年期间发布，主要原因是2016年《关于推进中小学生研学旅行的意见》的发布，该文件首次正式提出了"研学旅行"的概念，引起了我国各省、市教育部门的高度关注。相比之下，劳动教育在2016年至2018年期间相对沉寂，直到2020年中央连续发布《关于全面加强新时代大中小学劳动教育的意见》和《大中小学劳动教育指导纲要（试行）》，掀起了研究的热潮。由此可见，随着研学旅行政策的逐步稳定，政策层面的关注度有所下降，研学旅行课程的创新研究亟待探索新的视角。而正处于研究兴盛期的劳动教育则为研学旅行课程的创新发展提供了新的方向和灵感。

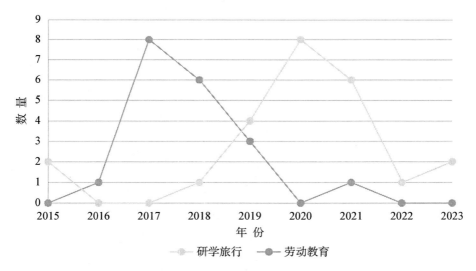

图3-1　研学旅行与劳动教育相关政策文本的发布时间分布

（2）发文单位空间分布

研究的政策文本均为国务院、教育部、省市级教育委员会、教育厅等部门发布。其中从发文单位的地区分布来看，不同地区对劳动教育、研学旅行的重视程度与响应力度存在差异,发布单位空间分布总体上偏向东部。劳动教育政策发文单位涵盖东部地区的七个省(市),研学旅行政策文本发文单位包括东部地区六个省(市)。中西部在对劳动教育、研学旅行相关政策的引导方面还应加大力度,单独发文的省(市)较少,劳动教育政策仅涉及中部地区的两个省(市)、西部地区的三个省(市),研学旅行政策仅涉及中部地区的六个省(市)和西部地区的三个省(市)。中西部未来还应加强具体的执行措施和办法制定,使劳动教育和研学旅行能够在学校教育中得到更好地实施。

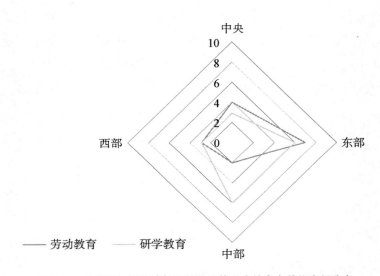

图3-2 研学旅行与劳动教育相关政策文本的发布单位空间分布

(3) 文件类型情况

在43份政策文本中,按照文件标题提及的文件类型进行统计,类型囊括了课程标准、意见、通知、指导纲要、方案、措施、指南等。除了课程标准会对课程实施展开更加详细的要求,其他文件类型都主要对课程开展的意义、目标、原则、任务、组织保障等方面进行统筹规划。根据数量的多少进行排序,劳动教育相关政策文本的类型为意见(9)、方案(5)、通知(3)、措施(3)、指南(2)、纲要(1)、标准(1);研学旅行相关政策文本的类型为意见(12)、通知(5)、标准(1)、方案(1)。

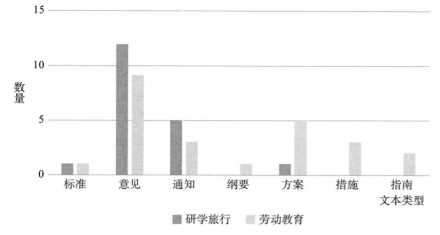

图 3-3 研学旅行与劳动教育相关政策文本的类型分布

（三）研究方法

采用扎根理论对劳动教育和研学旅行的政策性文本进行自下而上的三级编码，把编码频次作为研究分析的主要参考依据，以此反映研学旅行或劳动教育课程的开展重点，从而为两者的契合性找到佐证，提供有力的理论支持。扎根理论是一种定性的研究方法，其主要宗旨是在经验资料的基础上建立理论。研究者在研究开始之前一般没有理论假设，直接从实际观察入手，从原始资料中归纳出经验，然后上升到系统的理论。[①] 这是一种从下往上建立实质理论的方法，即在系统性收集资料的基础上寻找反映事物现象本质的核心概念，然后通过这些概念之间的联系建构相关的社会理论。[②]

对 43 篇政策文本进行开放式、轴心式、选择式三级编码。通过对政策文本中的段落、语句进行逐一对照编码，形成子节点，按照节点内在逻辑关系，将其归类至父节点上。最后根据父节点的性质再次归类整合。

---

① 陈向明.扎根理论的思路和方法[J].教育研究与实验,1999(4):58—63+73.
② 祁乐瑛.学前教育研究方法探微[M].北京:中央民族大学出版社,2022.

1. 开放式编码

基于本土化编码原则,在熟悉原始资料的全部内容后,对文本资料中与课程开发主题相关的内容进行逐句、逐段编码,形成概念化。此过程中不带任何偏见地对资料进行分析并不断反思编码过程。比如政策文本中"针对不同学段、类型学生特点,对劳动教育实践进行整体规划""各地各校可结合实际在地方和学校课程中加强劳动教育"等类似说法被多次提及,那么就将"遵循教育规律""因地制宜"作为子节点,在文本中若有相关内容也编码至相应节点中。通过对 43 份政策文本的内容进行梳理、编码,得到 1 865 个参考点,140 个三级节点,包括"开设独立必修课程""学科融合课程""因地制宜"等。这些节点位于编码体系中的底层,直接反映了国家政策对执行劳动教育、研学旅行的要求。

2. 轴心式编码

在开放式编码的基础上,根据因果关系、情境关系、策略关系等原则,发现和建立概念之间的联系,并形成对应的范畴。例如"遵循教育规律""因地制宜"回答的是筛选课程内容时应遵循的原则问题,因此把它们归类到"基本原则"作为父节点。根据子节点之间的内在逻辑联系,将 140 个三级节点归纳为 24 个二级节点,包括"基本原则""开展形式""基地资源"等。二级节点是在对三级节点进行质性分析的基础上进一步归纳整合,属于从属关系的中间层。

3. 选择式编码

选择式编码是在轴心式编码的基础上,将范畴关系具体化或者将没有发展的范畴填补完整①,从而找到一个"核心类属"。泰勒在《课程与教学的基本原理》中提出课程开发应从目标、内容、组织、评价四个主要方面进行②,这种目标模式具有很强的操作性。而本研究的目的在于论证劳动教育与研学旅行课程具有整合开

---

① 李志刚. 扎根理论方法在科学研究中的运用分析[J]. 东方论坛,2007(4):90—94.
② [美]Ralph W. Tyler. 课程与教学的基本原理[M]. 罗康,张阅,译,北京:中国轻工业出版社,2008.

发的条件,该模式为开发整合课程提供科学依据。同时,课程开发过程除了应该关注内部结构,还应该关注外在的保障体系,因此本研究将课程目标、课程内容、课程组织、课程评价、课程保障五个方面作为分析维度,设为一级节点。二级编码中形成的主要范畴则根据联系归纳到一级节点之下。例如"评价原则""评价内容""评价方法"等都会影响"课程评价",故归入其下。

二、劳动教育与研学旅行整合的可行证据

在劳动教育与研学旅行的政策文本中,如果两者具有相同、相似的节点或参考点,则说明二者获得相当的政策注意力,整合是可行的;如果参考点的数量多,则说明相关方面应成为整合的重点。

(一) 课程目标

课程目标是整个课程开发过程的起点,体现了课程的价值和应有的教育意义。[①]"现代课程理论之父"拉尔夫·泰勒认为课程目标的确定依据有三种,包括学习者的需求、社会的需求以及学科发展的需求。表3-3是关于课程目标的节点及参考点数据,通过对劳动教育、研学旅行的政策文本进行分析,可以发现在目标制定方面,二者都更加关注"个人目标"与"社会目标",强调人的自我发展与社会发展的统一。

表3-3 课程目标的各级节点及其参考点数量(部分)

	劳动教育		研学旅行	
	二级节点(参考点)	三级节点(参考点)	二级节点(参考点)	三级节点(参考点)
课程目标	个人目标(41)	三观塑造(22) 实践内化(19)	个人目标(60)	三观塑造(41) 实践内化(19)

---

① 关松林,李晓梅,付军.学校课程建设与组织实施[M].北京:高等教育出版社,2017.

	劳动教育		研学旅行	
	二级节点（参考点）	三级节点（参考点）	二级节点（参考点）	三级节点（参考点）
	社会目标（36）	社会化发展（21）	社会目标（49）	社会化发展（31）
		立德树人（15）		立德树人（18）

从个人目标来看，两者有共同的三级节点"三观塑造""实践内化"，说明二者都重视塑造学生的观念与态度、培养相关技能。劳动教育、研学旅行不同于基础学科课程，它们的实践性、综合性、开放性特征更加鲜明，重点不在于让学生掌握书本知识等间接经验，而是在广泛的社会资源中提供给学生具身认知的机会，让学生在发生直接经验之后劳动能力、问题解决能力有所提升，形成正确的世界观、人生观、价值观，培养对家国的热爱之情。

从社会目标来看，两者共同的三级节点是"社会化发展"和"立德树人"。劳动教育与研学旅行都坚持立德树人根本任务，旨在通过劳动或研学具身体验，发挥课程树德、增智、强体、育美的综合育人价值，培养学生的社会责任感，帮助学生适应经济社会发展变化，从而为社会主义培养建设者和接班人，储备社会发展的后续力量。

（二）课程内容

课程内容是符合课程目标要求的一系列比较规范的由间接经验和直接经验组成的用以构成学校课程的文化知识体系，是课程的主体部分。课程内容质量的好坏，直接影响到课程目标能否顺利实现以及教育质量能否得到全面的提高。[①] 从分析结果（表3-4）看，两类课程在"内容或主题"方面存在整合的可能性，内容开发过程中两者的"基地资源"也可以共同利用。关于选择课程内容时应该遵循的"基本原则"也高度一致。

---

① 靳玉乐. 课程论（第二版）[M]. 北京：人民教育出版社，2015.

表 3-4 课程内容的各级节点及其参考点数量(部分)

课程内容	劳动教育		研学旅行	
	二级节点(参考点)	三级节点(参考点)	二级节点(参考点)	三级节点(参考点)
	教学内容(152)	日常生活劳动(50)	教学主题(89)	自然地理类(25)
		服务性劳动(49)		人文历史类(25)
		生产劳动(39)		科学技术类(20)
		意识启蒙(7)		参与体验类(18)
		理论文化知识(7)		红色革命类(6)
	基本原则(91)	遵循规律(35)	基本原则(131)	因地制宜(60)
		因地制宜(30)		遵循规律(39)
		实践性(14)		实践性(16)
		教育性(12)		教育性(16)
	基地资源(38)	农村地区(12)	基地资源(49)	知名院校(15)
		城镇地区(11)		工矿企业(14)
		学校层面(8)		自然文化(12)
		企业层面(7)		文博馆所(8)

在教学内容方面,劳动教育与研学旅行包容性强、灵活性大,具有整合的可行性。在自然地理类研学主题中,主要挖掘与劳动相关的活动,使学生在学习劳动技能程序知识的同时培养劳动能力;在人文历史类、红色革命类研学主题中,适当向学生展现劳动人民的智慧结晶与优秀品质,启蒙学生的劳动意识与劳动精神;在科学技术类研学主题中,学生可以了解劳动技术的前沿领域;在参与体验类研学旅行中自然少不了日常生活劳动、生产劳动、服务性劳动等劳动体验。可见二者在内容方面具备适切性。

在统筹课程内容的基本原则方面,劳动教育与研学旅行有较高的重合度,突出表现在"因地制宜原则""遵循教育发展规律原则""实践性原则"和"教育性原则"等。劳动教育与研学旅行都强调扎根本土,充分利用区域自然、经济、文化等方面的资源来设计课程,使课程满足当地学生的真正需求。二者都坚持把握育人导向,重视根据学生的身心发展规律以及教育逻辑体系,设计针对基础教育三个不同学段的课程内容,从而实现不同的学段目标。两种课程的性质还决定了选择课程内容应该注重实践性原则,要真正让学生走出课堂与学校,亲近自然,在真实情境中具身认知,进行劳动、研究活动。

基(营)地建设也是二者共同关注的话题,它们都以基地为重要依托,积极推动资源共享和区域合作。尽管劳动教育从农村、城镇、学校、企业层面提出了基地建设的路径,而研学旅行则重视在知名院校、工矿企业、文博馆所等场地开拓基地,但是二者在基地开发方面仍然存在交叉重叠。例如城镇地区开发的博物馆、科技馆等服务性劳动基地符合研学旅行中文博馆所的主题;农村地区安排土地、山林、草场、水面作为学农实践基地与研学旅行中自然文化主题相符;企业确认一批厂矿企业作为学工实践基地,为学生体验现代科技条件下劳动实践新形态新方式提供支持服务的做法与研学旅行中工矿企业主题相契合。可以看出两种教育基地无论在性质或领域方面,都有异曲同工之妙,通过对二者的教育基地进行整合,可以有效避免重复开发导致的教育资源浪费。

(三) 课程组织

课程组织是关于课程内容的组织,是把学习经验组织成单元、学程和教学计划的程序。[①] 在政策文件中,课程组织体现为从课程外部结构入手对劳动教育、研学旅行的管理。因此本研究在泰勒目标模式的基础上,结合分析文本的实际情况,在"开展形式""教学方法""组织管理"等节点中找到共同点(表3-5)。

在开展形式方面,二者有共同的三级节点"学科课程融合",可以看出融合于学科课程是两种政策文本对课程开展形式最常见的要求。此外,劳动教育的三级节点中提到通过"课外校外活动"开展,这与研学旅行三级节点中提到的通过"统筹综合实践活动"开展有共通之处。同时在劳动教育三级节点中,还提倡以"劳动

---

① [美]Ralph W. Tyler. 课程与教学的基本原理[M]. 罗康,张阅,译,北京:中国轻工业出版社,2008.

表 3-5　课程组织的各级节点及其参考点数量(部分)

| 课程组织 | 劳动教育 | | 研学旅行 | |
	二级节点(参考点)	三级节点(参考点)	二级节点(参考点)	三级节点(参考点)
课程组织	开展形式(73)	课外校外活动(23)	开展形式(34)	统筹综合实践活动(16)
		学科课程融合(21)		学科课程融合(15)
		劳动活动周/月(15)		亲子团体研学(3)
		独立课程(14)		
	教学方法(22)	动手操作(11)	教学方法(9)	合作探究(3)
		反思交流(7)		汇报展示(3)
		分工合作(4)		启发引导(3)
	组织管理(31)	党和政府(12)	组织管理(57)	上级备案(26)
		社区层面(10)		告知家长(18)
		学校层面(9)		师生培训(13)

活动周/月"为载体,在时间上与研学旅行相匹配。例如《山东省全面加强新时代大中小学劳动教育若干措施》中提到"支持学生结合研学旅行,组织学生走向社会参加劳动"。而研学旅行政策文本中也提到研学旅行的开展形式可以考虑与"综合实践活动""实践体验活动"相结合,直接为课程整合奠定基础。可以看出两种课程都有对跨学科开展的强烈需求。

在教学方法方面,劳动教育比较突出"动手操作""反思交流""分工合作"等方法。研学旅行课程比较突出"合作探究""汇报展示""启发引导"等方法。二者有共同的三级节点,即"分工合作(探究)",强调在课程中促进学生合作。同时,研学旅行课程中采用的"汇报展示"也是促进学生间进行有效沟通的方式,与劳动教育中提倡的"反思交流"方法不谋而合。因此,劳动教育与研学旅行在教学方法上也具备整合的可行性。

在针对课程外部结构的组织管理方面,两种课程都十分重视协同性。劳动教育的三级节点归纳为"党和政府""社区层面""学校层面"等,体现其从主体角度出发,指出不同行为主体在劳动教育落实过程中应承担的责任;而研学旅行的三级节点为"上级备案""告知家长""师生培训"等,体现其遵循课程开展时间脉络,对不同阶段的具体事项进行说明。二者涉及的部门有一定的重合性,如果进行课程整合,部门在沟通与合作上也有较好的默契。

(四)课程评价

课程评价就是对课程系统各个部分以及整体系统所进行的各种形式的价值判断①,是课程建设中的一个有机组成部分。课程评价的对象或基本领域包括课程目标、课程内容、课程实施、课程系统等。在对政策文本进行分析的过程中,发现劳动教育与研学旅行的政策文本侧重点在于对学生的学习情况以及课程实施过程进行评价,并在"评价原则""评价内容"和"评价方法"等方面有共同点(表 3 - 6)。

表 3-6　课程评价的各级节点及其参考点数量(部分)

	劳动教育		研学旅行	
	二级节点(参考点)	三级节点(参考点)	二级节点(参考点)	三级节点(参考点)
课程评价	评价方法(34)	档案袋记录(14)	评价原则(4)	表现性原则(1)
		成果展示(7)		激励性原则(1)
		素养监测(7)		开放性原则(1)
		劳动竞赛(6)		全面性原则(1)
	评价内容(8)	劳动态度(4)	评价内容(2)	团队合作(1)
		劳动次数(4)		行为习惯(1)

从评价原则看,"表现性原则""全面性原则""多主体原则"是两者共同的节点,是其共同遵循的原则。传统的课程评价聚焦于学生知识和技能的获得,主要

---

① 靳玉乐. 现代课程论[M]. 重庆:西南师范大学出版社,1995.

关注评价结果。但基于核心素养的课程评价关注学生核心素养的培养,更加关注关键能力、必备品格和价值观念的形成。[1] 劳动教育和研学旅行都强调依据学生在真实情境中完成任务时所表现出来的理念、态度、能力、知识等加以全面、综合评定,是一种指向学生核心素养的评价。同时,基于核心素养的课程评价是一项集体实践活动,是一个协作、反思的建构过程。通过分析可以看出,劳动教育与研学旅行都强调通过实现学生自评与互评、教师评价、家长评价、社区评价、基地评价等方法,推动多元主体协商对话,促进评价过程民主公开,为课程科学化发展注入不竭动力。

课程评价是事实与价值判断的合体[2],对事实的认识是价值判断的基础。评价内容就是事实。在劳动教育与研学旅行课程中,"态度"与"能力"是二者作出评价判断的共同的重要依据。二者都注重通过学生参加劳动、进行研学时的态度是否积极等表现来衡量学生对待课程的态度。此外,还注重检查学生对劳动或研学的必备知识和技能是否熟练掌握。从评价内容可以看出,劳动教育与研学旅行的课程评价都是基于核心素养角度出发,关注学生观念态度、技能的获得,从而评估教育目标达成程度。

在评价方法方面,劳动教育和研学旅行都共同具备质性课程评价和量化课程评价。质性课程评价主要体现在档案袋评定法。二者都认为应该将学生在劳动或研学过程中的学习情况和相关事实材料记入成长档案袋中,作为课程评价的重要参考。此外,二者还提出可以组织开展成果展示的交流活动,使学生能够将学习结果进行物化表达,为评价提供依据。在量化课程评价维度上,劳动教育与研学旅行并非采用标准化的纸笔测验方式,而是倡导建立指向核心素养的课程评价监控制度,运用多元的现代监测手段,发挥现代教育技术的优势,对指向核心素养的课程评价计划与方案的制订、实施等进行全过程的监控,为指向核心素养的课

---

① 雷浩.基于核心素养的课程评价:理论基础、内涵与研究方法[J].上海师范大学学报(哲学社会科学版),2020,49(5):78—85.

② 雷浩.基于核心素养的课程评价:理论基础、内涵与研究方法[J].上海师范大学学报(哲学社会科学版),2020,49(5):78—85.

程评价工作的开展提供质量保障。①

(五)课程保障

课程保障作为课程开发建设的外部影响因素,能够调动一切积极力量给予课程支持与服务,是课程的重要支撑点。基础教育课程保障体系总体上可分为两大环境建设:一是内部环境建设,包括人员培训、经费筹集等;二是外部环境建设,例如教育行政部门提供的政策、条件等。② 从政策文本分析结果可以发现,劳动教育和研学旅行在"安全保障""专业保障"等方面具有较强的一致性(表3-7)。

表3-7　课程保障的各级节点及其参考点数量(部分)

	劳动教育		研学旅行	
	二级节点 (参考点)	三级节点 (参考点)	二级节点 (参考点)	三级节点 (参考点)
课程保障	安全保障(37)	风险分散(15)	安全保障 (83)	风险分散(29)
		风险评估(11)		风险检查(20)
		风险预案(11)		风险预案(34)
	专业保障(22)	研究机构/人员(11)	师资保障(27)	确定专门负责人(13)
		项目研究(9)		计入工作量(8)
		资源研究(2)		定期开展培训(6)

在安全保障方面,二者有共同的三级节点"风险分散""风险检查""风险预案"等。由于两种课程都具有较强的实践性与开放性,相对于传统课堂而言不确定因素更加复杂,因此在安全管理方面,两种课程都重视对劳动或研学中存在的安全风险进行评估与排查,如在场所设施选择、材料选用、工具设备和防护用品使用、

---

① 徐彬,刘志军. 指向核心素养的课程评价探析[J]. 课程·教材·教法,2019,39(7):21—26.
② 和学新. 试论基础教育课程改革保障体系建设[J]. 中国教育学刊,2002(3):31—32.

活动流程等方面防患于未然。制定风险防控预案,完善应急与事故处理机制。此外,还可以通过建立政府、学校、家庭、社会共同参与的风险分散机制,鼓励购买相关保险或签订安全协议书,以保障课程的正常开展。

在专业保障方面,二者有共同的三级节点,即"确定专门负责人"。课程建设需要一支高素质高水平的学者型科研型教师队伍,这是课程能否顺利进行以至能否达到目的的关键。劳动教育与研学旅行都要求建设一支专兼结合的教师队伍,深入落实课程实践与研究,提高课程的整体实施水平。此外,劳动教育政策文本还突出专业研究工作对课程的支持与保障,体现在"项目研究""资源研发"等三级节点。通过在人文社会科学项目中支持劳动教育项目研究、配备劳动教育教研员等专业研究人员或机构、建立劳动教育优质教研资源共享机制等途径,促进专业化发展。

三、劳动教育与研学旅行整合的应然状态

从国家到地方的政策文件,对研学旅行和劳动教育课程的实施都进行了顶层设计和具体规划。根据政策文本的分析结果讨论了劳动教育与研学旅行在内在价值的关联性和逻辑辩证的统一性,因此二者整合是具有可行性的。那么劳动教育与研学旅行课程整合的理想样态应该如何?接下来,基于政策工具分析的契合点,描述整合课程的应然状态。

(一)找准课程整合的切入点——课程目标

整合劳动教育的研学旅行课程是一个多层次、复杂的、立体的结构系统,这意味着其课程目标是多维度的,绝不能是单一向度的让学生对学科知识、劳动知识进行机械记忆,更重要的是在研学旅行过程中,学生在书本中获得的知识能够在现实世界中得到验证,他们在视觉上享受盛宴,在情感上饱饮甘露,在能力上得以施展。

研学旅行和劳动教育的培养目标应该是互相融合的。如以整合劳动教育的地理研学旅行课程为例，融合目标体现在四个方面：第一，在人地协调观培养中，学生意识到人类劳动与地理环境之间的相互关系，形成正确的劳动观念与精神，进而达成国家意识、文化自信的价值认同。第二，利用劳动活动，培养地理实践力，实现外部活动内化与内部活动外化的统一。第三，在复杂的情境中用脑力劳动培养综合思维，形成科学的劳动习惯与品质，促进身心健康发展。第四，在培养区域认知能力时，通过了解区域差异、联系，学生能够辨析区域发展的方向，养成劳动观念，自觉践行责任与担当。

（二）把握课程整合的关键点——课程内容

1. 课程原则：把握实践性与针对性

研学旅行与劳动教育同样具有实践性、地方性、阶段性等特点。研学旅行推动学生走出教室、校园，在自然环境与社会环境中进行游学，过程中必然少不了探索环境的实践活动；而劳动教育是围绕"劳动"展开的学习活动，动手实践是该课程的主要学习方式，因此二者都具有较强的实践性。

整合课程的理想状态应该是当学生进入周围生活世界时，能通过亲身体验去认识鲜活事物和抽象词汇之间的联系，也就是说应该创造动手实践的机会让学生参与，而非"形式上的旅游与课本知识的粗放组合"①，只是把说教课堂搬到户外并不是真正的整合劳动教育的研学旅行课程。同时由于两种课程都以现实场域为载体开展教学活动，因此都强调因地制宜挖掘地方特色，使课程渗透区域风味。即在整合课程中，应该以区域发展差异为载体，将本土特色深深烙印在劳动教育中，深植劳动教育的本土内涵与价值，开启学生的劳动智慧。两类课程面向的主要对象均是中小学生，其身心发展特点存在明显的阶段性，因此两类政策文件都

---

① 白宏太，田征，朱文潇. 到广阔的世界中去学习——教育部中小学"研学旅行"试点工作调查[J]. 人民教育，2014(2)：34—39.

将"遵循教育规律"这一原则置于突出位置。

2. 课程内容:在研学旅行中挖掘"劳动"因素

课程能否进行有效整合还要考虑教学内容之间的知识逻辑联系。各学科都有自己的核心素养和知识体系。如以地理学科为例,地理研学旅行课程要求学生在旅行过程中有效提升人地协调观、综合思维、区域认知和地理实践力。而劳动教育则主要是通过与劳动相关的理论和实践学习,进而培养学生的劳动能力、劳动精神、劳动观念、劳动习惯、劳动情感等。因此,教师可以通过在不同研学内容中挖掘劳动元素。在进行"区域认知"时,为学生提供劳动的认知空间,从而明确劳动对象是什么、劳动所处的地理环境如何;在培养"综合思维"的同时,为学生提供劳动的思维智慧,知晓劳动内容是什么、劳动过程怎么样、思想又体现在哪里[①];在落实"地理实践力"时,提供学生真实的劳动情境,进行真正的劳动体验,掌握劳动技能,提高劳动能力;而在"人地协调观"的培养过程中,也可以帮助学生认识到劳动的意义,意识到人类的劳动文明与地理环境之间的相互作用关系。

3. 课程资源:促进基地资源合作共享

研学旅行和劳动教育在课程内容方面存在共通之处,二者的实践基地也存在共享的基础。在整合课程实施过程中,教师应保持对基地资源开发利用的高度敏锐,通过充分利用实践基地资源,从而节约旅行过程中的时间、精力、金钱损耗。例如在工业文化研学实践基地里,除了可以对工业区位等地理知识进行学习,还可以挖掘其中的职业信息、车间生产体验等劳动因素。而在农博园等劳动实践基地中,学生在动手劳作、锤炼劳动精神的同时,也可以对农业区位因素等地理知识进行分析。

---

① 邵英,史文印. 劳动素养在高考地理试题中的考查探析——以高考地理全国卷试题为例[J]. 中国考试,2020(11):21—26.

（三）落实课程整合的统筹点——课程组织

1. 教学方法：在项目中开展分工协作

在整合劳动的研学旅行课程中，无可避免会涉及较为复杂的劳动体验，以及面对复杂的研学情境进行问题探究。面对这样的课程特征，可以考虑在整合课程中采用以项目式学习为主线的研学方法，辅之以小组合作探究。通过一个具体项目或主题，将比较分散的学科知识、劳动知识要素串联起来，形成一个有序的、完善的课程系统。学生在其中分工协作、解决复杂的学科知识问题与劳动的同时，也锻炼了个人的沟通协作能力。

2. 组织引领：多部门协同维护课程开展

由于整合劳动教育的研学旅行课程的开展场域是在户外，相比于学科教学而言，其涉及的领域更加复杂，需要更多的部门协同予以支持与保障，例如社区、交通、民政、人力资源等。在整合课程开展过程中，交通部门可以对中小学生公路、水路出行严格执行学生票价优惠政策；铁路部门可以根据整合课程需求，在能力许可范围内积极安排运力；文化、旅游部门应对整合课程实施场馆、景区、景点门票等减免政策，并提供优质旅游服务。由于整合课程在户外开展，劳动体验项目多，因此保险企业还可以开发有针对性的产品，并对投保费用实施优惠措施等。只有社会各界、各部门协同支持整合课程的开展，才能够给这一新兴课程提供生长的有利环境。

3. 宣传引导：加强典型宣传，强化家庭教育地位

由于一直以来存在"重智、轻德、弱劳、抑美、缺劳"的片面教学导向，导致劳动教育、研学旅行在学生、家长甚至学校教师群体中的重视程度不高，具体负责课程设计与实施的研学旅行基地及教师等相关群体往往不知道如何下手。因此，可以通过遴选课程建设中一批先进个人、优秀案例和特色样板，加强示范引领和经验

交流,营造良好氛围,以此推动整合课程的高质量发展。此外,整合课程还应该牢牢把握住家庭、家长这一教育主体,通过密切家校联系,使家长参与到整合课程中来。利用家庭教育的多样性、简易性、灵活性,推动家庭版整合课程的发展,一定意义上拓宽整合课程的性质与活动空间,使课程的开展更加丰富且灵活。

(四)立足课程整合的落脚点——课程评价

1. 评价方法:坚持过程性、表现性评价

相比学科教学,劳动教育与研学旅行更加注重对学生技能与素养的培养。而能力与素养不同于一般理论知识,仅用标准化的纸笔测验评价方法无法客观反映出素养的获得,还要注重质性的评价方法[①],通过外显的行为来衡量其学习内化的结果。同时,技能与素养是一个生成性的动态结果,因此应该对其生成过程进行监测。因此在整合课程中,应采用阶段性、过程性、表现性的评价方法。在课程目标的指引下,设计表现性任务对学生学习效果进行评价。同时还可以利用成长档案袋记录法、竞赛活动、成果展示或者进行动态的素养监测等方式,从参与次数、态度、实际操作、成果等方面对学习效果进行诊断。

2. 评价主体:倡导多主体共同参与

整合劳动的研学旅行课程涉及多主体、多领域、多层次,它不再是局限于理论知识的课内校内活动,也不再是学生单独的学习活动。评价主体的选择应该根据评价内容决定。其中,学生对知识、技能的掌握是否科学得当需要交给具有专业背景的教师进行评价,而对于学生的学习获得感、满足感、幸福感等主观感受则需要交给学生进行自主监测。同时整合课程中有许多小组合作探究的内容,生生互评更能够反映出学生在学习过程中人际交往能力、合作沟通能力等跨学科能力的

---

① 蔡其勇,向诗丽,谢霁月,等. 新时代劳动教育课程的价值与建构[J]. 当代教育科学,2020(9):42—46+76.

表现。而基地评价能反映学生在公共场域的社会道德表现。此外还有家长评价、服务对象评价等。总而言之,整合课程的评价主体应与传统学科教学有所区别,通过评价主体的多元化增强评价的科学性,从而使评价结果真正推动教学双方发展。

(五) 稳住课程整合的支撑点——课程保障

1. 人才队伍:确定专业人员进行指导

整合课程作为一门独立课程而言,应该像语文、数学等学科一样配备专任的指导老师,才能够对整合课程的设计与实施提出有效的建议。选用的人才既需要具备扎实的学科知识与素养,又应该掌握充足的劳动知识技能,同时还要有能够设计研学旅行活动的能力,达成学生"在学与劳中游,在游时劳且学"的期待。除了这个途径之外,还可以加强学科教师间合作,进行集体备课。学科教师从专业的角度提出在整合课程中应该重视的地方,使得整合课程在落实过程中既有学科特性,又能体现劳动素养,保证课程的学术性与趣味性兼备。

2. 安全保障:进行风险评估、预案、分散

整合课程在执行过程中,涉及动手实践的学习方式和课外校外的学习场域,在过程中不可避免地伴随风险。因此在风险防控方面,整合课程的开发设计人员应该引起足够重视,可以通过风险评估、准备风险预案、风险分散等手段来降低课程中隐藏的风险。在出发之前,教师应该对研学基地、研学过程中隐藏的风险进行预测,例如野外路况复杂学生容易走失,学生未使用过相关工具容易弄伤自己等。根据对风险进行评估,教师确定相应的风险预案,做到危机情况出现时能够及时响应。同时在组织研学过程中,教师还可以对风险进行分散,告知家长、学生,使他们对可能存在的风险有所了解并预防,一定程度上降低风险发生的机率。

现状篇

第四章　基于数字画像的中学生劳动素养调查

自党的十八大以来,劳动教育的重要性越来越受到重视。各大中小学为了贯彻落实新时代党对劳动教育的新要求,促进劳动育人价值的实现,积极响应号召大力发展劳动教育。但目前劳动教育现状仍不容乐观,甚至一些学生表现出"不想劳动、不会劳动"的现象,劳动的独特育人价值被忽视、被弱化。[①] 而劳动教育的核心与本质就是提升劳动素养。因此,学生劳动素养的培育也是亟需关注的重点问题。在此背景下,本章结合劳动素养相关理论和内涵,采用数字画像技术构建了中学生劳动素养画像。在此基础上,对建构的中学生劳动素养画像进行具体分析,最后借助可视化技术对学生劳动素养的个体画像和群体画像进行输出呈现,以期为教育工作者更科学直观了解与掌握中学生劳动素养现状和特点提供参考建议。

一、中学生劳动素养画像的框架设计

(一) 学习者画像技术

"数字画像"这一概念最早出现于互联网领域中的用户分析,即用户画像。用户画像概念最早由美国交互设计之父阿兰·库珀(Alan Cooper)提出[②],其核心在于数据挖掘,即通过各类机器学习算法对大数据内部规律和潜在价值进行分析挖掘。它是一种通过对用户的基本信息、行为特征、生活习惯、社会属性和消费偏好等各维度数据进行挖掘与分析,从而抽象地勾画出用户多维度特征,帮助用户形

---

① 冯永刚,师欢欢.新时代劳动教育的价值意蕴及其实现[J].陕西师范大学学报(哲学社会科学版),2022,51(3):112—121.

② Cooper A. The inmates are running the asylum: Why high-tech products drive us crazy and how to restore the sanity [M]. Indianapolis: Sams, 1999.

成清晰自我认知的数据分析技术。画像技术强调对被画像者某一方面或多方面特征的描述与可视化,旨在帮助画像主体和客体建立更清晰、全面的认识,提高服务的精准度和个性化。

学习者画像是用户画像在教育领域的应用,学习者画像的模型构建是指基于画像算法,深入挖掘学习者学习行为、学习特点、学习风格和成绩等不同方面的特征属性,从不同维度构建能够体现学习者特定主题下综合特征画像的过程。学习者画像技术作为一种新兴学习分析技术,可以实现数据资源的筛选及整合,并能作为学习预测、评估和推荐的参考依据,有助于教学精准化发展。[①] 借助学习者画像,可建立劳动素养画像。即通过综合分析和数据统计等对学生的劳动观念、劳动精神、劳动能力、劳动习惯和品质四个方面进行标签化处理,并依据画像提取出的语义化标签将学生划分为不同群体类型,以帮助学生和教育管理者更加了解学生个人和群体的劳动素养情况,进而促进劳动教育个性化、高效化发展。

(二) 劳动素养画像框架

在参考现有文献研究的基础上,本研究提出了基于劳动素养的学生画像流程框架,见图 4-1。该流程框架以目标为导向,包括画像目标确立、数据采集与预处理、画像构建和画像输出四部分。(1)画像目标确立。画像构建的目标对画像构建的整体流程起指导作用。劳动素养画像关注学生在劳动素养不同方面的表现,有助于教师和教育管理者了解学生劳动素养现状、不同劳动素养水平学生的识别、进行学生评价和针对性开展劳动教育等。(2)数据采集与预处理。数据采集是进行分析和画像构建的首要基础。[②] 本研究基于理论基础和文献分析,构建了中学生劳动素养评价指标体系以指导调研数据收集。通过对问卷调查得到的数

---

① 王春华.基于学习者画像的精准教学干预研究[J].济南大学学报(社会科学版),2023,33(2):136—146.

② 余明华,张治,祝智庭.基于可视化学习分析的研究性学习学生画像构建研究[J].中国电化教育,2020(12):36—43.

据进行转换、清洗和集成等预处理操作,得到学生个体的基本信息和劳动素养特征数据以支持后续画像构建。(3)画像构建。根据画像目标选取数据进行数据分析和画像构建。其中,数据分析主要包括因子分析、共同方法偏差检验和潜在剖面分析。潜在剖面分析是一种基于模型的聚类分析技术,相较于传统以个体为中心的分析技术而言,分类标准更为严格,分类效果也更好。[1] 同时,根据拟定的中

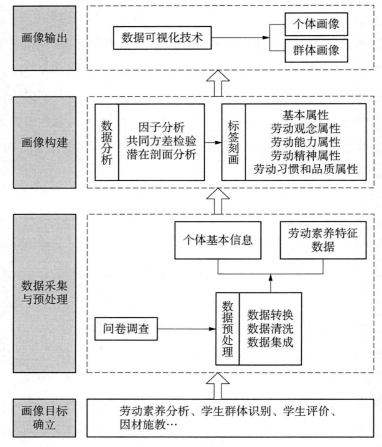

图4-1 中学生劳动素养画像流程框架

---

[1] 徐鑫锫,莫玲菲,刘明,等.高一学生成就目标特征模式及学业适应:基于潜在剖面分析[J].心理发展与教育,2022,38(1):81—89.

学生劳动素养评价指标构建劳动素养画像标签体系,并对所得数据进行标签化处理,进而建立中学生劳动素养画像。(4)画像输出。构建学生画像是以形象化的形式对学生个体及群体的特点进行刻画。① 因此本研究借助可视化技术,通过词云图、雷达图和柱状图等常见数据可视化形式对中学生劳动素养个体画像和群体画像进行呈现,以帮助学生和教育工作者直观了解劳动素养相关情况。

二、中学生劳动素养画像的指标体系建立

(一) 劳动素养画像目标

学生画像根据分析目标的不同,往往有不同的学生画像模型。构建学生画像的前提是确定学生画像的维度。② 如孙(Sun)等从基本信息、学习行为和学习结果三个维度构建学习者画像③;沃森(Watson)等则从学习认知、学习情感和学习行为三个维度构建学习者画像④;马志强等将认知投入与协作学习情境相关联,从行为参与投入、社会关系投入、观点建构投入和共享调节投入四个维度构建面向协作学习多重投入特征画像⑤。

本研究结合问卷调研数据,在劳动素养特征的基础上对中学生进行描述与分类,形成中学生劳动素养的个人和群体画像,进而对学生及学生群体在劳动素养上的不同表现进行探讨,为后续的个性化、精准化劳动教育开展提供数据支持与

① 翟鸣宇,程建,王苏桐,等.基于K-prototype聚类的学生教育画像分析[J].大连理工大学学报(社会科学版),2021,42(6):22—31.
② 张治,杨熙,夏冬杰.基于在线作业数据的学习行为投入画像构建研究[J].电化教育研究,2021,42(10):84—91.
③ Sun Y, Chai R. An early-warning model for online learners based on user portrait [J]. Ingénierie des Systèmes d'Information, 2020,25(4):535-541.
④ Watson S L, Watson W R, Yu J H, et al. Learner profiles of attitudinal learning in a MOOC: An explanatory sequential mixed methods study [J]. Computers & Education, 2017,114(11):274-285.
⑤ 马志强,孔伶玉,岳芸竹.面向协作学习多重投入特征画像的多模态学习分析[J].远程教育杂志,2022,40(1):72—80.

参考。通过文献分析及需求调查,研究将中学生劳动素养画像划分为基本属性特征和劳动素养特征两个维度。其中,劳动素养特征是劳动素养画像的核心部分,通过对中学生不同维度劳动素养的表现及综合劳动素养情况进行表征与分析,帮助学生自我反思和及时调整,以便教师更有针对性地开展劳动教育,促使中学生劳动素养在个性化教育中得以完善与提升。

(二) 劳动素养评价指标构建

开展劳动素养评价工作的关键性环节,就是基于劳动素养的内涵和要点确定具体的测评指标。① 以习近平新时代中国特色社会主义劳动教育思想为指导,以中共中央、国务院颁布的《关于全面加强新时代大中小学劳动教育的意见》及教育部分别于 2020 年和 2022 年颁布的《大中小学劳动教育指导纲要(试行)》《义务教育劳动课程标准(2022 年版)》等政策文件为依据,同时通过梳理总结劳动素养相关文献,本研究认为劳动素养是指学生在劳动的理论和实践学习过程中所形成的适应个人终身发展和社会发展所需要的正确价值观、必备品格和关键能力,是劳动教育育人价值的集中体现。

劳动素养的内涵主要包括劳动观念、劳动能力、劳动习惯和品质、劳动精神四个维度。其中,劳动观念主要指学生在劳动过程中形成的关于劳动的价值认知、态度和情感等;劳动能力主要指学生所具备的劳动知识及完成劳动任务所需的劳动技能与能力等;劳动习惯和品质主要指学生通过经常性劳动实践所形成的稳定性行为倾向及品格特征;而劳动精神则是指学生在劳动实践中形成和发展并展现出来的精神风貌和人格气质。在此理论基础之上,参考现有研究,本研究拟定的中学生劳动素养评价体系框架如表 4-1 所示。

---

① 王晖,刘霞,刘金梦,等. 中小学生劳动素养评价的国际经验及启示[J]. 北京师范大学学报(社会科学版),2022(4):142—149.

表 4-1　中学生劳动素养测评指标

一级指标	二级指标	具体描述（观测点举例）
劳动观念	劳动价值观	对劳动于个人及社会的价值的认识和看法（如树立正确的劳动观点，理解劳动价值等）
	劳动态度	对劳动表现出的态度倾向（如愿意参加劳动，认为劳动光荣；能够尊重劳动、劳动人民和劳动成果等）
	劳动情感	对劳动的喜爱程度和情感体验（如认为劳动可以带来愉悦的情感体验，喜爱、热爱劳动等）
	劳动责任感	对在个人劳动和集体劳动中承担的责任的认识和看法（如认为班级成员有责任承担班级的劳动任务等）
劳动能力	劳动知识	对劳动相关概念及基础劳动知识的掌握（如掌握安全用电的知识等）
	劳动技能	能够掌握基础劳动工具的使用技巧，并具备完成基础劳动任务的实践操作能力（如能用洗衣机清洗衣物等）
	合作劳动	能够在劳动中通过沟通交流、互相帮助合作完成劳动任务（如合作完成教室值日等）
	劳动创造	能够在劳动实践中打破思维定势，进行独一无二的发明创造（如制作独特的陶艺作品、写一首赞颂劳动的原创诗歌等）
	生涯规划	能够对未来的职业生涯生成初步想法与规划（如对各个职业有所了解，明晰自己的职业特长与偏好等）
劳动精神	劳动勤俭	在劳动过程中体现出勤俭节约的美德（如珍惜劳动成果，不浪费粮食、节约用水等）
	劳动奉献	在劳动过程中体现出奉献精神，不求回报（如积极参与义务卖报、城市垃圾清理等社区公益劳动和志愿服务）
	劳动奋斗	在劳动过程中体现出奋斗精神，能够克服困难，砥砺奋进（如努力完成艰难的劳动任务等）
	劳动创新	在劳动过程中体现出创新精神，能够基于现有基础推陈出新（如发掘出某种劳动工具的不同用途，具有创新思维等）
劳动习惯和品质	自主劳动	能够主动参与劳动实践（如自觉整理房间、倒垃圾等）
	诚实劳动	在劳动过程中体现出诚实的品质（如踏踏实实劳动，不耍小聪明、弄虚作假等）
	安全劳动	在劳动过程中具备安全、规范意识，能够遵守规则，不随心所欲，关注细节（如懂得安全用火、安全用电等）
	劳动意志	在劳动过程中体现出吃苦耐劳、坚持不懈及完成劳动任务的信念和决心（如冬天坚持自己步行或骑车上学等）

三、中学生劳动素养画像的构建

以全国 16 个省（自治区、直辖市）的部分中学生为画像对象，依据提出的中学生劳动素养画像构建流程，基于调研数据分析构建中学生劳动素养画像。

（一）数据收集与处理

1. 调查工具

为了解当前中学生劳动素养培育现状，根据拟定的中学生劳动素养评价体系编制了《中学生劳动素养调查问卷》。问卷中人口统计学变量包括学生的性别、年级及所在省份；问题部分由中学劳动教育现状与中学生劳动素养现状两部分组成，共 31 个题项。其中，中学生劳动素养现状部分采用 Likert 5.0 量表形式进行测试，从 1 到 5 分分别表示"非常不符合""比较不符合""一般""比较符合"和"非常符合"。在问卷修订过程中，为保证量表部分的信效度，初测向重庆市某中学发放问卷 200 份，回收问卷 190 份，有效回收率为 95%。

首先对初测问卷量表部分进行项目分析以检验量表的适切性或可靠度[1]，本研究选择极端组法和同质性检验法进行检验。在极端组检验中，所有题项的 t 检验均达到显著水平，即满足 t 值>3，显著性<0.05，无题项删除。在同质性检验中，整体量表的 Alpha 值为 0.941，量表信度很高。同时所有题项的共同性和因子载荷分析结果均在标准范围内，说明量表适合进行后续分析。

为进一步检验所有题项是否有效反映测量的变量，对量表进行探索性因素分析。分析结果显示，量表题项的 KMO 值为 0.924，Bartlett 球形检验显著性小于 0.001，说明量表可用于探索性因素分析。研究采用主成分分析法进行探索性因

---

① 余明华，张治，祝智庭. 基于学生画像的项目式学习评价指标体系研究[J]. 电化教育研究，2021，42（3）：89—95.

素分析,共提取出四个特征值大于 1 的公因子,累计方差贡献率为 63.371%,旋转后成分矩阵见表 4-2,各题项的标准化因子载荷均大于 0.5,得到的四因子结构与本研究构建的中学生劳动素养模型及指标体系相符,因此确定为本研究的正式调查问卷。

表 4-2　旋转后成分矩阵

数据项	成　　分			
	1	2	3	4
劳动价值观 q17				.749
劳动态度 q18				.764
劳动情感 q19				.658
劳动责任感 q20				.623
劳动知识 q21	.772			
劳动技能 q22	.732			
合作劳动 q23	.577			
劳动创造 q24	.767			
生涯规划 q25	.595			
劳动勤俭 q26		.740		
劳动奉献 q27		.677		
劳动奋斗 q28		.643		
劳动创新 q29		.635		
自主劳动 q30			.637	
诚实劳动 q31			.537	
安全劳动 q32			.826	
劳动意志 q33			.787	

注:问卷量表中,劳动素养相关题项由 q_{17} 至 q_{33},共计 17 个题项。

2. 数据收集及处理

研究采用随机抽样的方式在全国 16 个省（市、自治区）的部分中学展开调查，调查对象为初一、初二、高一及高二年级的学生。共发放 5 500 份问卷，收回 5 014 份，回收率为 91.16％；剔除无效问卷得到有效问卷 4 321 份，有效率为 86.18％。分别采用 SPSS 25.0 和 Mplus 8.3 软件对问卷进行信度检验和验证性因子分析，结果见表 4-3。

表 4-3 劳动素养四因素的信效度检验情况

因素	项数	Cronbach's α	CFI	TLI	RMSEA	SRMR
劳动观念	4	0.803				
劳动能力	5	0.836				
劳动精神	4	0.812				
劳动习惯和品质	4	0.828				
问卷整体	17	0.921	0.916	0.898	0.078	0.044

从表 4-3 可以看出，劳动观念、劳动能力、劳动精神及劳动习惯和品质四因素的 Alpha 值均在 0.8 以上，同时问卷整体的 Alpha 值为 0.921，说明问卷题项的内部一致性较好，信度较高。通过验证性因子分析结果得到，CFI 和 TLI 均在 0.89 以上，RMSEA 和 SRMR 也均在标准范围之内，说明问卷效度良好，可以用于后续分析。

（二）不同劳动素养水平的学生群体识别

学习者画像可以根据学习者群体特征划分学习者，优化教学设计，促进教学的个性化发展。[①] 研究采用潜在剖面分析法进行学生群体划分，通过潜在剖面分

①肖君，乔惠，李雪娇. 基于 xAPI 的在线学习者画像的构建与实证研究[J]. 中国电化教育，2019(1)：123—129.

析法可以识别中学生劳动素养的潜在类别,进而了解不同类别学生的劳动素养特点,有利于促进劳动教育的个性化发展。

1. 共同方差检验

为避免由于单一数据源所造成的共同方法偏差[①],在进行潜在剖面分析前,研究采用控制未测量的潜在方法因子(ULMC)法进行共同方法偏差检验。如表4-4所示,在原始模型的因子基础上,以 CFI 和 TLI 提高幅度大于 0.1,RMSEA 和 SRMR 降低幅度大于 0.05 为标准[②],发现引入方法因子作为全局因子构建得到的双因子模型拟合指数并未得到很大提高,说明不存在严重的共同方法偏差。

表4-4　共同方法偏差检验结果

	CFI	TLI	RMSEA	SRMR
原始模型	0.916	0.898	0.078	0.044
双因子模型	0.941	0.917	0.071	0.033
变化幅度	+0.025	+0.019	−0.007	−0.011

2. 潜在剖面分析

在确定不同劳动素养水平学生的类别数量时,需要结合模型的拟合指标和结果的可解释性进行综合判断。[③] 本研究基于中学生在劳动素养四个维度上的得分情况利用 Mplus 8.3 软件进行潜在剖面分析,不同分类的潜剖面模型拟合结果如表4-5所示。

---

① 徐鑫镕,莫玲菲,刘明,等.高一学生成就目标特征模式及学业适应:基于潜在剖面分析[J].心理发展与教育,2022,38(1):81—89.

② 温忠麟,黄彬彬,汤丹丹.问卷数据建模前传[J].心理科学,2018,41(1):204—210.

③ 麻超,王瑞,刘亚飞,等.组织公平感与少先队辅导员职业认同:潜在剖面分析[J].中国健康心理学杂志,2023,31(2):262—270.

表4-5 潜剖面模型拟合结果

模型	AIC	BIC	aBIC	Entropy	LMR (p)	BLRT (p)	类别比例 (%)
1	215 988.28	216 204.90	216 096.86				
2	199 408.18	199 739.49	199 574.25	0.929	0.000 2	0.000 0	0.21/0.79
3	191 391.06	191 837.05	191 614.62	0.887	0.000 0	0.000 0	0.51/0.06/0.43
4	188 216.99	188 778.57	188 498.94	0.889	0.000 0	0.000 0	0.03/0.26/0.18/0.53

由表4-5可知,随着类别数量的增加,模型的 AIC、BIC、aBIC 在持续下降,说明模型的拟合程度在逐步变好。模型 Entropy 值均大于 0.80,表明各个模型分类准确率超过 90%[①],准确率最高的是二分类。同时 LMR 和 BLRT 的结果显示四分类优于三分类,三分类优于二分类。而四分类模型存在类别比例小于 5% 的情况,不具有现实意义。因此,为保证模型选择的准确性和可解释性,综合考虑选择三分类模型为最优模型。通过判别分析对选定的三分类模型准确性进行验证,可以看到,三个类别的预测准确率均在 90% 以上(见表4-6),表明潜在剖面分析结果比较可靠,该三分类模型可以用于后续研究。

表4-6 三分类模型中被试分到各组的平均归属概率

类别	被试个数	百分比	平均归属概率		
			C1	C2	C3
C1	250	5.79%	0.98	0.00	0.02
C2	1 845	42.70%	0.00	0.94	0.06
C3	2 226	51.51%	0.00	0.05	0.95

为探究三种类别的学生群体在劳动素养各维度上所呈现的分布特征和类别特点,研究绘制了均值折线图(见图4-2)。综合表4-6和图4-2可以发现三个

———————————

① 瞿皎姣,曹霞,米捷.中国情境下工作场所包容的剖面结构及其关系模式研究[J].管理学报,2022,19(10):1489—1499.

潜在类别在劳动素养各维度上的条件均值差异显著,呈现出不同的特征。约5.79%的极少部分中学生,在劳动素养各维度上的得分均处于最低水平,表明该类学生的劳动素养较低,故将其命名为"低劳动素养型"(C1);约42.70%的中学生在劳动素养各维度上的得分均处于最高水平,表明该类学生的劳动素养较高,故将其命名为"高劳动素养型"(C2);而大部分中学生,约占51.51%,在劳动素养各维度上的得分均高于C1而低于C2,位于中间,说明该类学生的劳动素养处于中等水平,故将其命名为"中等劳动素养型"(C3)。

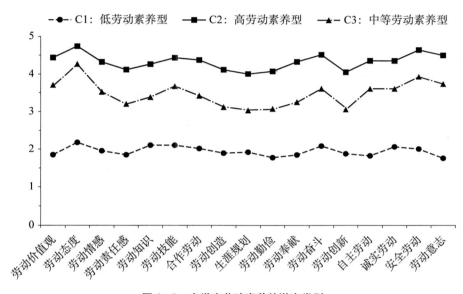

图4-2 中学生劳动素养的潜在类别

(三)中学生劳动素养画像标签体系建立

对学习者信息的标签化处理,有助于将学习者及学习者群体的个性特征具体化和形象化。[①] 在劳动素养画像构建中,通过对学生劳动素养的劳动观念、劳动能

———————————

① 尹婷婷,龚思怡,曾宪玉.基于用户画像技术的教育资源个性化推荐服务研究[J].数字图书馆论坛,2019(11):29—35.

力、劳动精神、劳动习惯和品质四个维度数据进行分类，获取画像标签，进而实现对学生劳动素养整体状况的观测。本研究在中学生劳动素养评价指标的基础上，依据标签的语义化和高度精炼的特征，结合各维度的数据分析结果，以人工刻画的方式对学生劳动素养画像进行标签化，构建相应的画像标签体系如表4-7所示。

表4-7　中学生劳动素养画像标签体系

一级指标	二级指标	标　　签
基本属性	序号	1、2、3……
	性别	男、女
	年级	初一、初二、高一、高二
劳动观念属性	劳动价值观	价值认同高、价值认同一般、价值认同低
	劳动态度	尊重劳动、不尊重劳动
	劳动情感	热爱劳动、不热爱劳动
	劳动责任感	责任意识强、责任意识一般、责任意识弱
劳动能力属性	劳动知识	劳动知识丰富、劳动知识中等、劳动知识薄弱
	劳动技能	实践能力强、实践能力一般、实践能力弱
	合作劳动	善于合作、不善合作
	劳动创造	创造力强、创造力一般、创造力弱
	生涯规划	善于规划、不善规划
劳动精神属性	劳动勤俭	勤俭、不勤俭
	劳动奉献	乐于奉献、奉献精神不足
	劳动奋斗	乐于奋斗、奋斗精神不足
	劳动创新	善于创新、不善于创新
劳动习惯和品质属性	自主劳动	主动型、被动型
	诚实劳动	诚实劳动、不诚实劳动
	安全劳动	安全意识强、安全意识一般、安全意识弱
	劳动意志	意志力强、意志力一般、意志力弱

1. 基本属性标签

基本属性标签是有关学生基本信息的描述,主要用于识别学生的身份和进行描述性统计分析等。本研究主要包括序号、性别和年级,其中序号是每个学生自身唯一的身份标识。

2. 劳动观念标签

劳动观念属性标签包括劳动价值观、劳动态度、劳动情感和劳动责任感四个维度。劳动价值标签是学生对劳动价值的认识和看法,根据学生的不同反馈分为"价值认同高""价值认同一般"和"价值认同低";劳动责任标签指学生在劳动中表现出的责任意识,包括"责任意识强""责任意识一般"和"责任意识弱";劳动态度标签和劳动情感标签分别指学生对劳动表现出的看法态度和情感体验,根据积极或消极的行为倾向分别分为"尊重劳动"和"不尊重劳动","热爱劳动"和"不热爱劳动"。

3. 劳动能力标签

劳动能力属性标签包括劳动知识、劳动技能、合作劳动、劳动创造和生涯规划五个维度。劳动知识标签和劳动技能标签指学生对劳动基本概念、基础知识及基本劳动工具使用技巧等的掌握情况,根据程度不同可分为高、中、低三种水平,即"劳动知识丰富""劳动知识中等""劳动知识薄弱"和"实践能力强""实践能力一般""实践能力弱";合作劳动标签指学生在劳动中进行交流合作的能力,根据表现分为"善于合作"和"不善合作";劳动创造标签关注学生在劳动过程中的创造性,包括"创造力强""创造力一般"和"创造力弱";生涯规划标签强调学生对自己未来职业生涯的计划能力,包括"善于规划"和"不善规划"。

4. 劳动精神标签

劳动精神属性标签包括劳动勤俭、劳动奉献、劳动奋斗和劳动创新四个维度。劳动勤俭标签指在劳动中秉持的勤俭节约精神,根据表现分为"勤俭"和"不勤俭";劳动奉献标签与劳动奋斗标签则是指在劳动之中体现出的奉献精神和奋斗精神,分别包括"乐于奉献""奉献精神不足"和"乐于奋斗""奋斗精神不足";劳动创新标签强调在劳动过程中体现出的创新精神,包括"善于创新"和"不善于创新"。

5. 劳动习惯和品质标签

劳动习惯和品质属性标签包括自主劳动、诚实劳动、安全劳动和劳动意志四个维度。自主劳动标签指学生参与劳动的自主性,据此可分为"主动型"和"被动型";诚实劳动标签指学生在劳动过程中体现的诚实品质,包括"诚实劳动"和"不诚实劳动";安全劳动标签和劳动意志标签则强调学生在劳动过程中具备的安全意识和意志力的强弱,分别包括"安全意识强""安全意识一般""安全意识弱"和"意志力强""意志力一般""意志力弱"。

(四)中学生劳动素养画像的可视化

学习者画像可视化指将所构建的描述学习者典型特征的画像标签用图形等形式呈现出来,从而清晰直观地展现学习者的各类属性。[1] 本研究主要采用 Python 3.10 和 Origin 2019 等软件,以词云图、雷达图等方式对面向学生的个体画像和面向教师的群体画像进行可视化。

1. 个体画像

学生个体画像可以帮助学生进行自我监测、评价和反思,及时发现自身存在

---

① 王世奇,刘智锋,王继民.学者画像研究综述[J].图书情报工作,2022,66(20):73—81.

的问题并进行针对性调整。研究从聚类分析结果库中各随机选取一名学生进行画像,如图4-3所示,图上半部分为学生劳动素养画像,展示了不同学生所属劳动素养画像群体以及劳动素养特征,图下半部分为学生个体劳动素养与整体劳动素养均值比较的雷达图,展示了学生在劳动素养各维度与平均值的差异情况。学生可以通过查看个体画像了解自己的劳动素养表现及相对情况,有助于促进学生自身认知发展。

基本信息: A同学 男 高一

素养评价: 高劳动素养型

素养特征: ·尊重劳动 热爱劳动
善于合作 善于规划
乐于奉献 乐于奋斗
善于创新 安全意识强
勤俭 主动型 意志力强
·价值认同一般 责任意识一般
劳动知识中等 实践能力一般
创造力一般 不诚实劳动

基本信息: B同学 男 高一

素养评价: 中等劳动素养型

素养特征: ·尊重劳动 善于合作
乐于奉献 乐于奋斗
诚实劳动 主动型
责任意识强 实践能力强
·价值认同一般 劳动知识中等
安全意识一般 意志力一般
不热爱劳动 不善于创新
创造力弱 不善规划 不勤俭

基本信息: C同学 女 高二

素养评价: 低劳动素养型

素养特征: ·尊重劳动 乐于奉献
乐于奋斗 诚实劳动
·安全意识一般 意志力一般
价值认同一般 责任意识一般
劳动知识中等 实践能力一般
不善规划 不善于创新
不热爱劳动 不善于合作
不勤俭 被动型 创造力弱

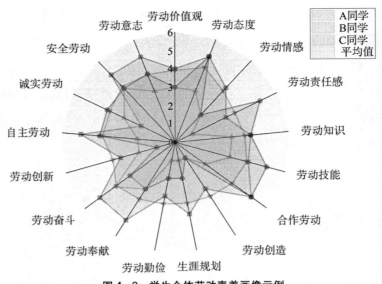

图4-3　学生个体劳动素养画像示例

从图4-3可知，A同学整体劳动素养表现良好，属于高劳动素养型，在劳动奉献、劳动奋斗、劳动意志、安全劳动和合作劳动等方面均超过平均水平，但在如劳动责任感、劳动创造与创新等方面仍有待提高，尤其是需要加强对劳动中诚实品质的强化。B同学整体劳动素养表现一般，属于中等劳动素养型，在劳动责任感、劳动知识与技能、自主劳动和诚实劳动等方面均有较好表现，但在劳动情感、未来规划、劳动勤俭、劳动创造与创新等方面存在较大的提升空间。而C同学整体劳动素养表现较差，属于低劳动素养型，除了在劳动奋斗、安全劳动和诚实劳动等方面接近平均水平，其余方面均存在显著差距。

通过不同学生的劳动素养个体画像呈现，可以清晰直观地了解到学生个体的劳动素养现状、发展优势和趋势。学生据此可以进行自我诊断和评价，摒弃可能存在的片面性经验感知。同时通过对比自身不足，获得清晰自我认知，督促自己不断提升劳动素养。

2. 群体画像

学生群体画像可以直观反映出不同群体中学生具备的共有特征，有助于教师掌握群体特征进而针对性开展教学。而构建学生群体画像就是通过形象化的方式对学生群体特征标签进行刻画。本研究基于潜在剖面分析的聚类基础,结合可视化技术对三种类型中学生劳动素养群体画像进行了刻画分析(见图 4 - 4、图 4 - 5、图 4 - 6)。

图 4 - 4　低劳动素养型学生画像

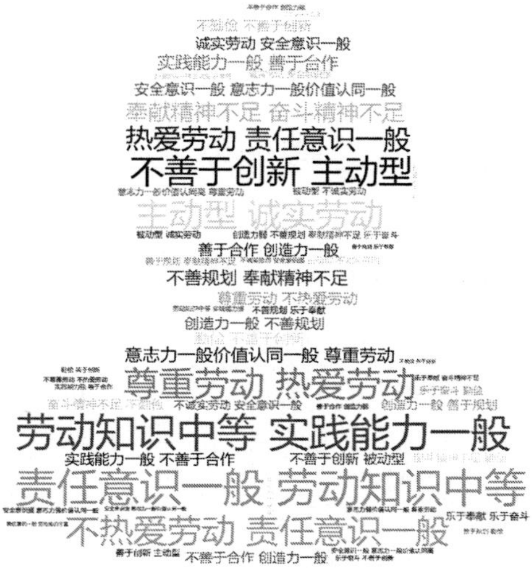

图 4 - 5　中等劳动素养型学生画像

图 4 - 6　高劳动素养型学生画像

由前文分析可知,低劳动素养型学生群体有 250 人,占比约 5.79%。该类学生在劳动素养的各子维度上得分均为最低,说明其综合劳动素养也处于最低水平。结合词云图 4-4 可知,这类学生整体上劳动观念薄弱,缺乏劳动精神,劳动习惯和品质欠佳。具体来看,在劳动观念上,低劳动素养型学生表现出对劳动价值认同低、不尊重劳动、不热爱劳动和责任意识弱的特点;在劳动能力上,其表现出劳动知识薄弱、实践能力和创造力弱、不善于合作和规划的特点;在劳动精神上,欠缺勤俭节约、奉献、奋斗和创新的劳动精神;在劳动习惯和品质上,其在劳动中缺乏诚实品质和劳动积极性,安全意识和劳动意志力薄弱。这说明此类学生在劳动素养各方面均存在很大不足,是劳动教育中的"边缘人物",需要教师重点关注并加以指导。在教学设计中要重视劳动教育价值意义的引导,促使此类学生对劳动产生积极认知,进而更多地发生劳动学习和劳动实践行为。同时还需要重视劳动教育课程内容的设计,吸引学生更多地将学习精力投入到劳动教育活动中。

中等劳动素养型学生群体有 2 226 人,占比约 51.51%,是所有学生中人数最多的类型。该类学生在劳动素养的各子维度上得分均位于中间层次,说明其综合劳动素养处于中等水平。结合词云图 4-5 可知,这类学生整体上劳动能力一般,缺乏劳动精神,不善于创新与创造。具体来看,在劳动观念上,中等劳动素养型学生尊重、热爱劳动,但对劳动的价值认同和责任意识一般;在劳动能力上,其各方面能力一般,尤其是在知识储备和实践能力方面;在劳动精神上,其在劳动奉献、奋斗和创新方面均有所欠缺;在劳动习惯和品质上,各方面表现一般,尤其缺乏劳动意志。这说明此类学生虽然整体劳动素养表现较好,但在具体多个方面都存在较大提升空间。同时,该类学生占整体的半数以上,说明这代表了目前大部分中学生劳动素养的现实样态,教育工作者在进行劳动教育相关决策和开展劳动教育活动时应予以重视。

高劳动素养型学生群体有 1 845 人,占比约 42.7%。该类学生在劳动素养的各子维度上得分均是最高的,说明其综合劳动素养最高。结合词云图 4—6 可知,这类学生整体上尊重并热爱劳动,在劳动中诚实主动,还展现出良好的劳动精神风貌。具体来看,在劳动观念上,高劳动素养型学生尊重且热爱劳动,对劳动价值认同较高,但劳动责任意识中等;在劳动能力上,其实践能力和合作能力强,劳动知识丰富,善于规划,但在创造力上有所欠缺;在劳动精神上,其勤俭节约、乐于奋斗和奉献,同时还善于创新;在劳动习惯和品质上,其表现出积极主动、诚实劳动和安全意识强的特点。这说明这类学生无论在劳动观念、劳动能力、劳动精神还是劳动习惯和品质方面都表现良好,对于此类学生,在督促其继续保持良好劳动素养的同时,可以为其提供更多劳动教育知识的学习与训练,鼓励其尝试更多的劳动创造活动。同时,作为劳动教育中的表现优异者,应发挥其在学生群体中的榜样作用,营造积极进取、勇于争先的教育氛围。

四、素养画像视角下中学生劳动素养培育中存在的问题

(一)忽视学生主体,劳动教育形式单一化

过去受传统教学观念和教学制度的影响形成了以师为主、以教为主的"填鸭式"课堂教学模式。在这种完全由教师主导的教学模式下,学生长期处于被动接受状态,主体性受到抑制,这一问题在劳动教育中同样存在。当前劳动教育对学生的主体性重视不足,经常忽视学生已有的知识经验和思想观念,劳动教育过程存在一刀切的现象。现有劳动教育多以集体形式开展,对集体中的个人关注不够,对于劳动教育中的不同学生群体类型及特点的认识和分析不足,未能做到多层次、个性化的因材施教。

同时,劳动教育形式单一片面,存在简单化、碎片化现象。当前大部分中小学仍以简单、重复、低水平的体力劳动如校园大扫除、家务劳动、种植活动等作为劳动教育内容,这不利于促进学生对劳动价值的认识理解和良好劳动精神与品质的塑造,无法真正实现劳动教育全面育人的价值追求。

(二)缺乏价值渗透,劳动主体价值认识不足

劳动是人类文明的基石。从传统农耕时代到改革开放再到与日俱进的新时

代,中华民族相信天道酬勤,力耕不欺,始终秉持着辛勤劳动的优良品质。但在科学技术与社会生产力飞速发展的智能时代,随着人们生活的日益改善,体力劳动逐渐被现代科技取代,劳动价值被忽视甚至受到质疑,出现劳动教育的价值认识片面化、发展畸形化等问题,劳动教育变得有劳无教、教劳分离。[①]

研究调查同样显示无论是低劳动素养学生还是中高水平劳动素养学生均存在一定劳动价值观教育缺失、劳动责任意识不强等问题,不少学生对于劳动的认识和重视不足,表现出较为冷淡的态度,在基本的劳动知识与技能掌握以及良好劳动习惯和品质养成等方面有所欠缺。这一定程度上表明劳动教育工作者在劳动教育开展过程中未能触及劳动教育本质,未能从思想价值观念层面上对学生进行教育。缺乏劳动价值观念的渗透浸润,便难以转变学生的固有认知,无法使学生正视劳动教育价值,进而会影响学生劳动素养其他方面的培育。

(三) 未形成"家校社"合力,劳动教育资源匮乏

马克思关于人的本质的讨论中提到,人不是脱离了社会关系的单个人所固有的抽象物,而是一切社会关系的总和。人的实践活动是离不开社会关系的,教育实践亦是如此。教育与生产劳动相结合是教育发展的基本规律,劳动教育是新时代背景下实现立德树人根本任务、促进学生成为"完整的人"的必要途径。[②] 学生劳动素养的培育是学校、家庭和社会的共同责任,"家校社"协同育人是劳动教育的应有之义,三者应形成合力增强劳动课程资源开发力度。

但目前多数劳动教育由学校独自承担,尤其是农村地区,劳动教育形式和实践平台单一,无法满足多样化劳动教育需求。随着社会力量的加入,不少劳动教育转变为学校主导、社会提供场地支持的形式,但这些教育基地多为农田、博物馆、社区等,而缺乏工业生产、科技创造和服务行业等更为复杂的劳动教育场所。

---

① 范涌峰. 新时代劳动教育课程的现实样态与逻辑路向[J]. 教育发展研究,2020,40(24):28—35.
② 王清涛. 马克思劳动价值论的生存解读及其当代价值[J]. 东岳论丛,2019,40(6):21—33.

此外,劳动教育中的家庭教育缺失问题比较严重。家长常忽视劳动教育的价值,不关注学生的劳动素养情况,更关注学生的学业成绩,未肩负起劳动教育责任。在上述因素综合影响下,劳动教育资源来源有不少局限,家校社协同的劳动教育模式尚未得到有效构建。

(四)偏离时代诉求,劳动创新素养培育不足

在迈向信息化时代的进程中,新知识、新技术和新理念等不断冲击着传统教育,追求科技创新与创新人才培养是时代发展的必然趋势。2019 年,国务院发布《关于新时代推进普通高中育人方式改革的指导意见》中指出,"要强化综合素质培养,培养学生创新思维和实践能力"。[①] 随着新一轮课改不断深入,创新素养培育的重要性愈发凸显。

但调查结果显示,目前国内中学生普遍缺乏劳动创造能力与创新精神,无法在劳动实践中推陈出新,实现创新素养和能力的发展。这说明当前的劳动教育对于学生创新素养的重视程度和培养力度不足,劳动教育仍停留在低层次的简单劳动体验阶段,尚未探索出创新劳动教育路径,未能在与学科知识接轨的过程中,将跨学科知识与理念融入劳动教育,有意识地引导学生在学科碰撞中突破思维定式,展开丰富的劳动想象与创造。同时未能与前沿科技接轨,促使学生在真实情境中体验新兴技术,主动建构创新思维,形成劳动创新意识。

[①] 国务院办公厅印发《关于新时代推进普通高中育人方式改革的指导意见》[EB/OL]. (2019 - 06 - 19)[2024 - 04 - 23]. http://www. gov. cn/xinwen/2019-06/19/content_5401610. htm.

第五章 中学研学旅行课程现状及满意度调查

自 2013 年国务院印发《国民旅游休闲纲要（2013—2020 年）》首次提出研学旅行概念并明确"逐步推行中小学生研学旅行"[①]，到 2016 年教育部等 11 个部门联合发布《关于推进中小学生研学旅行的意见》要求"把研学旅行纳入学校教育教学计划"，"研学旅行"从官方文件的首次出现到课程化推进已近十年，它已然成为我国基础教育改革的亮点，也成为发展学生核心素养，提升学生实践能力和创新精神的切入点。各地如火如荼的研学旅行课程实践呈现何种样态？学生作为研学旅行课程建设的逻辑起点和最终归宿，他们是否参与又是否满意呢？这些问题都有待探讨。伴随着研学旅行市场的复苏以及国家"双减"政策的深入推进，研学旅行课程必将迎来新的发展机遇。因此，分析研学旅行课程建设实然样态，构建新时代研学旅行课程的实践路向显得十分重要且必要。

一、研究设计

（一）理论模型

顾客满意度是顾客基于对产品或服务的期望及实际体验所做的主观性评价，对顾客满意度的分析有助于确定影响顾客满意度的因素并针对性优化。目前使用最为广泛的是美国学者费耐尔于 1989 年提出的顾客满意度指数模型（ACSI）[②]。计算顾客满意度指数的常用方法就是结构方程模型法（SEM）。结构方程模型是一种建立、估计和检验变量之间因果关系的多元数据统计分析方法，可用于因素分析和路径分析，对于研究复杂的变量关系有较大帮助。

---

① 国务院办公厅. 国民旅游休闲纲要（2013—2020 年）[N]. 中国旅游报，2013 - 02 - 28(1).

② Fornell C, Johnson M D, Anderson E W, et al. The American customer satisfaction index: Nature, purpose, and findings [J]. Journal of Marketing, 1996,60(4):7 - 18.

因此,本研究参考费耐尔 ACSI 模型中六个变量的路径关系及教育满意度实证成果,将研学旅行课程作为一项教育服务,学生作为教育服务的消费者,构建基于结构方程模型的中学生研学旅行课程满意度理论假设模型(见图 5－1),探究中学生对研学旅行课程的满意度及影响因素。模型中各变量间的关系假设如下:

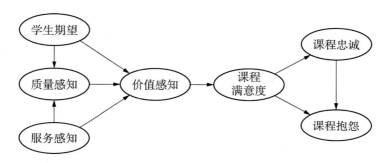

图 5－1　中学生研学旅行课程满意度理论假设模型

H1:研学旅行课程学生期望对课程价值感知产生正向影响。

H2:研学旅行课程学生期望对课程质量感知产生正向影响。

H3:研学旅行课程服务感知对课程质量感知产生正向影响。

H4:研学旅行课程价值感知对课程满意度产生正向影响。

H5:研学旅行课程质量感知对课程价值感知产生正向影响。

H6:研学旅行课程服务感知对课程价值感知产生正向影响。

H7:研学旅行课程满意度对课程忠诚产生正向影响。

H8:研学旅行课程满意度对课程抱怨产生负向影响。

H9:研学旅行课程忠诚对课程抱怨产生负向影响。

(二) 问卷设计

参考研学旅行及教育满意度相关成果,编制《研学旅行课程实施现状调查问卷》。问卷由四部分构成:第一是人口统计学变量,包含性别、年级、学校、省份;第二是研学旅行课程的认知调查,包含中学生对于研学旅行课程的性质、价值、渠道等认知状况;第三是研学旅行课程的实施调查,包括中学生是否参与课程;第四是研学旅行课程满意度因素量表,是在美国顾客满意度模型(ACSI)、课程满意度[①]、学生满意度模型[②]、价值感知[③]等基础上编制而成,采用 Likert 5.0 量表进行自陈式判断。课程满意度测评框架包括目标变量、原因变量和结果变量三个层次。

目标变量为课程满意度,是学生对研学旅行课程的总体满意程度。原因变量包括学生期望、质量感知、服务感知和价值感知四个变量。其中,学生期望是学生在研学前对研学旅行课程的期望程度,主要测量项为:研学收获预期、研学内容预期、研学方法预期和研学导师预期四个观测变量;质量感知是学生在研学后对研学旅行课程的综合质量评价,主要测量项为研学内容、研学方法、研学资源、研学导师指导效果及研学评价五个观测变量;服务感知是学生对研学旅行中外在环境的卫生环境、服务设施及研学导师外的工作人员服务态度的感受,包括环境感受和服务感受两个观测变量;价值感知是学生对研学旅行过程和结果的主观感知,包括收获感知和体验感知两个变量。结果变量包括课程忠诚和课程抱怨。课程忠诚是研学旅行课程满意度的结果,学生在研学旅行过程中获得良好的体验,产生愿意继续参与和分享推荐的意愿,是学生基于课程满意度形成的心理契约;课程抱怨是学生在研学旅行课程结束后向教师或同学等抱怨的不满程度。

为确保问卷设计的准确性,研究者对问卷进行了试测。试测对象为 C 市某中学学生,试测问卷共计发放 100 份,收回 100 份,其中有效问卷 88 份。对试测问卷

① 吕立杰,马云鹏. 基于教育公平的基础教育课程发展质量考察维度构建[J]. 教育研究,2016,37(8):99—106.
② Hallak R, Assaker G, El-Haddad R. Re-examining the relationships among perceived quality, value, satisfaction, and destination loyalty: A higher-order structural model [J]. Journal of Vacation Marketing, 2018,24(2):118-135.
③ Sweeney J C, Soutar G N. Consumer perceived value: The development of a multiple item scale [J]. Journal of Retailing, 2001,77(2):203-220.

中的研学旅行课程满意度部分进行信度分析和效度分析,结果显示问卷的信度与效度均较好,且具有良好的鉴别能力,故确定为正式调查问卷。

(三) 研究对象

运用分层抽样法,按照国家"七五"计划中地区划分标准,选取了东部地区的北京、河北、福建、山东、浙江、广东和海南,中部地区的黑龙江、安徽、江西、河南和湖南,西部地区的四川、重庆、贵州、云南、西藏、陕西、甘肃、宁夏、青海、广西、内蒙古和新疆,共计24个省(自治区、直辖市),包括城镇和农村的178所学校的学生作为调查对象。共发放问卷3000份,收回问卷2920份,有效问卷2841份,问卷回收率和有效问卷率分别为97.33%和97.29%。其中,选择参与过研学旅行课程的1950名学生继续作答"研学旅行课程满意度调查量表"部分,收回有效问卷1770份,有效问卷率为90.77%。调查对象基本情况如表5-1所示。

表5-1　样本基本信息

研学旅行课程问卷调查量表				研学旅行课程满意度影响因素量表			
题项	选项	人数	百分比(%)	题项	选项	人数	百分比(%)
性别	男	1 325	46.64	性别	男	805	45.48
	女	1 516	53.36		女	965	54.52
年级	初一	270	9.50	年级	初一	263	14.86
	初二	361	12.71		初二	282	15.93
	高一	1 675	58.96		高一	1 084	61.24
	高二	535	18.83		高二	141	7.97
地区	东部	544	19.15	地区	东部	81	4.58
	中部	650	22.88		中部	600	33.90
	西部	1 375	57.97		西部	1 089	61.52

（四）信效度检验

采用临界比值法结合相关性系数法进行区分度测试。将研学旅行课程学生满意度量表中各维度排名前27%的数据定义为高分组,排名后27%的数据定义为低分组,然后进行独立样本 T 检验,计算 CR(Critical Ratio)值,即 t 值,一般情况下,若 t 值大于等于 3.0 且 P 值小于 0.05 则该题可以保留。然后对数据进行相关性分析,计算量表各项的 CITC 值。若相关性系数小于 0.4,则表明同质性不好。题项 CR 的 P 值均小于 0.05,且 CITC 值均大于 0.4,表明研学旅行课程满意度量表能够鉴别不同对象的反应程度,该量表在调查研究中具有意义。

运用克朗巴哈 α 系数检测问卷的一致性信度。α 系数大于或等于 0.7,认为其内部一致性较高,越接近 1,表明信度越高。研学旅行课程满意度问卷的内部一致性信度系数为 0.93,分维度的内部一致性信度系数均在 0.7 以上,说明问卷的可信度较好。

运用探索性因素分析检验问卷的内部结构效度。结果显示 KMO 值为 0.942,表明变量间有公共因子存在,变量适合因子分析。Barlett 球形检验 p 值处于 0.000 显著性水平,卡方值为 25 397.883,自由度为 171,说明问卷适合进行因子分析。

二、研学旅行课程化现实样态

调查结果显示,随着国家出台研学旅行系列政策并将研学旅行纳入基础教育课程体系,我国中学研学旅行课程发展已初见成效,但也显现出一定不足。

(一)课程认知:认同较高,内涵理解不清

学生对课程的理解和认知影响着其课程学习的态度与动机。[①] 调查显示,92.2%的学生对研学旅行课程表达了不同程度的兴趣,其中非常感兴趣的学生占到了23.5%。对于研学旅行课程的育人功能,91.1%的学生都表示研学旅行课程会对自己有帮助。但与浓厚的兴趣和较高的价值认同形成鲜明对比的,却是学生们对于研学旅行课程内涵与外延的认识不清。虽然学生对于研学旅行课程的认知渠道非常丰富,如学校教育(45.2%)、新闻媒体(17%)、朋友推荐(13%)和旅游机构(8.9%)。但当问及"什么是研学旅行课程"时,除了59%的学生认为是综合实践活动外,选择集体旅游、班会活动和不了解的学生分别占到了22.7%、7.9%和5.8%。对于研学旅行课程的价值功能,访谈中不少学校和学生都把它等同于学生考试后的放松,研学旅行课程的教育功能被消解。研学旅行课程标准提出"研学旅行对于全面培育人文底蕴、科学精神、学会学习、健康生活、责任担当、实践创新等学生发展核心素养"意义重大,如果根据这一定位,当前对于研学旅行课程的价值理解显然片面化。

(二)课程开设:初具规模,全面开设不足

自研学旅行大力推进以来,研学旅行课程化已初见规模。学生参与度较高,62.3%的学生参与过研学旅行课程,其中参加过2次及以上的占到了62.6%。课程开设形式多样,研学旅行课程或独立设置,或有机渗透于学科课程。以学校为主体的多元课程开发格局基本形成,课程开设主体中学校、校社合作、政府、旅行社、研学基地的比例分别为48.4%、29.6%、10.6%、9.1%和2.3%。短时近程的研学旅行课程更受青睐,48.8%的课程均在一天以内,仅5.4%的课程在一周以

---

① 朱忠琴. 论学生的课程理解[J]. 课程・教材・教法,2018,38(12):67—72.

上,而 84％的课程均在市内或省内展开,仅少部分会选择省外(12.6％)或国外(3.4％)。在研学旅行课程蓬勃发展的同时,部分学校研学旅行课程的开设仍不充分。譬如,对于未参与过研学旅行的学生,认为"没有机会"的学生达到了51.2％。

(三) 课程保障:资源丰富,系统保障不力

研学资源、师资队伍和保障机制是研学旅行课程实施的必要保障。调研显示,依托特色的研学实践资源,研学旅行课程丰富多样,学生参加过的研学旅行课程分别有知识科普(29.2％)、励志拓展(20.6％)、体验考察(19.1％)、自然观赏(22.2％)和文化康乐(8.9％)等多种类型。从师资队伍来看,研学导师主要涉及四大类:学校教师(37.5％)、研学基地工作人员(29.5％)、旅行社导游(26.7％)和志愿者(6.2％)。调研中还有 39.3％的学生表示学校邀请过校外专家开展研学旅行的知识讲座,但超过半数(62.1％)的学生表示研学旅行课程中,研学导师就是"导游""纪律管理者""安全管理员",这表明研学旅行导师队伍还有待专业化成长。从相关保障机制来看,行前管理是当前研学旅行课程实施保障的主要环节。学生在行前接受研学方案、安全教育、研学目的地及研学知识讲解的比例分别占到了 33.7％、26.3％、25.2％和14.5％,学生主动进行研学装备整理、资料搜集、计划拟定和问题咨询的比例分别为 43.4％、19.3％、16.6％和16％,可见仅有部分学校建立了规范性的保障措施,更加完备、系统和细化的保障机制有待健全。

(四) 课程评价:逐渐多元,个体关照不均

科学的课程评价有助于完善课程设置,促使教育更好服务于国家发展需要。[1] 调查显示,九成以上(93％)的研学旅行课程设置了评价环节。从评价主体

---

[1] 刘志军. 发展性课程评价体系初探[J]. 课程·教材·教法,2004(8):19—23.

看,主体单一,也有15％的学生表示参与了"同学互评"。从评价方式看,虽然总结报告(43.1％)、汇报展示(19.6％)、纸笔测试(3.8％)、优秀分子评比(11.5％)等多元化的方式都存在,但仍以结果性评价为主,对反映学生成长、研学旅行过程中的作品和卷宗的档案袋评价很少。同时还缺乏明确的评价标准和要求,评价的科学性和系统性得不到彰显。

三、研学旅行课程化满意度分析

为了解中学生对于研学旅行课程的满意度状况,本研究从两个方面进行探析:第一,中学生对研学旅行课程是否满意? 满意度在不同的地区、年级及性别是否存在差异? 第二,哪些因素将会影响中学生的研学旅行课程满意度?

(一) 研学旅行课程满意度总体分析

中学生研学旅行课程满意度得分为3.68,处于基本满意状态。从课程满意度各维度均值来看,学生对研学旅行课程期望最高(3.84分),但研学后其质量感知得分降为3.43分。从研学旅行课程带给学生的价值感知和服务感知的对比来看,服务感知是大于价值感知,这表明当下研学旅行课程有"旅"有"学",但"旅"大于"学"。由此引出的课程抱怨和课程忠诚分别为2.91和3.62。研学旅行课程满意度各维度得分情况见图5-2。调研中,有1 500名学生愿意再次选择参加研学旅行课程学习,占总数的88.13％。这表明,研学旅行课程对学生有很强的吸引力,他们愿意持续地关注和学习。

(二) 研学旅行课程满意度差异分析

调查显示中学生对研学旅行课程的整体满意度较好,但从具体方面看,满意度在性别、年级和地区三个维度存在一定差异。

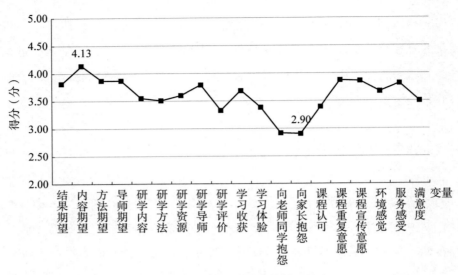

图 5‑2　研学旅行课程学生满意度情况

1. 不同性别的研学旅行满意度差异

通过独立样本 T 检验发现,女生对研学旅行课程满意度(3.75)高于男生(3.60),差异主要体现在学生期望、质量感知和课程忠诚三个方面。调查显示,女生对研学旅行的整体期望高于男生,在对研学结果、内容、方法和导师的期望上均有体现。女生对研学导师和研学资源的质量感知高于男生。因此对研学旅行课程的忠诚度也高于男生。

2. 不同年级的研学旅行满意度差异

通过单因素方差分析发现,不同年级学生对研学旅行总体满意度存在显著差异,课程满意度最高的是初一年级,其次是高一年级、高二年级,最低的是初二年级。差异主要表现在质量感知、服务感知、价值感知、课程忠诚和课程抱怨五个方面。

同学段学生对研学旅行课程满意度随年级升高而降低。初一学生对课程质量感知、服务感知、价值感知的认可和忠诚度均高于初二学生，但同时对课程的抱怨程度也高于初二学生。高一学生对课程质量感知、价值感知和忠诚度均高于高二学生，而课程抱怨低于高二学生。从不同学段看，初一和高一年级学生对课程质量感知、服务感知和价值感知及忠诚度整体上高于初二和高二年级学生，说明新生年级学生整体上满意度更高。

3. 不同地区的研学旅行满意度差异

通过单因素方差分析发现，东部、中部和西部三个地区的学生对研学旅行课程满意度存在显著差异，从高到低依次为东部、中部和西部地区学生。

具体来看，东部地区学生对研学旅行的期望最高，期望最低的是西部地区学生。而在课程抱怨上，从高到低依次为西部、东部和中部地区学生。此外，与中西部地区学生相比，东部地区学生对课程忠诚度、质量感知、服务感知和价值感知的评价均为最高，说明东部地区学生总体满意度最高。同时调查发现，中部地区学生在课程质量感知、服务感知、忠诚程度和课程满意度上均高于西部地区学生，而在价值感知上低于西部地区学生。

(三) 研学旅行课程满意度影响因素分析

1. 研学旅行课程满意度模型的构建与修正

为探究研学旅行课程满意度影响路径，运用 AMOS 26.0 构建基于理论假设的结构方程模型，代入各变量数据进行不断调整、修正，最终模型见图 5-3，整体拟合指标见表 5-2。修正后的各拟合值除卡方与自由度之比略大外，其他适配指标拟合值均满足基本要求，这一拟合结果符合大样本数据结构方程模型的基本要求。

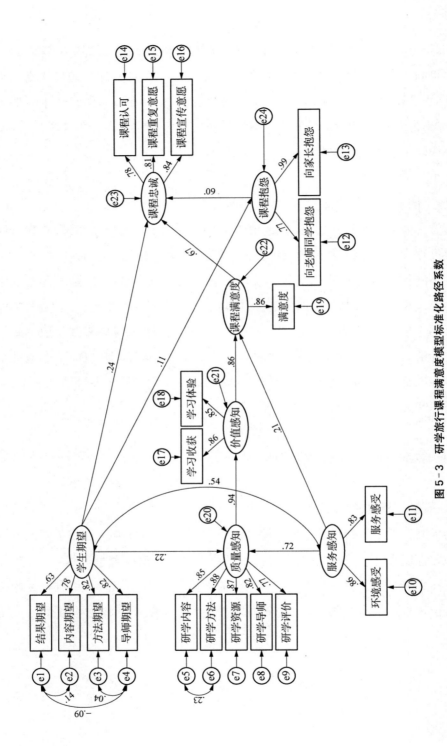

图 5 - 3 研学旅行课程满意度模型标准化路径系数

表 5 - 2　研学旅行满意度模型验证性因素分析拟合指数

拟合指标	拟合指标名称	参考值	实际拟合值
绝对适配度指标	x^2	—	1 334.879
	df	—	137
	RMSEA	<0.08	0.070
	GFI	>0.90	0.923
增值适配度指标	IFI	>0.90	0.953
	CFI	>0.90	0.953
	NF1	>0.90	0.948
	TLI	>0.90	0.941
简约适配度指标	PNFI	>0.50	0.765
	PCFI	>0.50	0.769
	PGFI	>0.50	0.670

2. 研学旅行课程满意度影响效应分析

模型实证结果表明(表 5 - 3),四大原因变量均正向影响研学旅行课程满意度,总影响效应由强到弱依次为价值感知、质量感知、服务感知和学生期望,标准总效应值分别为 0.857、0.802、0.781、0.178。其中,价值感知和服务感知有直接的正向影响。价值感知的标准直接效应值为 0.857,是研学旅行课程满意度中起决定性作用的首要因素。服务感知不仅直接正向影响研学旅行课程满意度,直接效应值为 0.207,并且通过质量感知和价值感知的中介作用,对研学旅行课程满意度产生间接影响,间接标准效应值为 0.574,即学生认可研学旅行课程服务时,对研学旅行课程的质量和价值也容易表现出满意状态,从而提升研学旅行课程满意度的整体水平。

表 5-3　研学旅行课程满意度结构方程模型效应值

因变量＼自变量		学生期望	服务感知	质量感知	价值感知	课程满意度	课程抱怨
标准直接效应	质量感知	0.221	0.715				
	价值感知			0.937			
	课程满意度		0.207		0.857		
	课程抱怨	−0.108					
	课程忠诚	0.243				0.672	−0.090
标准间接效应	价值感知	0.207	0.670				
	课程满意度	0.178	0.574	0.802			
	课程忠诚	0.129	0.525	0.539	0.576		
标准总效应	质量感知	0.221	0.715				
	价值感知	0.207	0.670	0.937			
	课程满意度	0.178	0.781	0.802	0.857		
	课程抱怨	−0.108					
	课程忠诚	0.372	0.525	0.539	0.576	0.672	−0.090

　　学生期望、质量感知对课程满意度虽无直接影响,但通过质量感知和价值感知的中介传递间接影响课程满意度,标准间接效应值分别为 0.178、0.802。这表明课程质量感知的效应值达到了较高水平,学生非常重视研学旅行课程本身的质量。进一步分析可知,学生优先关注的研学旅行课程质量问题依次为研学方法、研学资源、研学内容、研学导师及研学评价,其效应值分别为 0.88、0.87、0.85、0.82、0.77。

　　课程满意度对课程忠诚度有正向的显著影响,路径系数 0.672。对研学旅行课程感到越满意的学生,他们学习的兴趣就会越浓厚,越能在不断思考、不断探索的过程中得到自我满足感。

四、启示

　　本章在美国顾客满意度 ASCI 指数基础上,提出研学旅行课程满意度模型,并对全国 24 个省(自治区、直辖市)的研学旅行课程化实施现状及满意度调查进行了实证检验,探讨了研学旅行课程满意度影响因素及作用机制,发现如下结论:(1)研学旅行课程建设成效凸显,以学校为主体的多元课程开发格局基本形成,研学实践资源丰富,课程评价方式多元,学生认同课程价值,但也存在课程内涵理解不清、全面开设不足、评价方式和实施保障有待改进等问题。(2)中学生研学旅行总体满意度较高,但在区域、性别及年级上存在显著的群体差异,这与陈恬昊等①对中小学生研学旅行收获调查中,女生在社交情感维度的收获显著高于男生的结果一致。(3)学生期望、质量感知、服务感知和价值感知均共同正向影响研学旅行课程满意度,其中学生的价值感知水平是影响研学旅行课程满意度的决定性因素,中学生研学旅行课程满意度的提升是一个全方位的优化过程。

基于上述结论,为促进中小学研学旅行课程的开展,提升研学旅行的育人功能,围绕"为何学""学什么""在哪里学""怎样学"研学旅行课程设计的四大元问题,提出如下建议。

(一) 建立"创生—关联"性研学目标,诠释课程的关联性

实证调查结果表明,价值感知是对研学旅行课程满意度正向直接影响最大的因素。研学活动中,学生的价值感知具有极强的主观性,是学生在研学活动中目标与需求的综合产物。因此,可以将研学目标作为研学旅行课程价值感知提升的起点与关键,解决研学课程"为何学"这一问题,提升研学旅行课程的教育学感知意义。

首先,研学目标应具备高度的创生性。研学旅行课程异于传统课堂教学,这种创生性研学目标既具理性又不乏张力,由不断到来的事件构成,其教育意义不仅在景点之中,也蔓延至旅行活动的全部过程,更融入沿途的人、事、物的点滴迹遇之中。研学目标强调建立联系,即在非确定性指向下将新知识的学习放到更为

---

① 陈恬昊,叶映华. 中小学生研学旅行学习收获及影响因素[J]. 教育学术月刊,2022(4):73—80.

广阔的背景中去,在知识、经验和能力的彼此联系与融合中实现创生的目的。① 因此,研学目标的设计应在指向预设的确定性知识目标的同时,也需要综合考虑学生的目标与需求,建立创生性目标具体展开相关活动。创生性目标伴随研学进程中导师、学生、现实世界的合作以及意外事件的发生,所以需要适时调整,以发展学生应对周围世界变化所必须具备的品格与关键能力。

其次,研学目标应具有深度的教育关联性和文化关联性。教育联系意味着研学旅行课程目标应注重内容结构的纵横联系,纵向上建立贯通中小学不同学段的研学旅行课程体系,横向上加强研学旅行课程与学科课程的有机联系。文化联系则意味着研学旅行课程目标不仅要体现“知识本身”,更应彰显“文化育人”的深层意义。课程设计者可从两方面着手:一是以促进人的全面发展为旨归,渗透五育融合的发展理念,发挥研学旅行树德、增智、强体、育美、创劳的独特育人功能;二是立足研学目的地形象,深挖地方文化内涵,融入中华优秀传统文化、革命文化和社会主义先进文化等,设计在地化的研学旅行特色课程目标。

(二) 甄选“跨界—统整”类研学知识,保持课程的严密性

调查表明,学生对于研学旅行前的研学内容期望和之中的内容感知都极大地影响了中学生的研学旅行课程满意度。研学知识是研学旅行的重要特征和内容②,也是研学旅行课程的内核所在。然而现阶段国内研学旅行长期存在着学科属性不明、课程内容拼凑的弊端。③ 为整合研学知识体系,强化研学旅行课程内容的学科性与逻辑性,需要明晰研学知识是由具有学科立场的“划界”知识与跨学科立场的“跨界”知识组合,以理性、感性和活性知识架构的三元知识体系,破解研学

① 张伟,杨斌,李笑非.创生型课堂的变革取向与实践探索[J].课程·教材·教法,2012,32(8):20—27.
② 袁振杰,谢宇琳,何兆聪.主体、知识和地方:一个研学旅行研究的探索性理论框架[J].旅游学刊,2022,37(11):14—26.
③ 唐旭.文化研学旅行课程开发的基本思路[J].现代基础教育研究,2019,36(4):40—46.

旅行"学什么"的迷思。

首先,依据不同的学段及课程组织样态构建"跨界—划界"研学知识体系。研学旅行的过程性必然带来其教学活动的非确定性,为保证学生在非确定性指向的研学活动中适时发现、探究、生成知识,在纷繁多样的课程组织样态及学科融合背景下搭建"跨界—划界"研学知识体系,以严密性原则化解不同课程组织形式与跨学科知识之间的壁垒,有目的地寻找不同知识组合之间的关联。同时,自觉地寻找多种教学假设,以及这些假设之间的协调通道,促使单向度的研学活动转向有意义的教育对话。现有的研学旅行课程主要分为研学旅行独立课程、学科渗透式研学课程和综合实践活动课程三种形式,由此形成跨学科路径上的主题式知识、学科通道上的焦点式知识。经由两种形式的知识碰撞形成协同通道,在研学旅行过程中不断汲取动态能量作为反馈,以促进研学知识体系结构的转型和更新。

其次,依据知识整合理论构建由理性、感性和活性三元知识架构的,具有良好内部逻辑、开放的研学知识统一体。从知识整体理论来看,有效的整体知识由理性知识、感性知识和活性知识组成,每一类知识都只是其中的一部分或一个层面,且具有其特定功能,所涉及的范围和边界也是有限的。因此,研学知识的选择应从整体性及系统性出发,甄选三类知识。其中,"理性研学知识"是具有客观逻辑性、以语符或工具呈现的科学知识,如地理、历史、生物等服务教科书和课堂的学科类知识。"感性研学知识"是具有个性化色彩的体验类知识,是学生通过研学实践经历或感悟所得到的默会知识,如通过从事生产劳动、职业体验、体育拓展等研学实践所获得的经验和能力。"活性研学知识"是以价值观、抱负和理性为基础,以情感、态度、动机等为表现形式,旨向世界观、人生观、价值观塑造的知识,如家国情怀、国际视野、劳动素养、科学观念等类别的知识。

(三) 开发"开放—立体"型研学资源,激活课程的丰富性

不管是此次的调查结果,还是相关研究都表明中学生对于研学资源的价值

感知①和服务感知②均会极大地影响其对于旅行课程的满意度水平。研学资源是支持与改进研学者活动的所有事物的总称，可从有研学场域的内部资源向外延展，建设"开放—立体"型研学资源，解决研学旅行课程"在哪里学"的问题，激活课程的丰富性。

首先，促进研学资源向场域开放与成果开放的转化。浩瀚宇宙、山川郊野等系列突破常规教育空间的研学课堂注定了研学旅行课程就是一个天然的复杂自组织系统。复杂系统促成自组织的前提条件就是系统内部的开放性，换言之，研学旅行课程内部应有大量的开放性课程资源。这种开放的课程资源一方面体现在研学场域的开放，不仅是物理空间的延伸与拓展，更指向传统师生界限的破解，在享受自然环境的同时构建和谐积极的朋辈与师生关系；另一方面则体现在研学成果的开放。研学旅行虽然以明确任务为主线，但如果仅仅把研学旅行视为"情境—任务"式的户外教学，就可能窄化研学活动的交互价值。所以除了教师设置既定任务之外，也应赋予学生自主研学的空间，在确保研学旅行正向开展的情况下实现群体深度交互，由群体共享研学成果。③

其次，推动旅游资源与产业资源向研学资源的立体性转化。一方面，研学旅行资源建设可以教育主题为统摄背景，整合优化不同地区、不同类型、不同层次的旅游资源，将资源开发贯穿到吃、住、行服务全过程，挖掘各类资源背后的教育价值，从点、线、面拓宽研学资源开发的广度和深度。如"中华民族共同体意识红色研学活动"，可在充分挖掘红军长征路线、陕甘宁革命老区、吕梁山革命根据地等红色旅游资源基础上，依据相关历史事件等内在契合点将多点串联为线，深入发掘红色旅游景点背后的红色文化，将其打造为社会主义核心价值观与中华民族共

① Doménech-Betoret F, Abellán-Roselló L, Gómez-Artiga A. Self-efficacy, satisfaction, and academic achievement: The mediator role of students' expectancy-value beliefs [J]. Frontiers in Psychology, 2017(8):1193.

② Zhang J, Wang J, Min S D. et al. Influence of curriculum quality and educational service quality on student experiences: A case study in sport management programs [J]. Journal of Hospitality, Leisure, Sport & Tourism Education, 2016(18):81 - 91.

③ 袁长林. 研学旅行课程资源设计:原则、向度与路径[J]. 课程·教材·教法,2021,41(2):32—36.

同体意识的重要传播区。同时拓展该地区旅游市场,延长红色产业链,开发年轻化、创新性红色旅游产品,为革命老区附加鲜活的可持续发展生命力。另一方面,加强产业资源与研学旅行资源的融合发展。将研学旅行资源开发深度融合到文化、体育、科技、健康、农业、工业等领域,特别是面向新兴产业,两者融合既能助推产业转型升级,也能更好地提升研学旅行的经济价值和教育价值,让学生切身感知我国经济社会发展、生态环保、文化保护等方面取得的重大成就。

(四)综合"现实—虚拟"式研学体验,促进课程的回归性

调查结果表明,学生对是否获得学习体验和研学方法的感知质量是影响研学旅行课程满意度高低的重要因素。这一研究结果也在众多研究中得到印证。[①] 然而,本次调查中研学旅行者学习体验的均值仅 3.38,位居各满意度观测指标末位,这表明学生在研学旅行课程中的体验是不足的。因此,立足研学旅行的真实世界与虚拟世界,开展跨越时空、虚实结合的沉浸体验式研学成为提高研学旅行课程满意度的重要途径。通过丰富的研学体验,解决研学课程"怎么学"这一问题,可提升研学旅行课程的"回归性反思"价值。

首先,要依托现实情境充分调动学生综合体验。研学旅行的本质是"走出校园",因此在真实情境中开展多元化、互动式的现实体验仍是研学旅行的主体方式。当下的研学旅行中,学生更容易获得的是观赏游览的"视觉体验"和知识讲解的"听觉体验"。感官知觉体验是个体认知世界的重要途径之一,认知依赖于体验的种类。因此,研学旅行应在研学目标的指导下,将"学习"融合于研学旅行目的地资源整合、研学旅行内容创意和研学旅行方式创新,充分调动学生的形、色、味、触、声多感官,发展组织、组合、探究、启发性的认识世界的能力。

其次,以技术具身化实施虚拟研学体验是实地研学体验的重要补充和发展方向。虚拟研学旅行体验是通过虚拟现实、增强现实等沉浸技术,模拟自然或社会

---

① 陈恬昊,叶映华. 中小学生研学旅行学习收获及影响因素[J]. 教育学术月刊,2022(4):73—80.

环境,创设虚拟研学空间,研学者能够进行的有意义的互动以及所伴随的心理与感官感受。美国心理学家米哈利·契克森米哈(Mihaly Csikszentmihalhi)最早提出"沉浸"的概念,意指当个人完全投注在某种活动情境时,其感官体验只对特定的事物有回应和反馈,达到一种忘时忘我之境,这便是沉浸感。① 随着以虚拟现实技术为代表的新兴技术的兴起,以技术具身化实施虚拟研学成为实地研学的重要补充和发展方向。而"虚拟现实技术"借助"感官共振"与"形象还原"两个层面为体验者提供一种近乎在场参与的沉浸式体验。② 具体设置上,虚拟研学旅行既可以作为独立的研学旅行课程,也可在研学旅行课程的各个阶段实施。在课程前,通过虚拟技术把"研学空间搬回家、搬到学校",开展旅行前的旅行,提升学生的研学旅行期望。在课程中,营造脱离肉身的远程在场,借助新技术满足感官体验的欲望。如在博物馆研学旅行中,可通过虚拟现实头盔、体感捕捉设备、可触摸屏等技术设备的应用,让学生获得"现实身体共在"和"远程虚拟在场"的双重沉浸感体验。在课程后,虚拟研学也是开展课程评价和课后反思的有益方式。

---

① Csikszentmihalhi M. Finding flow: The psychology of engagement with everyday life [M]. London: Hachette UK, 2020.
② 喻发胜,张玥. 沉浸式传播:感官共振、形象还原与在场参与[J]. 南昌大学学报(人文社会科学版),2020,51(2):96—103.

第六章　整合劳动教育的研学旅行课程基本模式调查

目前,全国各地相继开展了一系列整合劳动教育的研学旅行课程,其开展现状究竟如何? 具有怎样的典型特征? 本章基于旅游系统理论,采用内容分析法,对全国 31 个省(自治区、直辖市)的 310 个整合劳动教育的研学旅行典型案例进行分析,试图在大背景下探索整合劳动教育的研学旅行课程现实样态,以期为整合劳动教育的研学旅行课程优化打下坚实基础。

一、调查设计

(一) 数据来源

随着劳动教育与研学旅行的深入发展,网络平台逐渐成为劳动教育与研学旅行成果展示的主要媒介。目前,全国各大网站、公众号都发布了多项劳动教育与研学旅行的相关案例,为本研究提供了丰富的资料。使用与研究主题相关的词汇,如"劳动教育"和"研学旅行"等,开展网络检索。在选择案例时,遵循以下标准:首先,确保案例内容与劳动教育和研学旅行密切相关;其次,选取来自可靠渠道的案例,如官方网络信息平台(如政府机构、学校等)、专业的研学旅行与劳动教育机构;最后,案例需完整,能够清晰地展现劳动教育和研学旅行的特点。根据这些标准,本研究最终选择了 310 个案例作为分析样本。

(二) 研究方法

本研究采用 Nvivo12 作为分析工具,运用内容分析法对典型案例进行深入分析。内容分析是一种对不同种类文献进行深入研究的手段,它可以解释文献的内在结构、传播过程以及它们与社会环境之间的联系,同时也能对文本进行重新解读,广泛应用于各种文献类型,如书籍、杂志、网页、歌曲、电子邮件、法律条文和宪法等。作为一种科学的研究手段,内容分析需要遵循一套严格的实证研究步骤,包括明确研究问题、选择研究样本、确定分析单元、根据研究问题对数据进行分类编码、信度检验、分析编码数据并得出结论。① 本研究以整合劳动教育的研学旅行案例为研究对象,通过对文本材料的解构、归纳和重组,旨在描绘劳动教育与研学旅行整合的现实样态。

(三) 研究过程

文本编码及效度

借鉴旅游系统理论建立劳动教育与研学旅行的整合系统:供给子系统、需求子系统、中介子系统和支持子系统。需求子系统的需求要素分为学校与学生两个方面,学生方面主要影响因素有学生年龄(学段)、家长态度和研学需求等;学校方面的影响因素是参与人数、地点偏好、交通方式、内容主题、评价意识和课时计划等。供给子系统要素主要分为物质性要素与非物质性要素两类,物质性要素包括目的地研学资源、经济发展和基础设施建设等;非物质性要素包括组织管理、荣誉表彰和评价考核等。中介子系统由信息与服务、组织与管理两部分要素组成,其中信息与服务包括媒体宣传、交通服务、线路安排和配套设施等;组织与管理包括研学导师、课程设计和研学地点规划等。支持子系统可以分为硬环境支持要素和软环境支持要素。硬环境支持要素主要包含基础设施、资金与交通等。软环境支持要素包括政策支持、课程内容和项目性质等。

采用自下而上的方法对每个维度进行深入探究。在“需求子系统”“供给子系统”“中介子系统”和“支持子系统”的父节点下,从案例文本出发对各维度内容进行编码,每次编码形成一个参考点,最终构建了一个由“要素层—二级系统——一级

---

① 安相丞,陈蓉晖. 问责视角下我国师德失范问题处理现状的质性分析与提升策略研究——基于387个师德失范问题通报案例[J]. 江苏大学学报(社会科学版),2022,24(4):92—103.

系统—总系统"组成的多层结构(见图6-1)。

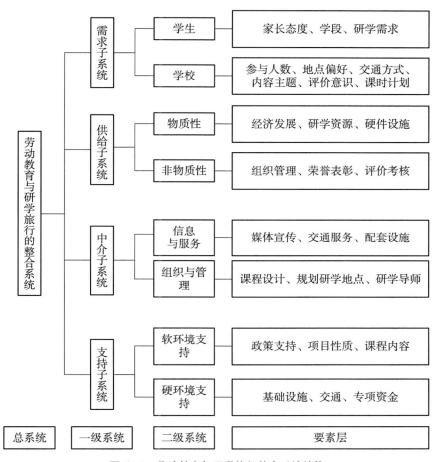

图6-1 劳动教育与研学旅行整合系统结构

编码完成后,使用百分比同意度(percentage agreement)对编码结果进行了信度分析,邀请包括专门从事中学劳动教育和研学旅行教师、学科教育专业研究生和地理专业导师随机抽取二十份文本进行编码,与笔者对这二十份的编码结果进行比对并计算两份编码结果之间的百分比同意度为92.74%,显示本研究的编码具有较高的可靠性。

二、基本模式

(一) 需求拉动型

需求拉动型"劳动＋"研学旅行课程模式(下文简称"需求拉动型"),是指在整合劳动教育的研学旅行课程的设计与实施中,需求子系统在其中起着主导作用,学校和学生是研学旅行整合劳动教育需求子系统中的核心主体。在素质教育的大背景下,学校出于课程化建设、教学效果的提升和全人教育的发展等方面的追求以及学生对校园场域所不具有的地形地貌、动植物、文化历史和民风民俗等内容的好奇心等,综合形成了课程需求,从而推动着整合劳动教育的研学旅行课程发展。

需求拉动型课程模式呈现出如下特点:

一是学校师生有足够强烈的研学需求和足够的研学参与人数,以保证整合劳动教育的研学旅行课程有足够的需求拉动力。比如在参与学生的数量方面,多个年级参与占比最多(49.19%),其次是单一年级(45.97%),需求拉动型课程呈现出以"年级"为单位开展的特点,具备一定规模的参与人数;从参与学生的学段角度来讲,小学生最多(50%),初中生次之(35.51%),高中生相较不多(14.49%),且在小学活动中,常常以"小学高年级"(46.38%)作为主要活动对象。在研学需求方面,体验型课程(46.49%)是主流课程类型,结合"求知"与"体验"的复合型需求(36.22%)是第二种较为主导的课程类型。除此之外,学校作为需求拉动型课程的核心主体,在课程实施前都突显了明确的"研学目的",且有61.11%的课程设计了专门的"主题",彰显了较为强烈的研学需求。

二是学校对研学旅行的课程内容、路线设计、交通方式与目的地选择等具有自主性。比如在交通方式上,学校主要选择大巴(82.40%)这种价格经济实惠、能够支持大规模运输、安全性高和方便预定的交通方式。在课程内容的选择上,需求拉动型课程主要由技能培训(42.95%)、知识学习(2.19%)和参观体验

（54.86％）三种类型构成，特别是"农耕体验"在参观体验中占比高达54.86％，学生在此过程中学会了使用农耕农具，种植农作物，运用传统工艺加工农作物等，同时学校也会将此类课程整合为系列课程，如"一粒米的前世今生""黄豆大变身""为什么是青稞"等，有利于培养学生的深层思维以及提高综合素质。

三是学校出于节约研学成本、降低管理难度和安全风险的考虑，在研学旅行课程实施的地点上，大多会趋向于在同类研学地点之间选择距离学校较近的目的地。需求拉动型课程的开展地点主要集中在学校附近的"研学或劳动基地"（69.78％），且研学时长普遍在"一天以内"（79.20％），这在一定程度上降低了课程可能带来的风险与隐患。在此过程中，很多学校在开展课程前，会通过告家长书、班会课等方式对家长与学生进行安全教育，保障课程的顺利开展，图6-2为需求拉动型课程时长的主要类型。

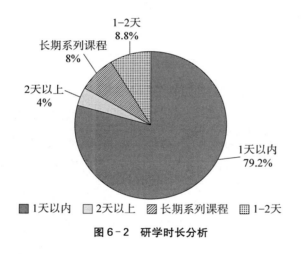

图6-2　研学时长分析

北京市东城区史家胡同小学开设的"劳动点亮美好'家'园"劳动研学课程，深入挖掘"家门口"的研学资源，以历史悠久和充满浓厚文化与艺术气息的史家胡同以及全国首家胡同博物馆为依托，打造丰富的课程资源，融入"无边界课程"与"劳动教育课程"，整合而成了"劳动点亮美好'家'园——基于家文化的史家胡同研学"课程。该课程按照核心"史家人、中国人、世界人"三大主题构建了家课程。从课程目标上看,"家"课程基于史家教育集团"服务学习,志在家国"的服务学习理念及"生存、生活、生命"的校本劳动教育,致力于培养青少年拥有生存的能力、创造生活的情趣和感悟生命的力量。从课程内容上看,该课程依托史家胡同中的资源,通过优化整合劳动教育的研学课程的方式与路径,加强课程与生产活动与社会实践的结合,充分发挥劳动教育独特的育人功能。

(二)供给推动型

供给推动型"劳动＋"研学旅行课程模式(下文简称"供给推动型"),是指在整合劳动教育的研学旅行课程的设计与实施中,研学旅行整合劳动教育供给子系统起主导作用。旅游目的地作为研学旅行供给子系统中的核心主体,凭借其劳动研学资源,通过主动推出研学旅行整合劳动教育的项目,吸引学校师生前来开展活动,以此促进课程的开展。

供给推动型课程模式具有以下特点:

一是"劳动＋"研学旅行的资源优势突出,能够为打造具有吸引力的"劳动＋"研学旅行目的地提供支撑。在供给推动型课程中,基地或旅游景区能够依托当地的优势资源,结合学生的心理发展特点,整合开发出不同类型课程资源,如科普课程资源、非遗课程资源、手工类课程资源、农耕类课程资源、食育课程资源、趣味活动资源、文博资源以及职业体验类资源等。"科普课程资源"中包含了真菌科普区(观察真菌体验、制作菌棒)、土壤科普区(土壤渗水实验、土壤酸碱性检测)、桑科科普区(喂蚕、缫丝体验)、农耕科普区(农具体验)和昆虫科普区(观察昆虫标本)等内容,在课程实施的过程中,基地能够根据学生学情以及学习习惯与特点,融入跨学科的科学实验,培养和发展学生的科学精神和创新能力[1],帮助学生将理论知识应用到实践中,提升学生的实践能力、合作交流能力和解决实际问题的能力。

二是研学目的地重视研学课程的开展,能充分利用国家及地方的劳动教育和

---

[1] 李克东,李颖. STEM 教育跨学科学习活动 5EX 设计模型[J]. 电化教育研究,2019,40(4):5—13.

研学旅行政策,主动推出整合项目,积极宣传其整合课程。其中有 50.77% 的供给推动型案例中的基地都荣获过官方评选的劳动或研学基地的称号,有 3.08% 的基地甚至是助力旅游扶贫开发或者乡村振兴的重点项目。在这些基地中,能够体现出相对完善的基础设施、教育设施、与高等院校合作以及配备专门的研学导师等信息,其中有 10.61% 的基地配备了专家学者作为研学导师,极大地提高了课程实施的学术权威性,拓宽了课堂的知识深度,能引导和启发学生进行实践操作,促进学生的学术发展与职业体验。

全国乡村旅游重点村合肥市的马郢社区积极打造全国知名乡村生活体验目的地,开发的"安徽省马郢社区劳动教育案例"是供给推动型"劳动+"研学旅行课程的代表。从劳动研学资源开发的角度来看,马郢社区利用国家政策整合自身优势资源,利用马郢主体村庄建筑、田园种植区和龙虾养殖区,充分挖掘乡土文化和农耕文化,打造劳动实践、研学教育和乡村生活体验基地。从劳动研学课程内容的角度来看,马郢劳动研学课程有比较专业的课程开发原则,以完整的模块化课程体系整合乡村社区的植物和农作物、农事活动资源,以社区自然、农耕和公益三大主题,以二十四节气为纵线,开发了农耕文化、自然美学、乡野童趣、体育拓展、民风民俗和传统技艺等课程(见表 6-1),注重将研学内容与学生学段课程链接,以行知学堂的形式把研学旅行课堂建在田野里,使学生能够在知、行诸方面得到体验,体现了乡村研学旅行与学科课标或教材学习目标相衔接的要素资源,是比较成熟的农耕文化主题教育课程体系。

表 6-1　模块化课程体系

课程体系	具 体 内 容
传统技艺	我是小工匠·作物创造、我是小织娘、布艺手作、我是泥瓦匠、陶瓷年画拓印、我会腌咸菜、当挂面碰上圆子、大自然魔法师·扎染、水与火的艺术·烧陶、古法磨豆浆
乡野童趣	泥巴也疯狂、鸭子快跑、马郢喜洋洋、马郢小骑士、穿越童年童玩节
体育拓展	风雨人生路、无线穿越、农夫很忙

课程体系	具 体 内 容
民风民俗	马郢家风课堂、马郢小厨房
农耕文化	春种秋收、能豆子小课堂、百变土豆、一粒米的由来、落花生、神奇玉米地、挖芋头、栽油菜、汉字与农耕、二十四节气与农耕、有趣的农具
自然美学	自然手作·古法口脂、马郢印象·木板画、星空的奥秘、小泥瓦匠·霍比特家园、诗经里的植物

（三）中介影响型

中介影响型"劳动＋"研学旅行课程模式（下文简称"中介影响型"）是指旅行社单独或学校与旅行社合作组织的研学项目，即研学旅行课程设计与实施的主体是旅行社等中介方。旅行社积极地在学校与研学目的地之间建立联系，设计并宣传自己的研学方案，吸引学校与旅行社合作，根据旅行社的研学方案前往相关地点开展"劳动＋"研学旅行课程，促进研学旅行的展开并从中获取相应的经济效益。

中介影响型课程模式具有以下特点：

一是旅行社能够提供优质、完善的服务。由于研学地点与学校相距较远，相应的研学时间久、交通与食宿安排较复杂且参与学生规模较大，仅靠学校一方组织难度大且风险较高，因此学校方面需与旅行社合作，将科学规划路线、繁杂的交通食宿交由旅行社负责，同时也可以有效分摊在组织管理中的部分事务与责任，减少学校工作负担，降低学校组织难度。在交通方式上，旅行社等中介组织方一般会选用大巴（占比 75%）、火车（占比 18.18%）等经济实惠、安全可靠且方便师生交流的交通工具以满足大规模出行的课程。在研学基地地理位置的选择偏好上来讲，中介机构倾向于在郊区（占比 84.09%）的研学或劳动基地开展活动，相对来讲，此类地区拥有更加丰富的课程资源、活动空间以及一定的价格优势。在食宿管理方面，中介组织方能够提供普通餐饮（占比 68%）、当地特色美食（占比 16%）

以及学生自己动手野炊(占比 16％)三类较为常见的餐饮方式;能够提供普通住宿(占比 63.64％)和特色住宿(36.36％)两种主要的住宿方式,特别是特色住宿中包括搭建帐篷、搭建蒙古包等比较考验团队合作能力、手眼协调能力和耐心与毅力的项目。除此之外,中介方还会选择网站(占比 63.64％)和短视频(占比 31.82％)作为经典研学案例的主要推介方式,既方便了往届参与的师生保留美好记忆,也对自己的研学方案进行了良好的宣传以吸引更多学校参与。

二是中介方能够依据学校要求定制课程内容。中介方作为学校与研学目的地之间的"桥梁",更为清楚各个研学或劳动基地的优势与特色,在明确校方主要研学目的的基础上,对二者进行精准匹配并进行贴合的课程内容设计,能够极大地满足学校的需求,提高课程的独家定制性和优化的灵活性以增强学生的研学满足感和体验感。比如在中介方设计的课程案例中,定制课程的内容主题相对集中在"专题教育""趣味团建""生活技能""传统工艺""社科实验""军旅体验""农耕体验""民风民俗"等八个方面。特别是"社科实验"类包含了以"通过小组合作的方式完成访问、收集、整理、制作、美工和汇报全过程的社区调研"为代表的社会调研和以"使用 pH 试纸检测水质酸碱性"为代表的科学实验,这些课程内容都贴合学校课程标准的内容要求,致力于将校内知识转化应用在实践操作过程中,激发学生对相应学科的学习兴趣且提高了其自主学习探究的能力。

广西阅天下研学教育科技有限公司开发的"荷城少年寻莲记"是中介影响型课程的典例。在这个信息快速传播的时代,"深耕家园,广涉天下"至关重要。年轻一代时常忽略对家乡风土人情和传统文化的探索和传承。为了丰富研学实践活动内容,让学生全面了解与"荷"相关的各个方面知识,真正认识本土文化,开拓学识,提升学生的合作能力、实践技能和表达能力,培养他们对家乡和大自然的热爱。从提供服务的角度来讲,广西阅天下围绕极具贵港本土特色的"荷文化"资源,以具有一千多年种植历史的国家农产品地理标志认证产品——覃塘莲藕为主线,选择资源丰富的荷美覃塘景区开发了"荷城少年寻莲记"等系列劳动研学课程。荷美覃塘景区是以"荷文化"为主题的特色农业生态湿地景区,也是莲藕产业(核心)示范区、荷花产业示范研学基地。该景区拥有六个设备齐全的室内研学教室,每个教室都能同时容纳超过 600 人进行培训,为研学活动提供了坚实的场地支持。同时还拥有大型户外研学实践场地,包括劳动实践区、采摘体验区、荷花科普馆等。从课程设计的角度来讲,广西阅天下为满足不同年龄段的研学需求,针对小、初、高三个不同学段开发了"荷城少年寻莲记""荷花中的纳米世界""布山怀古·以史为镜"等六个研学课程。图 6-3 为"荷城少年寻莲记"活动现场。

图 6-3 "荷城少年寻莲记"活动现场

(四) 支持作用型

支持作用型"劳动+"研学旅行课程模式(下文简称"支持作用型"),是指政府、教育局等各支持机构在研学过程中起着主导作用,即"劳动+"研学旅行课程设计与实施的主体是政府机构,以组织"劳动+"研学旅行课程的开展。

支持作用型课程模式具有以下特点:

一是政府部门是"劳动+"研学旅行课程的组织者,学校、旅行社、研学景区或基地等是配合者;在支持作用型案例中,常见"以教育主管部门或政府名义组织开展研学旅行课程并成立专门的领导小组,由主管领导任组长,旅游、公安等部门为小组成员"的表述,在政府高度上主管研学旅行各项事宜,彰显了各政府机构之间高度的协调性。在具体的落实过程中,政府能够提供专项资金与对口的帮扶政策,组织建立由高等院校、研学基地和中介机构等多方参与的课程研究中心,制定具有一定权威性与科学性的系列课程。除此之外,政府部门还协同技术部门和新闻媒体,打造"智慧研学+劳育"的云平台和专项新闻报道栏目,及时地进行课程资讯、课程线路、政策宣传和推介等方面的推广与报道。

二是由于研学旅行的复杂性及不可预料性,政府大多只进行政策引导,由政府组织的支持作用型课程模式较少。综合本研究梳理的五种"劳动+"研学旅行的课程类型,"支持作用型"课程案例仅占 10.32%,且在其中有 13.33% 的课程案例具有一定"公益属性",例如设计专门针对留守儿童、贫困家庭等特殊群体的课程。图 6-4 为各种模式的课程类型占比。

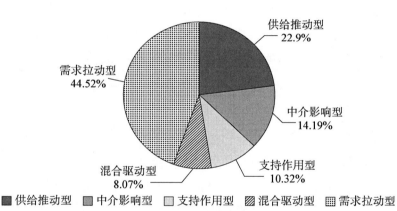

图 6-4 课程类型占比

贵阳市白云区人民政府打造的"三农知识及少数民族乡村振兴劳动教育实践课"是支持作用型课程的典例。贵州青旅研学教育科技有限公司受贵阳市白云区人民政府委托,汇同贵阳白云城投旅游投资发展有限公司共同组成工作专班,推进白云区中小学生研学旅行发展及产业规划,负责起草编制白云区中小学生研学旅行课程体系。结合白云区石龙村、蘑力小镇、金阳油脂厂、泉湖公园等硬件资源,深度挖掘资源禀赋和文化内涵,形成"三农"劳动实践教育、红色革命历史文化、少数民族民俗文化、食品科学及食品卫生、城市规划职业体验五大主题的研学旅行课程。从政府部门协调工作的角度来讲，为了更好地实践摸索出一套规范科学、可行度高的保障流程，经过协调统筹，由多个相关部门共同组成活动保障组：区卫健局负责提供卫生健康保障并委派现场应急医疗小组，区公安局交巡警大队提供交通排障及活动现场秩序维护，区市场监管局食卫科对用餐场所食品安全进行全程督控，区城市投资建设集团公司负责现场综合协调及提供后勤保障，区教育局职教科汇同贵青研学课程组对村"两委"及拟承担劳动实践教育活动组织工作的村民进行系统培训。

（五）混合驱动型

混合驱动型"劳动＋"研学旅行课程模式，是指在"劳动＋"研学旅行课程中需求、供给、中介和支持四个子系统协调发挥作用，共同推动研学旅行课程的开展。此种模式是目前"劳动＋"研学旅行课程的主流模式，一般存在于研学旅行发展较成熟的地区，此类地区有先进的研学理念、完善的研学体系、充足的研学经验和积极的政府支持。

混合驱动型"劳动＋"研学旅行课程模式有以下特点：

一是学校、政府、中介公司以及研学目的地之间建立了良好有序的合作，各部门各司其职、分工明确又高度协调，能够支持学校师生多次开展远途、长时间以及大规模的课程。从现状调查的数据来看，一天以上的研学时长占比达到52.38％，多个年级的参与人数占比达到63.64％，都显著高于仅由学校为主导的"需求拉动型"课程的时长与参与人数。从"参与主体"的角度来看，"中介机构"（占比21.43％）、"政府部门"（25.71％）、"研学目的地"（21.43％）和"学校"（31.43％）相对达到均衡参与的程度，且表现出明确的分工与高度的协调性。在"研学基地的地理位置"的偏好选择上，有48.69％的地点属于跨区域的研学目的地，能够明显体现出地点选择的异地性。

二是可供学校师生选择的研学旅行资源丰富，学生在此基础上可开展多种专题的"劳动+"研学旅行课程;从"课程主题数目"的角度来讲,案例多以两个以上(占比 86.96%)主题构成系列性、多层次的立体课程体系。在开展省份上,重庆、四川、内蒙和甘肃善于利用自身丰富的资源优势,挖掘"劳动+"研学旅行的课程要素,形成了比较完善和系统的混合驱动型课程案例。

由甘肃省文化和旅游厅联合酒泉市人民政府、读者出版集团有限公司、甘肃文博场馆和甘肃农业大学共同举办的"康庄大道·循环农业研学游"便是混合驱动型"劳动+"研学旅行课程的典型案例。课程设计时长达到一周,涉及的研学地点遍布甘肃境内的兰州、和政、临夏、合作、碌曲和迭部等多个市县。在课程设计上,各个研学点都紧紧围绕自身资源优势,结合不同学段的学生特点与学情,设计了丰富多样的课程内容。

总的来讲,以上五种"劳动+"研学旅行的发展模式在"区位特征"和"核心主体"方面存在显著的区别:需求拉动型课程以"学校师生"为核心主体,活动范围主要聚集在学校周边,存在内生需求大等特点;供给推动型课程以"研学目的地"为核心主体,在景区周边或郊区出现的次数较多,具有课程资源丰富、配套设施完善等特点;中介影响型课程以"旅行社等中介机构"为核心主体,相对来讲靠近经济发达城市,表现出较强组织管理、沟通协调与统筹安排的能力;支持作用型课程以"政府机构"为核心主体,多集中在欠发达地区,体现出高度的协调合作能力和一定的公益属性;混合驱动型课程由"政府机构""学校师生""中介机构"和"研学基地"共同构成核心主体,相对靠近大城市或者课程资源丰富的地区,支持长期与远途的大规模课程且课程内容具有一定的层次性与立体性。表6-2为不同课程类型对比分析。

表6-2　不同课程类型对比分析

课程模式	研学地点	突出特征	强势利益主体
需求拉动型	一般分布在学校周边	内生需求大	学校师生
供给推动型	景区周边或郊区	课程资源丰富、配套设施完善	研学或劳动基地

课程模式	研学地点	突出特征	强势利益主体
中介影响型	靠近经济发达城市	较强组织管理、沟通协调与统筹安排的能力	旅行社等中介机构
支持作用型	相对偏远地区	高度的协调合作能力和一定的公益属性	政府机构
混合驱动型	靠近大城市或者教育发达地区	课程内容多样且有层次性与立体性	以上四种均涉及

三、启示

　　由于各地、各校劳动研学资源品位和特点、政策支持力度等的不同,劳动研学课程的模式选择也不可能千篇一律,各地、各校可以结合自身实际,形成具有地方特点、学校特色的劳动研学课程模式。可持续、高质量的劳动研学系统需要系统内部各子系统的良性互动和协调发展,因此可采用系统论的观点来统筹劳动研学旅行课程的发展。如壮大劳动研学供给系统,落实国家及地方的劳动教育及研学旅行发展政策,从劳动研学资源优化、特色劳动研学课程开发、劳动研学政策等方面增强劳动研学旅行的吸引力。同时加快发展研学旅行中介系统,建设专业化的研学旅行中介机构,如专业性的研学旅行机构和宣传机构等。还需优化研学旅行支持系统,改善限制研学旅行发展的硬环境和软环境,尤其是提升和改善交通、服务等关键问题和要素。

　　针对需求拉动型、供给推动型、中介影响型、支持作用型及混合驱动型五种基本模式,可采用差异化的劳动研学课程发展策略。

(一)需求拉动型:精准定位课程需求

　　需求拉动型课程的主体是学校,因此需要着重剖析学校与学生两方的课程需求:明确学校的办学理念与特色、教育目标和发展规划等,厘清学生的知识诉求、实践需求、兴趣爱好和职业倾向等。在需求引导下,构建一个清晰明确、多层渗透和全面优化的课程目标。

课程目标的设定需要充分考虑研学旅行和劳动教育的特殊性,并依据"多方参与、专业分析、统筹协调"的建设原则,组建一支以学校研学旅行、劳动教育教师为主体,融合高校专家、研学基地导师、优秀学生代表、家长代表和急救医生等构成的劳动研学旅行课程开发共同体,并对团队成员进行明确的分工和针对性的培训。

同时,目标统领内容,即根据课程目标选择相应的课程内容,并进行合理编排和内容组织。当前以学校为主体的需求拉动型课程普遍存在对实践基地的课程资源与课程内容的"前调",因此造成课程主体之间的脱节,引发了课程在促进"长知识"与"长见识"相结合方面的失衡。这就迫切需要对课程内容进行"串联式衔接",具体来讲可以分为"主题式串联"与"学段式串联"。前者是通过设计单个或者多个与主题相关的上位概念来衔接校内的学科知识内容,以"大主题"为核心,下设分主题,并以此进行课程线路设计与规划。后者是通过考虑学生的认知发展阶段和学习特点来选择适宜的实践基地,设计涵盖小学、初中和高中分层连续的"菜单式"课程,并提供必要的学案与认知工具。[①]

在明确课程内容的组织方式后,需要充分发挥需求拉动型课程自主规划的特性,在课程实施的过程中,细化行前、行中与行后的课程安排,充分考虑出行交通、突发事件等问题可能带来的影响,通过"行前课内探究——行中任务驱动——行后成果展示"的方式在提高课程实施成效的同时降低学校开展此类课程的风险性与不确定性。

(二) 供给推动型:优化整合研学资源

供给推动型课程一般集中在景点附近或者郊区,相对来讲,拥有比较丰富的

---

① 邓纯考,李子涵,孙芙蓉.衔接学校课程的研学旅行课程开发策略[J].教育科学研究,2020(12):58—64.

研学和劳动资源。劳动或研学基地应该充分利用资源,深入挖掘资源的内涵与深层价值,以科学的方法进行资源的整合排列,从而避免课程资源开发的表层化与单一化。①

基地还应加强自身的场地建设以匹配课程资源的落地实施,同时凝聚形成家庭、学校与社会等多方构成的教育合力,最大化整合优质课程资源。例如依托丰富的旅游、农业和文化资源,打造"教育+农业+文化+旅游"的多领域跨界融合,以乡村休闲旅游和青少年发展需求为基础,创新地设计各类农耕研学实践活动,在课程设计的过程中,凸显高专业性、强互动性与丰富的趣味性。除此之外,还可以搭建"1(基地)+N(学校)"研学+劳动新平台,聚焦课程、师资和场所等要点,培养学生形成正确的劳动观念和良好的劳动习惯。通过项目式、沉浸式劳动教育,以动手实践为主要方式,让学生亲身体验劳动中的成就感和满足感。

基地还应该准确把握政策红利,把相关政策文件的既定标准作为自己运营和发展的准则,搭乘"乡村振兴""旅游开发扶贫"等政策的顺风车,采用"公司+合作社+农户"模式运营,结合自身的资源优势、区位优势、历史文化和组织结构等方面特点,与拥有丰富资源却未进行专业开发的村落、工厂等进行合作,在解决此类地区发展瓶颈,实现转型升级的同时,打造出极具吸引力的课程内容。为了提高劳动研学产品的竞争力,基地还需凸显课程资源的独特性或不可替代性,在打响知名度的同时采用便捷预约方式,通过门店了解、电话联系或官网预约等线上线下结合的方式高效办理。

(三)中介影响型:专业服务课程实施

中介影响型模式中,旅行社等中介机构往往拥有组织大型活动的专业经验与能力,能够统筹整合交通、住宿、餐饮和目的地等要素,在成本的合理控制与时间效率提升的前提下,为学校提供更具操作性的一站式服务。

---

① 伍海琳,张曼,刘思萌,等.研学旅行创新创业教育理论与实践[M].成都:四川大学出版社,2021.

在课程方案的制定方面,中介方可依据活动主题的内涵和学校的要求进行量身定制。在此过程中,充分考虑学生的学情与认知特点,聘请有过学校工作经历的专业研学导师参与课程方案的制定,链接学生校内知识,对标学校课程标准。特别是中介机构的课程方案设计可基于其丰富的经验,加强与学校、地方的文化特色、悠久历史和民风民俗等相融合。比如在具有深刻文化底蕴的历史名城中,中介机构可以邀请高等院校或者专业团队组成宣讲团,带领学生从专业的角度寻找与发现美,学习与鉴赏美;在极具民族特色的地区,中介机构可以聘请传承人或者当地居民作为导师,带领学生体验独特的民族风情,如竹竿舞、扎染、蜡染和酿酒等;在获益于党和国家政策从而发生巨大变化的地区,中介机构可以聘请相对权威与客观公正的亲历者,引导学生通过田间考察、走访调查等方式体验今昔之变,从而使学生明确自己的使命担当,树立远大志向。

在安全保障方面,中介方可以制定相应的安全预案,购买适合的保险,提供应急医疗服务,极大程度上降低风险隐患与不确定性。

(四)支持作用型:强化提升政府引领

整合劳动教育的研学旅行课程因其整合多方要素而体现出一定的复杂性,因此涉及发改、公安、财政、交通、文化、食品药品监管和旅游等多个部门的合作,在此过程中,政府的引领作用就显得分外重要。支持作用型模式可以在"政府引领、多部门协调、全社会参与"模式的基础上开展。

在组织管理上,以政府名义组织开展"劳动+"研学旅行课程并形成专门的领导小组,政府主要负责人担任组长,其他部门为小组成员。在课程设计上,政府部门牵头与相关的高等院校合作成立课程研究中心,负责课程的研发与教材的编写,保证课程的科学性与权威性。在课程实施上,政府部门直接与研学基地或旅行社等中介机构达成合作,深入发挥二者在资源挖掘与专业服务提供等方面的优势与特长。在平台建设上,政府部门携手专门的技术公司设立"劳动+"研学旅行的课程平台,作为学校、基地、中介方与家庭等多方的信息共享与交流媒介。在媒体宣传上,政府打造并开设"劳动＋"研学旅行的电视栏目、官方账号和报纸专栏等模块,对课程资讯、线路规划和最新项目等进行推广与宣传。在资金方面,政府部门需要凸显一定的"公益"性质,对"留守儿童""贫困家庭"等特殊群体予以专门的政策与经费支持。在对普通学生的课程费用的收取上,应加强物价部门的审核力度,只收取基本费用,减轻家庭的额外压力,确保课程顺利实施。

(五) 混合驱动型:增强主体协同效率

混合驱动型模式需要以学校、政府、研学目的地和中介机构等多元主体之间的高效协同来支撑需求、供给、中介与支持子系统的相互融合。

明确多方主体的定位,即学生是课程的主体,学校是主持者,政府部门是支持者,基地和中介机构是配合者。具体来讲,学校师生既有理论联系实际开展课程的需求,也有以往开展相关课程的丰富经验,学校可将劳动研学旅行课程纳入学校课程计划、建立安全工作小组、建立校医远程诊断机制等保障课程的顺利进行。研学基地要深入挖掘自身优势资源,积极推出特色项目,吸引学校师生前来开展课程。旅行社等中介机构主要是与学校合作,负责学生在课程中的交通、食宿和安全等,并与学校商讨研学路线和研学地点。政府部门应该对劳动研学旅行课程的可行性和合理性进行审批并提供必要的引导与支持。唯有多方主体的协同合作,劳动研学旅行课程才能可持续、更广泛地辐射、吸引更多人的参与,以此促进课程发展的不断成熟与完善。

策略篇

第七章　基于劳动大概念的劳动研学课程设计

大概念融入劳动研学课程具有建构劳动知识世界、发展核心素养和促进劳动学习进阶的重要价值。借助大概念理论,归纳整理得到核心素养下劳动教育大概念框架。围绕这一框架,引入系统网模式,建立面向大概念的劳动研学课程模型,即以"大概念群"制定劳动研学目标,以"大原则"优选劳动研学内容,以"大工具"挖掘劳动研学资源,以"大循环"开展劳动研学评价。最后以"水与华夏文明"课程实证检验课程设计模型。

一、大概念融入劳动教育的核心意蕴

在课程与教学领域,所谓"大概念"通常泛指特定学科或跨学科的基础性、核心性或统摄性的概念、观念、原则或理论。相对于更为具体的"小概念","大概念"具有更强的整合性、生成性和可迁移性,因此在相当程度上反映了专家的思维方式,体现出良好的生活价值。[1] 将"大概念"引入劳动教育课程,首先是因为劳动教育本身在很大程度上就是一个跨学科的领域,内在地关涉学校既有的各个学科领域,但更为重要的是,"大概念"为劳动教育的价值提升提供了新的可能。具体来说,包括以下三个方面。

(一)知识建构价值:构造劳动知识世界,促进深度学习

"大概念"思想契合知识建构活动的根本标准,即知识建构应以"观念"为中心,而不是以"任务"或"活动"为中心。科学哲学家波普尔(Popper, K.)在《客观知识》中

---

[1] 刘徽."大概念"视角下的单元整体教学构型——兼论素养导向的课堂变革[J].教育研究,2020,41(6):64—77.

将人类所在世界划分为物理世界、精神世界和知识世界三个世界。① 其中知识世界是一切主观精神活动的产物，知识建构就是在这一世界中完成。大概念的中心性、持久性、网络状和迁移性特征使其具有了得天独厚的建构知识世界的优势。借助大概念，在劳动教育中细化具体概念，能有效联通新的学习内容与学生已有的认知结构，并通过加工理解与意义建构，构建由新的知识结构和概念体系组成的劳动知识世界，引导学生由浅层学习迈向深度学习。比格斯（Biggs, J. B.）、恩特威斯尔（Entwistle, N.）和拉姆斯登（Ramsden, P.）等学者认为，深度学习是学习者善于选择多种不同的学习策略沟通知识与知识之间的纵横联系，灵活地迁移运用知识应对实践情境中具有挑战性的复杂问题，从而达成对学习材料的理解。② 在新的劳动知识世界里，多种不同学习策略的产生，知识纵横联系的脉络都可交由大概念来完成。

（二）素养导向价值：聚焦劳动核心素养，发展跨学科素养

"大概念"是将素养落实到具体教学中的锚点。③ 希伯特（Hiebert, J.）认为大概念作为一种高度形式化、普适性极强、兼具认识论与方法论意义的概念，与核心素养存在密切联系，对大概念的理解和运用直接体现了学生的核心素养。④ 现有劳动教育实践中，劳动与教育却常常分离，劳动教育课程设计多以活动为导向，强调劳动知识或技能的灌输式教学，学生只动手不动脑，劳动教育课程常常陷入"有劳无育"或"有育无劳"的困境，学生劳动素养的终极价值目标难以达成。基于大概念的劳动教育，既为学生建立对劳动知识与技能的本质性理解提供了逻辑线索，更能推动学生产生有意义学习，在形成劳动核心素养的基础上，撬动跨学科素养的联动发展。在现实生活中，劳动情境往往具有高度的复杂性与综合性，延伸

---

① 孙昌璞. 量子力学诠释与波普尔哲学的"三个世界"[J]. 中国科学院院刊，2021，36(3)：296—307.

② 吴秀娟. 基于反思的深度学习研究[D]. 扬州：扬州大学，2013.

③ 刘徽. "大概念"视角下的单元整体教学构型——兼论素养导向的课堂变革[J]. 教育研究，2020，41(6)：64—77.

④ Hiebert J, Carpenter T P. Handbook of research on mathematics teaching and learning [M]. New York: Macmillan, 1992.

到学校场域则要凸显劳动教育的跨学科性。由此,通过劳动大概念在纵向上形成对劳动知识的本质理解,在横向上联结扩展跨学科概念,建立大概念群,编织劳动知识联结网络,实现劳动素养引领、多学科素养融合、全面整体地培育学生核心素养。借鉴国际上以大概念为线索的课程组织经验,如加拿大安大略省在课程文件中运用的共通概念,美国在科学教育课程文件中运用的交叉概念①,以此为参考,在学科概念的基础上将跨学科的综合概念具体化为共通的劳动教育知识网络或不失为培育学生劳动核心素养的一种有效尝试。

(三) 学习进阶价值:深化劳动概念理解,实现思维进阶

融入大概念的劳动教育能够勾勒出学生劳动思维发展可能遵循的典型轨迹,促使学生从一个刚入门的"新手"转变为具有劳动经验的"专家"。一个完整的学习进阶包括进阶终点(学习目标)、进阶变量、成就水平、学习表现及测量工具五个组成要素。② 其中,进阶终点即学习目标,是学习者在学业结束时所能达到的终极状态和水平,大概念下的劳动教育的进阶终点可以显化为学生对劳动大概念的科学理解水平。进阶变量反映的是学习者需要长期发展的内容维度,通常是某些核心知识或关键能力,而大概念本身就是体现学科基本结构和方法,并指向具体知识背后的核心内容,因此劳动教育进阶变量必然是来源于大概念的。成就水平和学习表现分别反映了学生在不同阶段的能力发展过程和完成不同任务时的表现状况,而劳动大概念序列就是一个由小概念到大概念,由浅层次概念到深层次概念,由劳动事实到概括概念,由具体概念到抽象概念的概念群,基于大概念的劳动教育课程学习可以反映学生在不同的劳动任务下由劳动基本知识与技能向劳动核心概念、跨学科概念、哲学观念提升的能力表现。测量工具,即评价系统,是指

---

① 梁秀华,王向东. 以大概念为线索的课程组织探析——以加拿大 BC 省 K-12"科学"课程文件为例[J]. 比较教育学报,2021(5):141—156.

② 张颖之. 理科课程设计新理念:"学习进阶"的本质、要素与理论溯源[J]. 课程·教材·教法,2016, 36(6):115—120.

一套基于假设模型的测量学生发展的工具,以"大概念"的"阶"为锚点和尺度测量评价学生的认知发展状况,避免了传统的教学诊断仅依据教师的经验及知识的逻辑结构的盲目性和随意性。

二、基于政策工具的劳动教育大概念建构

根据有关"大概念"的理解,劳动教育课程中的"大概念"应该是劳动教育领域具有基础性、核心性或统摄性的概念、观念、原则或理论。一般来说,要提炼这种"大概念",主要有两个备择路径:一是通过课程标准、核心素养、专家思维及概念派生的自上而下的路径提取,二是基于生活和教学经验由生活价值、知能目标、学习难点及评价标准自下而上的路径生成。[①] 但是,与语文、数学、历史、物理之类的学科化课程不同,劳动教育课程并没有明确的"学科边界",也没有纯然独立或成熟的知识体系,因而难以直接从既定的学科或跨学科框架中凝练出"大概念"。与此同时,从实践来看,劳动教育课程在很大程度上仍是个"新生事物",仍处在"在地化"的开放探索中,因此也很难从这些"有限"或"局部"的经验中提炼出真正核心的"大概念"。

既然如此,又该如何提炼劳动教育的"大概念"呢?尽管当前我国还没有统一而规范的劳动教育"教科书",但不可否认的是,各种政策工具发挥着实质的规范与指导作用。这些工具作为政府以政策目标为导向、以达成政策效果为标准而采用的系列措施,是法律、行政、财政等强制性、激励性相结合的多种举措。[②] 劳动教育政策工具体现了国家对学生劳动学习的基本要求和纲领性指引,为自上而下确定"大概念"提供了有益路径。因此,本研究在第三章劳动教育政策文本梳理的基础上,以第四章劳动教育核心素养界定为生成语境,分析归纳反映劳动教育核心素养内涵的大概念词汇,分析语义,确定各大概念下的子概念及文中语义描述,构建劳动教育"大概念"框架。劳动教育涉及的"大概念"可以归结为劳动观念、劳动

---

① 吕立杰. 大概念课程设计的内涵与实施[J]. 教育研究,2020,41(10):53—61.
② 薛二勇,周秀平. 中国教育脱贫的政策设计与制度创新[J]. 教育研究,2017,38(12):29—37.

能力、劳动精神和劳动习惯品质四个方面（见表 7-1）。

表 7-1　劳动教育"大概念"框架

核心素养	大概念	子概念	劳动事实和现象	高频关键词及出现频率
劳动教育核心素养	劳动观念	尊重劳动	1.尊重劳动、尊重普通劳动者；2.树立劳动最光荣、劳动最崇高的观念	观念(67)、价值(107)、社会主义(66)、生活(211)、理解(32)、伟大(36)、诚实(21)、劳动者(32)、尊重(20)、光荣(49)
		理解劳动	1.理解劳动是人类进步和社会进步的根本力量；2.认识劳动创造价值	
		诚实劳动	1.诚实守信、认真负责、安全规范地参与劳动；2.遵纪守法地进行劳动	
	劳动能力	劳动知识	1.掌握通用劳动科学知识；2.具备完成劳动任务所需的操作合作能力	技能(157)、生产(156)、能力(134)、技术(131)、生产劳动(100)、体验(91)、知识(69)、协同(59)、设计(53)、方式(56)、任务(61)
		劳动操作	1.正确使用常见劳动工具；2.学习相关技术；3.重视新技术、新方法的应用	
	劳动精神	奉献精神	1.开展校内外公益服务性劳动；2.运用专业技能为社会、为他人提供劳动	服务性(160)、创新(99)、创造(86)、公益(65)、劳模(65)、志愿(117)、工匠(56)、坚持(67)
		创新精神	1.提高在生产实践中发现问题和创造性解决问题的能力；2.弘扬时代精神	
		奋斗精神	1.具有到艰苦地区和行业工作、奋斗的精神；2.领会"幸福是奋斗出来"的意义	
	劳动习惯和品质	热爱劳动	1.培养学生热爱劳动、热爱人民的情感；2.增强职业认同感和劳动自豪感	安全(159)、意识(141)、家务(110)、积极(125)、日常(94)、习惯(126)、品质(50)、成果(94)
		自觉劳动	1.承担一定的家务劳动，增强家庭责任感；2.树立自己的事情自己做的意识	
		珍惜成果	1.懂得生活用品、食品来之不易，珍惜劳动成果；2.勤俭节约，杜绝浪费	

（一）劳动观念"大概念"

劳动观念是人们在长期的生产实践中形成的对劳动的认识，是劳动教育的基础和前提。依据生活、观念、价值等高频关键词，联系政策文本的上下文，提取劳动观念的子概念分别为：尊重劳动、理解劳动、诚实劳动。尊重劳动包含尊重劳动本身、尊重劳动者、尊重劳动者的劳动[①]，用平等的眼光看待所有劳动者，杜绝将劳动分为三六九等。理解劳动指的是体悟劳动的内涵和价值，劳动创造了世界，整个所谓世界历史不外是人通过人的劳动而诞生的过程。[②] 诚实劳动是指诚实守信、认真负责地参与劳动。正确的劳动观念是发展劳动能力、培养劳动精神、养成劳动习惯和品质的基础。

（二）劳动能力"大概念"

劳动能力是学生完成劳动任务时所体现出来的综合素质，其直接影响劳动的质量和效率。劳动能力是劳动教育有效性的外显标志，通过学生的劳动能力可以判断劳动教育的效果。依据知识、技能、技术、能力等高频关键词，提取劳动能力的子概念分别为劳动知识和劳动操作。劳动知识是学生完成劳动所必备的科学认知，并以此来指导实践。劳动操作是学生运用劳动知识，按照一定的规范要领进行劳动。卢梭在《爱弥儿》中从工艺劳动的视角强调了劳动操作的重要性，"工艺在人的成长中功用最大，在物品的制造中，通过手将触觉、视觉和脑力协调，身心合一，使人得到健康的成长"。[③] 劳动知识和劳动操作二者共同决定了劳动的质量和效率。

---

① 魏冰娥,何云峰.论崇尚劳动、尊重劳动的内涵实质与风尚营造[J].思想理论教育,2019(6):25—30.

② 中共中央马克思恩格斯列宁斯大林著作编译局.马克思恩格斯文集(第1卷)[M].北京:人民出版社,2009.

③ 卢梭.爱弥儿[M].李平沤,译.北京:商务印书馆,2017.

(三) 劳动精神"大概念"

劳动精神是学生劳动过程的思想准则和宗旨要义,是劳动教育的核心。依据服务性、创新、创造等高频关键词,提取劳动精神的子概念分别为奉献精神、创新精神和奋斗精神。创新精神是新时代背景下劳动者的必备素养,新时代的劳动逐渐与数字化、信息化融合,创新成为推动劳动工具、劳动方式变革发展的动力。奉献精神是要培养学生的服务意识,鼓励学生多参与公益劳动,从服务社会、服务他人中培养责任感,实现自我价值。奋斗精神是在劳动中体现出的不畏艰苦、百折不挠、坚持不懈的宝贵品质。正如习近平总书记所强调的:"幸福不是毛毛雨,幸福不是免费午餐,幸福不会从天而降。"①通过奋斗所实现的幸福,是更高层次的情感追求和更大化价值的人生取向,是深层的、持久的愉悦。劳动精神与开拓创新、砥砺奋进的时代精神相吻合并随着时代发展而愈加丰富。

(四) 劳动习惯和品质"大概念"

劳动习惯和品质是在长时期的劳动实践中养成的行为倾向以及从中反映出来的思想品性。根据苏霍姆林斯基对劳动习惯、品质培养与学校劳动教育的关系阐述,"学校里的生产劳动不是为了赚钱,不仅仅是为了让学生去学得一技之长,而是为了获得全面和谐的与积极自由的发展,为了丰富学生的精神生活"②,即培养学生的劳动习惯和品质是劳动教育的重要旨归。依据习惯、意识和家务等高频关键词,提取劳动习惯和品质的子概念分别为热爱劳动、自觉劳动和珍惜成果。热爱劳动是指学生对劳动发自内心喜爱,并在劳动过程中克服困难,追求卓越。学生热爱劳动才可能积极主动参与劳动,并且不需要他人督促,这便是自觉劳动。

---

① 中共中央文献研究室. 习近平关于青少年和共青团工作论述摘编[M]. 北京:中央文献出版社,2017.
② 郭戈. 培养劳动兴趣是劳动教育的重要任务——学习苏霍姆林斯基劳动教育思想的一点体会[J]. 外国教育动态,1984(2):51—53.

珍惜劳动成果是指在生活中勤俭节约,不铺张浪费。培养学生的劳动习惯和品质不能仅凭学校一己之力,需要家庭、学校、社会凝聚以劳育人的价值共识,进而形成教育合力,共同塑造。

三、大概念框架下的劳动研学课程设计模型

聚焦"大概念"进行课程设计俨然成为一种新的趋向,涌现了诸如金字塔模式、系统网模式、线性链模式之类的设计模式。其中,课程专家查莫斯(Chalmers,C.)提出的"系统网模式"使得各个学科走向"去中心化"态势,以"共相"的交点进行同质的探究,相互助力得以实现目标大概念理念的达成。该模式模糊了学科边界,有利于培养学生强大的横向综合能力。系统网模式包括原则、活动序列、思维工具、评估反馈四个子系统。[①] 在这里,根据这种系统网模式,结合泰勒模式中课程目标、课程内容、课程实施、课程评价四大阶段,以劳动教育"大概念"为中心,建立劳动研学课程的设计模型(见图7-1)。

总体上,这一框架以劳动教育大概念为核心,整合历史、地理、物理等学科,通过四大子系统的循环迭代,将"大概念"融入劳动研学课程设计各环节,形成纵横交错的课程设计环状模型。其由三层组成,内层为核心层,主要阐释融合"大概念"的劳动研学课程中各学科知识的交叉融合机制;中间为要素层,主要展示基于"大概念"的课程设计关键要素的系统网模式框架;最外层为开发层,沿着"课程目标—课程内容—课程资源—课程实施—课程评价"的路径展开。环形同一层级中各分项体现了劳动研学课程开发的横向内容,各个内容之间的顺序体现课程开发的纵向流程。课程设计环状模型可实现劳动知识的结构化、学科领域的深度跨界与融合,推动劳动教育活动进阶。基于对指向大概念框架的劳动研学课程设计模型五大环节的阐释,以"水与华夏文明"劳动研学课程为例,展示该课程设计模型

---

① Chalmers C, Nason R. Systems thinking approach to robotics curriculum in schools [M]//Khine M S. Robotics in STEM Education: Redesigning the Learning Experience. Switzerland: Springer, 2017:33 - 57.

的具体应用。

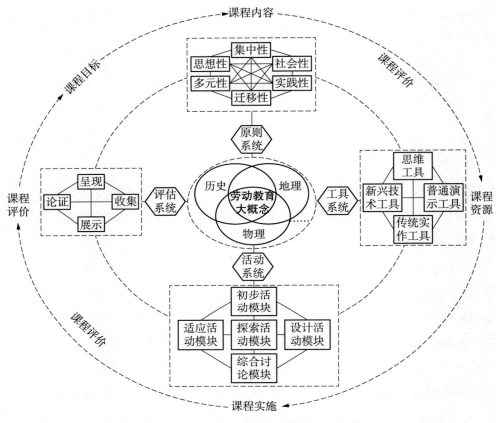

图7-1 大概念框架下的劳动研学课程设计模型

(一) 以"大概念群"制定劳动研学目标

依据学生劳动素养的培养规律和劳动教育知识的关键性,在劳动教育四个核心概念和 14 个次级概念基础上,采用头脑风暴法、专家咨询法等方法,从独立形态或融合形态的劳动教育课程中遴选劳动教育具体概念及核心概念。同时,关照物理、历史、地理、数学等学科,反映上位思维方式或工具的跨学科概念,依循"事实现象→具体概念→劳动核心概念→跨学科概念"的进阶路径,建立劳动教育大概念群,据此剖析劳动教育大概念群各层次概念,明晰其表层及深层指向。

在"水与华夏文明"课程中,围绕劳动教育大概念框架,深挖与课程主题相关的劳动事实与现象,邀请水资源学、水利工程、劳动教育、地理学科等领域的专家,运用头脑风暴法筛选各学段、各主题单元涉及的具体概念。采用KUD(Know-Understand-Do)的概念为本方式撰写课程目标与单元教学目标,实现大概念与课程之间的完美契合。

在劳动研学课程目标设计中,"水与华夏文明"课程针对基础教育三个学段,面向小学低年级、小学高年级、初高中和中职,根据各学段学生身心发展、认知能力和知识储备水平的不同,分别从劳动能力、劳动习惯、劳动观念、劳动精神四个方面制定了各学段的劳动研学目标(见表7-2)。

表7-2 "水与华夏文明"分学段课程目标

目标＼学段	小学低年级	小学高年级	初高中年级	中职
劳动能力	记忆华夏文明进程中出现的不同用水、治水工具和水利工程;认识用水、治水工具变化、水利工具发展和劳动的关系;掌握简单的劳动技能	记忆华夏用水工具发展史;理解劳动与人类社会发展之间的关系;识别不同用水工具、治水的特点和作用、水利工程的运用模式,掌握制作工具的简单方法和基本的动手实践技能	理解不同用水、治水工具和水利工程的运作原理和结构特征;理解劳动在华夏文明发展史中的作用;记忆制作不同用水、治水工具、水利工程模型的过程和方法,掌握较复杂的操作技能	认识并记忆华夏文明和用水、治水工具、水利工程演化发展史;劳动对于推动人类社会进步的作用;区别不同劳动工具的使用和制作方法,能熟练运用工具进行劳动实践和生产
劳动习惯	动手制作各类用水、治水工具和各项工程模型,激发对劳动创作的热情,从而形成在日常生活中能自觉独立重复卫生清洁、收纳整	通过认识各类用水、治水工具和各大水利工程的结构,制作工具参与劳动,从而能适应做基本家务,经常主动劳动;能有意识地参	从用水、治水工具和水利工程模型学习、制作的实践过程中,提高劳动兴趣度和熟练度,从而在较复杂的生活和实践情境中,能主	通过参与陶艺、木工等工具和工程模型制作,拓宽劳动技能,培养劳动习惯,逐渐在生活中形成能主动整理个人事务、打扫卫生,参与社会劳

目标\学段	小学低年级	小学高年级	初高中年级	中职
	理等简单劳动的优良习惯	与简单的公益劳动	动完成家务,参与劳动过程;能自觉参与公益劳动,热爱公益实践	动实践,自立自强的劳动习惯;能经常进行公益性劳动实践
劳动观念	通过了解用水、治水工具和水利工程发明演化的历史条件,感受劳动成果的来之不易,形成珍惜劳动成果的观念;从华夏发展史与用水、治水工具和水利工程的更替中感受中华历史文明之美	通过探索促使各类用水、治水工具、水利工程产生的过程,逐步形成主动探究问题的良好劳动观念;感悟华夏用水、治水和水利工程文明精华,培养民族自信	学习劳动在用水、治水工具、水利工程的创新发展过程中所起的作用,进一步理解和认同劳动是推动人类社会发展的根本力量,形成热爱劳动、尊重劳动的观念	讨论、理解古人的生产生活劳动与用水、治水工具、水利工程发展的关系,认识劳动对于实现中国梦的重要意义,逐渐形成诚实劳动、尊重劳动、热爱劳动的良好观念
劳动精神	通过学习古代人民创造、制作用水、治水工具和水利工程的历史,感受劳动创造价值的意义,初步形成实干、创新、奉献的劳动精神和劳动品质	从古代劳动人民发明、创造、改进各类用水、治水工具和水利工程的环境条件里感知劳动的价值和中华人民自古以来热爱劳动、精益求精的优秀精神,进一步形成热爱劳动的良好品质	在水与华夏文明的关系史中学习华夏人民热爱劳动、积极创造的精神,逐步培养精益求精、艰苦奋斗、专心致志的劳动品质和劳动精神	通过认知、理解在古代背景条件下劳动在各类用水、治水工具和水利工程中起的作用,理解劳动创造人、劳动最伟大的道理;形成热爱劳动、不畏辛苦、创新实践、精益求精的劳动精神

在"红旗渠水利工程"单元目标设计中,由"红旗渠修建的历史背景"和"简易测量工具水鸭子的使用"等事实现象出发,选取了"直角尺、水准仪、G 形夹、红旗渠精神"等具体概念,提升到"劳动操作、创新精神"等劳动核心概念,进而拓展到"稳定与变化"的跨学科概念。"红旗渠水利工程"单元目标示例见表 7-3。

表7-3 "华夏匠心,一渠育之——红旗渠水利工程"单元目标

目标	内　　容
劳动观念	通过认识红旗渠建设中涌现的众多劳动者,认识劳动创造红旗渠、劳动创造价值;理解劳动是推动区域发展和社会进步的根本力量,树立劳动最光荣、最高尚的观念;养成尊重劳动、认真负责、诚实劳动的劳动观念
劳动能力	通过学习红旗渠建设的历史背景,认识直角尺、水准仪等测量工具和 G 形夹、手锯等木工工具,理解水鸭子的操作原理,掌握直角尺、水准仪等测量工具和 G 形夹、手锯等木工工具的使用方法;认识新时代劳动工具的传承与创新,以及其中蕴含的"稳定与变化"跨学科概念
劳动精神	了解红旗渠精神对于红旗渠建设的重要意义,认同劳动精神促进社会进步;形成奋斗、创新、奉献的劳动精神
劳动习惯	了解红旗渠建设的艰辛过程,理解美好生活来之不易,能珍惜劳动成果,形成热爱劳动、自觉劳动的优良习惯

(二) 以"大原则"优选劳动研学内容

面向国家劳动教育课程建设相关政策要求和劳动教育大概念,构建包含六个基本原则的劳动研学课程"大原则"系统。

思想性原则。课程内容聚焦于学生劳动核心素养的劳动教育大概念。

集中性原则。课程内容集中于反复出现的有针对性的劳动教育大概念。如围绕水与华夏文明中的"劳动工具",从取水工具、生产工具、水利工程工具及综合四大类别设置单元主题及选择内容。

多元性原则。课程内容力求多元生动的课程形态,多重开放的劳动情境,多向深刻的劳动观点,引导学生克服概念上的自我中心主义,树立正确的劳动观念。课程中的劳动情境既包括手工制作等真实劳动情境,也包括微缩模型、人工智能等虚拟劳动情境,劳动观点既有"劳动最光荣、劳动最美丽、劳动最伟大"等正确的劳动观,也有"制作劳动工具是下等人做的事"等错误的劳动观。

社会性原则。引领学生在纷繁复杂、充满冲突与不确定的劳动世界中,以大概念作为劳动学习的自我生长点。如"都江堰水利工程"单元中教师由"劳动能

力"大概念衍生设问"二千多年历史的都江堰水利工程在新的时代面临什么问题"。

实践性原则。大概念本身具有抽象性和模糊性,课程内容应以劳动任务群为载体,强调手脑并用、知行合一。每个单元主题都设置相应的动手环节,如"都江堰水利工程"单元制作治水工具竹笼、杩槎,"桔槔取水"单元木工制作桔槔。

迁移性原则。迁移是大概念的本质属性,也是教育过程的核心。课程内容选择需充分考虑大概念生成的"具体—抽象—具体"的高通路迁移路径,优选从简单过渡到复杂的连续性课程内容,体现课程知识的连贯性、梯度性和拓展性。"水与华夏文明"劳动研学课程设计以"时代—地域—技术"为线索优化劳动教育内容,设置取水、生产、工程及综合四个篇章(见表7-4)。

表7-4 "水与华夏文明"劳动研学课程内容结构

单元	简 介
取水篇	本单元是系列课程的起始篇,从人类对水资源利用最初级的取水入手,按时间的推移分为三个主题,分别是商朝时期出现的汲水工具桔槔,周朝时期出现的辘轳,明朝时期出现的恒升。通过学习取水工具在时间方向上的演化,学生能够从低级到高级,逐渐掌握更复杂的劳动技术
生产篇	通过本单元的学习,学生能够认识水力水能的利用对人类文明发展的影响,培养劳动改变命运的劳动意识。本单元对应的主题为水碓与鹤饮。其作用是利用纯水力进行农业生产活动,是人类利用水本身和水能水力进行农业生产活动的代表农具,在生产篇设置其为主题具有合理性
工程篇	本单元对应的主题是位于我国新疆的坎儿井这一水利工程。坎儿井工程在时间与空间角度上均具有代表性,是适应建造当时时代的生产力水平、当地地理条件的结果。通过本单元的学习,学生能够认识到水利工程建造需因地制宜的必要性,掌握水利工程建筑的基本原理
综合篇	系列课程的结束选取了三项水利工程,学生需运用所学知识与所掌握的劳动技能,分析其原理及必要性,并制作宏大工程中的小型工具。分别对应:都江堰与竹笼、杩槎;灵渠与陡门;红旗渠与水鸭子。在本单元的学习中,学生能够认识中华民族从古至今的劳动智慧与不轻易言弃的劳动精神

选取我国夏商周时期、汉朝、战国时期、明清、现代的人类用水治水的八个典型案例(见图7-2),时代特征鲜明、覆盖地域宽广,生动反映我国水文化、生产力

水平由低级向高级发展的时序特征。在各篇章,遵循由易到难的原则优选内容,如"取水篇"中,从人类对水资源利用最初级的取水工具入手,按时间的推移设计三个主题,分别是商朝时期出现的汲水工具桔槔,周朝时期出现的辘轳,明朝时期出现的恒升。以取水工具的演进发展为内容支撑,引导学生循序渐进地掌握更复杂的劳动知识和技术。

红旗渠　　　　恒升　　　　坎儿井　　　　辘轳

都江堰　　　　桔槔　　　　灵渠　　　　水碓

图 7-2　课程案例

(三) 以"大工具"挖掘劳动研学资源

多元化打造劳动教育"大工具"系统,丰富劳动教育课程资源,促进学生多通道、多角度、多元化理解与建构劳动教育大概念。劳动教育"大工具"系统包括思维具象工具、普通演示工具、传统实作工具和新兴技术工具。通过不同类型工具的配合使用,营造沉浸式、虚实融合的劳动教育空间,帮助学生由身至心的共振,彰显劳动教育的具身价值。

思维具象工具是帮助学生以大概念为锚点,进行具体和抽象的协同思维,构建复杂认知结构的重要媒介,分为逻辑结构工具、形象表征工具、反思总结工具。逻辑结构工具可为学生提供一个整体过程框架,如流程图、思维导图,辅助学生在全面理解的基础上清楚设计过程中的每一个步骤。例如,当学生的用水工具制作结果与预期目标出现偏差时,可通过思维导图对结果进行矫正或精进,以此体悟精益求精的工匠精神。形象表征工具包括平面设计图、概念图等,能帮助学习者收集、组织和理解信息,整理思路,从而更好地掌握具体的劳动知识与劳动技能。反思总结工具应用在劳动活动期间或之后,可以帮助学习者(个人、团队等)在劳动行为中获得新的理解,从而巩固已获得的劳动技能,培养创新的劳动精神,树立正确的劳动观念,养成良好的劳动习惯和品质。例如在劳动活动结束后设置反思问卷:你在问题解决和方案设计中有什么想法? 你所在的团队在解决问题时有哪些新的想法和灵感? 如果要再次开始另一项任务,你会怎样规划?

　　另外,劳动教育工具还包括普通演示工具、传统实作工具和新兴技术工具。普通演示工具是教师运用已制作好的道具(如沙盘、微缩模型、实物道具等)进行展示、演示,学生具身体验劳动成果的项目原理与结构设计,掌握有关劳动的简单技术,提高劳动能力。传统实作工具是劳动教育课程的一大特色,如木工、陶艺、竹编等,这些工具蕴含着丰富的中国传统文化内涵与底蕴,凝结着中国古代劳动人民的智慧,有助于学生通过劳动厚植热爱劳动、珍惜劳动的情感。新兴技术工具是新的时代背景下融合新型劳动形态的课程资源,如虚拟现实技术、4D 打印技术、K'NEX 拼插结构件等。学生通过接触由新兴技术打造的水工具与工程,能够形成以创新为核心的劳动技能和素养,以满足新时代创造性劳动的需求。以"红旗渠工程与水鸭子"单元为例,所使用的劳动工具系统如表 7-5。

表 7-5　"红旗渠工程与水鸭子"内容部分工具系统

1. 工具系统

工具系统

工具系统		课程实施模块				
思维具象工具	逻辑结构工具	一起析 思维导图	一起想	一起做	一起用	一起悟

工具系统	课程实施模块			
形象表征工具		平面/三维设计图		
多维度工具	维恩图			
反思总结工具				反思问卷
普通演示工具		沙盘		
传统实作工具			木工	
新兴技术工具	VR	VR		

2. 传统实作工具材料

(1) 桐木木板 3 块(规格:8＊8＊1 cm 2 块,8＊20＊2 cm 1 块)。

(2) 桐木条 2 根(1＊1＊33 cm)。

(3) 自攻螺丝钉 4 个(规格:M3)。

(4) 绳子 2 根:红色、白色各 1 根,长度 15 cm。

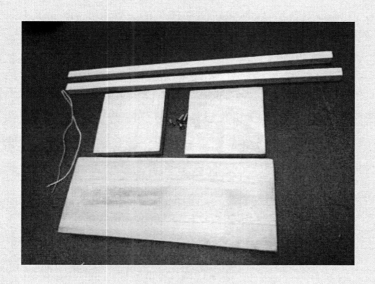

3. 其他工具

(1) 直径＞21 cm 的水盆(需装满水)1 个。

(2) 水准尺 2 把。

(3) 五金工具。

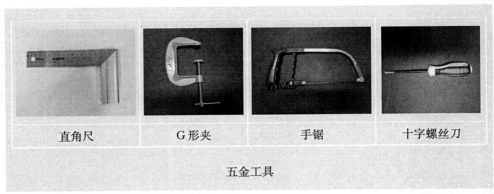

| 直角尺 | G形夹 | 手锯 | 十字螺丝刀 |

五金工具

(四) 以"大问题"推进劳动研学实施

依据"系统网模式"提出的活动序列系统,设计支持概念性思维的大问题,以问题为线索,串联细化各项活动,实现学生思维的关联和整合,完成劳动教育大概念的同化。

大问题是基于概念性视角提出的涉及事实性知识/技能以及概念性理解的引导性问题,具体可分为事实性、概念性和激发性问题三种类型。承载大问题的劳动活动系统包括初步活动(P 模块)、设计活动(D 模块)、探索活动(E 模块)、适应活动(A 模块)和综合讨论(S 模块)五个基本模块。在实施过程中,根据不同的课程内容可对模块进行不同方式的组合以引导学生对劳动教育大概念进行探索和应用。各模块具体实施见表 7 - 6。

表 7 - 6　劳动活动系统设计及实施

劳动活动系统	大问题	教学实施	"都江堰"教学示例
初步活动模块	为什么当时要修建?……	大问题导入,多模态资源展现历史背景	为什么当时要修建都江堰?——引导学生了解都江堰建设的背景、工程构成等,并绘制思维导图,展示鱼嘴、飞沙堰、宝瓶口等工程并分析其作用

劳动活动系统	大问题	教学实施	"都江堰"教学示例
设计活动模块	需要用到哪些劳动工具？这些劳动工具有什么用？这项技术的原理是什么？如何开展？有哪些步骤？……	大问题串联，建构劳动知识世界	都江堰是如何治水的？——学生在理清都江堰治水工程原理的基础上，以小组合作方式共同设计、制作、演示治水工具竹笼、杩槎
探索活动模块	为什么要这样做？有什么意义？通过这项劳动，可以创造哪些价值？……	大问题推进，以教学内容和学生的过程性行为表现，提出反思性问题，逐步推进形成更高位的大概念	都江堰水利工程能放到长江三峡来治水吗？——学生建立特殊历史背景和地理环境下的水利工程的特殊价值和意义，连接本课程与外部环境的认知，促进学生在不同语境下对劳动能力、劳动精神的思考
适应活动模块	我们的生活中还见到过类似这样的工具吗？这样的水利工程在别处还有吗？	大问题迁移，教师可引导学生思考如何将这项技能运用到自己的日常生活中？怎样改进？达成深度学习	两千多年历史的都江堰水利工程在新的时代会面临什么问题？——学生在新时代背景下讨论比都江堰水利工程治水原理更复杂的问题，进一步熟悉、了解、开发与提取劳动教育习惯和品质、劳动精神、劳动观念等大概念的内容
综合讨论模块	这次活动的收获是什么？对今后自己的行为有什么指导意义？今后有什么计划？	大问题总结，以讨论活动，引导学生分享并思考劳动知识掌握、劳动技能习得等	都江堰之行大家有怎样的收获？——学生分享交流深化劳动教育大概念的理解

（五）以"大循环"开展劳动研学评价

建构评估反馈"大循环"操作系统，全过程渗透评估反馈，实现劳动研学课程的过程性评价与总结性评价的完美结合。评估反馈"大循环"操作系统旨在告诉学生什么是值得学习的，应该如何学习以及被期望如何表现。

通过收集、展示、呈现、论证四种评估手段,全方位评价学生在课程中的全过程劳动表现。第一种是"一生一档",收集学生在给定任务全过程中的作品,建立个性化的劳动研学课程档案袋,用于记录学生劳动学习全过程的完成情况,包括阶段总结、阶段性成果、全过程课程表现记录表等;第二种是"问题解决",给学生提供展示的机会,展示大概念视角下的问题解决模式,即面对大概念下的问题情境→激活对大概念的先验理解→进行劳动实践→根据劳动实践修改和完善大概念的个人理解;第三种是"工具呈现",学生利用外部表征工具对大概念和学习活动过程的理解程度进行外部呈现,如学生绘制的劳动工具设计图、水利工程原理图等;第四种是"外部论证",使用观察、访谈、测评等论证学生对大概念和学习过程的理解程度。四种评估工具相辅相成,形成了可操作、全过程的对劳动大概念群学习落实情况的系统评价。

第八章　基于 STEAM 理念的劳动研学课程资源建设

　　长期以来,劳动教育中存在着学校重视度不高、忽视学生主体、缺乏价值渗透、劳动教育资源匮乏、创新素养培育不足等问题,不少学校的劳动教育课程形同虚设,学生对劳动价值认同度低、劳动责任感不强,缺乏劳动创造能力和创新精神。因此,在明确劳动教育与研学旅行整合基本要求的基础上,融合学科,深入挖掘学科中的劳动教育资源,系统设计有效的整合方案,探索出研学旅行、劳动教育以及学科教学整合的有效策略,对于推动学校研学旅行与劳动教育的深入发展,落实新课程、新教材改革,实现"五育并举",构建高质量育人体系均具有重要意义。STEAM 教育具有跨学科性、体验性、实践性、综合性和过程性等特征,为劳动研学课程的落地提供了可能。本章以地理学科为例,探讨整合劳动教育的研学课程资源建设路径。借助STEAM 教育理念,回答"如何构建整合劳动教育的研学课程资源建设路径"这一核心问题,为整合劳动教育的研学课程资源建设和劳动研学课程的融合发展提供参考借鉴。

一、整合劳动的研学课程资源建设价值探寻

(一) 创新劳动教育发展模式

　　随着知识技术的不断迭代更新,新时代的劳动教育不仅局限于对传统劳动教育的继承,更要推动劳动教育满足时代发展新诉求[①],即为社会培养具有创新意识、具备更高素质、呼应国家战略要求的新型劳动者。

　　因此促进劳动教育优化提升,创新劳动教育模式的需求应运而生。而研学旅行是教育与文旅融合发展下形成的活动育人新模式[②],将劳动教育有机嵌入研学

---

① 翁伟斌,张良.新时代劳动教育的价值审视与实践路径[J].教育科学,2023,39(2):41—47.
② 聂希.铸牢中华民族共同体意识的研学旅行模式创新研究——以活动理论为指导[J].西南民族大学学报(人文社会科学版),2023,44(6):43—53.

旅行,开展整合劳动的研学旅行课程资源建设,在一定程度上拓展了学校劳动教育的范围与途径。通过充分挖掘与劳动和地理有关的课程资源,使得研学课程能够通过更丰富的劳动项目载体,有目的、有组织、有计划地使学生参与到日常生活、生产和服务性劳动之中,有助于学生在真实情境中获得鲜活的劳动体验与感悟,进而增强其生活经验和劳动素养等,对劳动教育的创新发展具有重要价值。

(二) 促进学生实践能力发展

《义务教育课程方案(2022 年版)》中明确指出要"变革育人方式,突出实践","要加强课程与生产劳动、社会实践的结合,充分发挥实践的独特育人功能"。[①] 各学科的课程标准也依据学科特色明确了学科实践的方式。如中学地理课程标准强调要积极探索地理户外实践,增强学生的地理实践力。劳动教育课程标准也提出"构建以实践为主线的课程结构","加强与学生生活和社会实践的联系","倡导丰富多样的实践方式"。从地理和劳动课程的学科内涵和育人追求来看,二者对基于真实情境的实践育人目标一致。

同时,研学旅行将学校教育与现实生活实践有机结合,提高学生的实践能力。[②] 通过创设多样化学习情境提供物质基础,促使学生在自然、社会等真实情境中开展丰富多样的实践探究活动,进而提高其实践能力和劳动能力;还能在很大程度上以学科为底色,以劳动和研学为依托,融身、物、观、问为一体,推进学科育人、劳动育人、实践育人。

(三) 助力新时代教师转型升级

教师是立教之本、兴教之源。教师自身素质与能力深刻影响着教育育人成

---

① 中华人民共和国教育部. 义务教育课程方案(2022 年版)[M]. 北京:北京师范大学出版社,2022.
② 殷世东,汤碧枝. 研学旅行与学生发展核心素养的提升[J]. 东北师大学报(哲学社会科学版),2019(2):155—161.

效。整合劳动的研学课程资源建设有助于改变教师传统课程观念,促使教师根据自身专业背景,发挥专长优势,主动参与到课程创新与资源建设之中,增强其课程开发意识与能力。

教师通过网络等多方渠道搜集资源信息,并结合学科知识、社会热点和生活经验等对搜集的资源信息进行整合加工,进而创设出多资源整合、多学科融合和多情境体验的创新课堂。这对于教师信息搜集、资源整合及课程开发等能力的综合发展有重要的促进作用。同时,这也有助于教师深入理解相关内容,做到理论和实践的有机统一,从经验型教师向研究型教师转变,让教育走向社会,使教师成长为生活中的"教育家"。

二、整合劳动的研学课程资源建设理论框架

课程资源建设就是最大限度地调动课程所涉及的一切信息和资源,将各种经验纳入教学过程中,以提高课程教学的实效性和针对性,其实质就是搜寻一切能够进入课程并与教育教学活动产生联系的资源。[①] 整合劳动的研学课程资源建设是一种跨学科整合的课程资源建设,需要突破学科边界,将学科、研学和劳动相融合。而跨学科性是 STEAM 教育最突出的特征。STEAM 教育强调将有关联的学科进行整合,以促进学生对知识的综合理解应用,进而发展其综合实践能力和创造性思维等,其核心理念就是跨学科融合。[②] 因此将 STEAM 教育理念作为整合劳动的研学课程资源建设的理论依据,在其指导下,充分挖掘研学情境中一切可能与相关学科、劳动教育相关的资源。并对这些潜在课程资源进行分类、筛选,通过一定方式组织纳入研学活动中,以丰富课程内容和学生学习体验,促进学科和劳动教育全面育人目标的实现。

---

① 徐继存,段兆兵,陈琼. 论课程资源及其开发与利用[J]. 学科教育,2002(2):1—5+26.
② 魏晓东,于冰,于海波. 美国 STEAM 教育的框架、特点及启示[J]. 华东师范大学学报(教育科学版),2017,35(4):40—46+134—135.

（一）整合劳动的研学旅行课程资源建设分析框架

基于 STEAM 教育理念的整合劳动的研学课程资源建设可以看作一个由相互联系、交互作用的多要素构成的复杂系统。这个复杂系统主要由课程资源建设目标、建设内容与主题、建设主体与客体、建设理念与原则等构成，并在各系统要素间以及与学校、家庭和社会等外部教学环境间的相互作用和影响下生成课程育人功能。

为厘清该系统中各要素间的关系，探寻课程资源建设的具体路径，从课程资源分类、建设理念和建设路径三个维度出发构建分析框架（见图 8-1）。其中，Y轴为"建设理念"，表示基于 STEAM 教育理念、学科特性等所形成的，用以指导课程资源建设的观念体系，主要包括综合育人、地域开放、问题导向和创新发展等基本理念。Z 轴为"资源分类"，表示基于 STEAM 理念指导所形成的资源分类系统，具体分为科学类、技术类、工程类、艺术类和数学类资源。X 轴为"建设路径"，表示在 STEAM 理念指导下进行整合劳动的研学课程资源建设的具体路径，主要

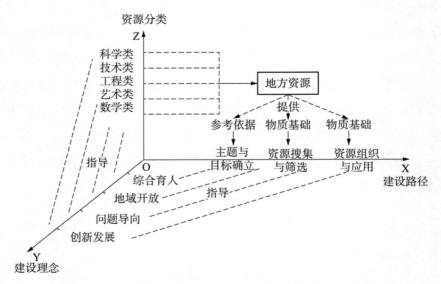

图 8-1 基于 STEAM 理念的"劳动＋"研学资源建设分析框架

包括资源建设主题和目标的确立、资源的搜集与筛选、资源的组织与应用三个环节。面 XOZ 表示该资源建设系统中资源对于各建设环节的支持作用,具体表现在为资源建设主题和目标的确立提供参考依据及为资源的搜集筛选和组织应用提供物质基础。面 YOZ 和面 XOY 则表示课程资源建设理念对于资源分类及各建设环节的指导作用,前者为后者提供了课程资源分类及建设的基本遵循与价值引领。

(二) 整合劳动的研学课程资源建设理念

1. 价值取向:基于学科融合的综合育人

教育改革强调要更加注重融合发展①,以培养适应社会发展所需的综合型人才。劳动教育是国家综合实践课程的重要组成部分,内容由传统生产技能逐渐向多学科领域辐射,在劳动教育过程中需要综合运用多学科知识。可见劳动教育蕴含着丰富的德育、智育、体育和美育要素,具有跨学科特征和综合育人功能。②

《中共中央国务院关于全面加强新时代大中小学劳动教育的意见》中指出,其他课程要结合自身特点,有机融入劳动教育内容③,以促进劳动教育与其他学科的融合发展,实现综合育人。以地理学科为例,地理学本身就是一门涵盖自然、人文和社会领域的综合交叉型学科④,劳动教育与地理研学旅行的融合作为一种跨学科的综合性教育活动,在教育目标和教学内容等方面与劳动教育有着较大联系。同时学科融合也是 STEAM 教育的核心理念,其目的就在于培养学生的跨学科综合素养。⑤ 综上,劳动教育、研学旅行和 STEAM 教育在价值取向上有着内在一致

---

① 中共中央国务院印发《中国教育现代化 2035》[N]. 人民日报,2019 - 02 - 24(1).
② 侯红梅,顾建军. 我国小学劳动教育课程的时代意蕴与建构[J]. 课程·教材·教法,2020,40(2):
4—11.
③ 中共中央国务院关于全面加强新时代大中小学劳动教育的意见[N]. 人民日报,2020 - 03 - 27(1).
④ 宋长青,张国友,程昌秀,等. 论地理学的特性与基本问题[J]. 地理科学,2020,40(1):6—11.
⑤ 朱立明,宋乃庆,黄瑾,等. STEAM 教育核心理念下的深度学习:理据、架构与路径[J]. 中国教育学
刊,2022(1):69—73.

性。故在基于 STEAM 理念的劳动研学课程资源建设中,需要体现基于学科融合的综合育人性。

2. 场景依托:基于地方实际的地域开放

我国地域辽阔,蕴含着丰富的地域文化和资源,其深刻影响着当地人民生活、生产劳动的方式和习惯。《中共中央国务院关于全面加强新时代大中小学劳动教育的意见》中指出,劳动教育要坚持因地制宜,根据各地区实际,基于自然、经济、文化等方面条件,充分挖掘行业企业、职业院校等可利用资源,宜工则工,宜农则农。[①] 这意味着劳动教育要基于地方实际,加强与学生生活和社会实际的联系,从区域产业特色出发挖掘生产劳动中的相关内容和资源。而 STEAM 教育同样重视学习与现实世界的联系,关注学生在现实世界的亲身实践与探究。[②] 故基于 STEAM 理念的劳动研学课程资源建设需要考虑不同地域间的资源禀赋差异,基于地方实际进行资源建设。

此外,随着生产力的急速变革,劳动形态逐渐由传统形式劳动转变为信息化、数字化的非物质劳动和共享劳动等。[③] 因而新时代的劳动教育也对课程资源建设提出了更高要求,不仅要以地方资源为首要基础,还要保持时间和空间上的动态开放,以丰富的劳动教育实践样态推动劳动教育多元化发展,适应新时代劳动教育发展需求。

3. 资源组织:基于真实情境的问题导向

在教育改革强调从知识学习向素养培育进阶的背景下,真实情境创设成为有效推动教育高质量发展的重要条件。而劳动教育是直接在现实社会中进行的、突

---

① 中共中央国务院关于全面加强新时代大中小学劳动教育的意见[N]. 人民日报,2020 - 03 - 27(1).
② 魏晓东,于冰,于海波. 美国 STEAM 教育的框架、特点及启示[J]. 华东师范大学学报(教育科学版),2017,35(4):40—46+134—135.
③ 肖绍明,扈中平. 新时代劳动教育何以必要和可能[J]. 教育研究,2019,40(8):42—50.

破了课堂教学局限的生活教育,与人的社会生活具有直接同一性。① 劳动教育的实施离不开社会人员和社会场所的支持,否则就是没有灵魂的"空壳"。② 因而劳动教育课程强调"注重引导学生从现实生活的真实需求出发,亲历情境、亲手操作、亲身体验"。③ 同样研学旅行也强调要走出校门,让学生面对真实问题情境,通过考察、实验、调查等方式获取地理信息,发现、分析和解决现实问题。④

综上,劳动教育和研学旅行均对基于真实情境的问题解决提出了要求。而STEAM 教育的重要特征之一就是强调真实的问题情境。故基于 STEAM 教育理念的劳动研学资源建设需要加强学生与实际生活间的联系,从真实生活中的问题出发,挖掘与问题相关的资源,促使学生在解决问题的过程中理解、感悟和建构知识。

4. 人才培育:面向未来生活的创新发展

新时代为劳动教育注入了新的内涵⑤,促使劳动教育要面向未来,了解未来社会的发展走向,从新的时代需求中找到生长点。在经济全球化背景下,数字化、信息化、智能化逐渐成为时代主题。劳动教育要跟随时代发展步伐,与未来同向,就要在劳动教育中引入新知识、新技术、新工艺、新方法,结合产业新业态、劳动新形态,选择现代化农业、工业、服务业活动⑥,培养学生与时俱进的创造性劳动能力和创新精神。

---

① 项贤明."五育"何以"融合"[J]. 教育研究,2024,45(1):41—51.

② 张泰源,韩喜平. 习近平总书记关于劳动教育的重要论述的四维意蕴[J]. 教育研究,2022,43(6):19—27.

③ 中华人民共和国教育部. 义务教育劳动课程标准(2022 年版)[S]. 北京:北京师范大学出版社,2022.

④ 段玉山,袁书琪,郭锋涛,等.研学旅行课程标准(一)——前言、课程性质与定位、课程基本理念、课程目标[J]. 地理教学,2019(5):4—7.

⑤ 翁伟斌,张良. 新时代劳动教育的价值审视与实践路径[J]. 教育科学,2023,39(2):41—47.

⑥ 中华人民共和国教育部. 教育部关于印发《大中小学劳动教育指导纲要(试行)》的通知[EB/OL].(2020 - 07 - 07)[2024 - 04 - 24]. https://www. gov. cn/gongbao/content/2020/content_5535329. htm.

这一创新发展诉求同样体现在研学旅行领域,《关于推进中小学生研学旅行的意见》提出研学旅行"有利于促进学生培育和践行社会主义核心价值观,激发学生对党、对国家、对人民的热爱之情;有利于推动全面实施素质教育,创新人才培养模式,引导学生主动适应社会,促进书本知识和生活经验的深度融合"。[1] 而STEAM教育的核心价值就在于实现新时代的教育创新[2],为学生创新素养培育提供路径。故基于STEAM教育理念的"劳动研学课程资源建设要以创新发展为目标导向,关注创新资源挖掘"。通过各类知识和资源的融合与创新,助力创新型人才培育,为培养面向未来的有本领、有理想、能担当的时代新人奠定基础。

(三) 整合劳动的研学课程资源分类

课程资源内涵丰富,在广义上指能促进课程目标实现的各种因素,狭义上指形成课程的直接因素来源。[3] 劳动研学课程资源主要指向广义视角的课程资源,指在以劳动和跨学科融合的研学课程中,能够被开发利用,有助于实现综合育人目标的各种因素的总和。

课程资源的分类就是根据一定标准建立起课程资源的次序和系统[4],合理的分类能有效指导课程资源的建设,实现课程资源的效益最大化。分类标准不同,所建立课程资源的次序和系统也有所不同。常见的课程资源分类如表8-1所示。

表8-1 常见课程资源分类

分类标准	类别	示例
功能特点	素材性课程资源	教材、图片、视频等
	条件性课程资源	多媒体设备、实验室、操场等

① 中共中央国务院关于全面加强新时代大中小学劳动教育的意见[N].人民日报,2020-03-27(1).
② 袁磊,郑开玲,张志.STEAM教育:问题与思考[J].开放教育研究,2020,26(3):51—57+90.
③ 吴刚平.课程资源的开发与利用[J].全球教育展望,2001(8):24—30.
④ 徐继存,段兆兵,陈琼.论课程资源及其开发与利用[J].学科教育,2002(2):1—5+26.

分类标准	类别	示例
空间分布	校内课程资源	教室、实验室、教师等
	校外课程资源	公园、动物园、科研人员等
存在方式	显性课程资源	教材、教具、计算机网络等
	隐性课程资源	校园文化、师生关系、社会风尚等
资源性质	自然课程资源	河流、森林、地形地貌等
	社会课程资源	博物馆、专家学者、民俗活动等
物理特性和呈现方式	文字类课程资源	教材、报纸、图书等
	非文字类课程资源	教具、社团活动、互联网络等

为了更好推进基于 STEAM 理念的劳动研学课程资源建设,接下来以地理学科为例建立"劳动＋"地理研学课程资源案例库。将 STEAM 理念的科学、技术、工程、艺术和数学五大板块作为"劳动＋"地理研学课程资源分类的标准,将其划分为科学类、技术类、工程类、艺术类和数学类"劳动＋"地理研学课程资源。

科学类"劳动＋"地理研学课程资源是指研学活动中能够帮助学生认识地理自然环境中存在的劳动知识和规律,理解并掌握劳动生产实践中有关现象和事物发生、发展的内在原理的相关课程资源。劳动教育要求学生掌握通用的劳动科学知识,并能够运用相关科学知识进行劳动实践和创造。① 而地理学科中蕴含了丰富的劳动科学知识,例如与农业生产相关的土壤、气候、地形和地貌等知识。挖掘和利用与这些知识相关的,如自然科普书籍、土壤样本、地质博物馆等多元化的科学类课程资源,不仅有助于学生深入理解人类劳动实践与自然环境的关系,掌握日常生活、生产劳动中的科学知识与原理,树立正确的劳动观念和人地协调观,还能够为其劳动实践能力和创新精神的发展提供知识基础。

技术类"劳动＋"地理研学课程资源是指研学活动中能够帮助学生认识与劳

---

① 中华人民共和国教育部. 教育部关于印发《大中小学劳动教育指导纲要(试行)》的通知[EB/OL]. (2020 - 07 - 07)[2024 - 04 - 24]. https://www. gov. cn/gongbao/content/2020/content_5535329. htm.

动和地理相关的某一技术的内在本质与原理,掌握技术操作以及未来发展趋势的相关课程资源。劳动技术是人类改造自然世界、满足自我需求的中介与手段,对劳动技术的理解影响着劳动实践的方式与效果。[①] 与种植技术、工艺制作技术和虚拟现实技术等相关的技术类课程资源能够帮助学生了解现代社会中的劳动技术原理与发展趋势,为解决研学中的真实问题提供技术支持,对于培养其地理实践力和劳动能力等具有重要作用。同时随着科学技术发展,人类的劳动形态由传统重复性劳动向现代化创造性劳动转变。在研学过程中可以尝试引入新形态、新技术、新工艺等现代劳动内容,如水肥一体化、立柱式栽培、智慧物流、云计算等,以此促进学生劳动创造能力和创新精神的培养。

工程类"劳动十"地理研学课程资源是指研学活动中能够帮助学生基于真实情境学习如何应用有关劳动科学知识和技术手段,将现有实体改造或转化为具有现实价值、满足预期目标的产品、工艺等成果的相关课程资源。《义务教育劳动课程标准(2022年版)》指出要引导学生"经历完整的劳动实践过程"[②],而工程正好指向完整的、较长周期的劳动实践。在南水北调、三峡大坝和智慧农业等工程中蕴含着诸多劳动和地理要素,可以挖掘出丰富的工程类"劳动十"地理研学课程资源,如《中国南水北调工程建设年鉴》、三峡研究院、智慧农业物联网平台等。这些工程类资源能够帮助学生通过系统地学习和了解,掌握劳动方法和技能,提高其解决现实问题的能力。同时在这种较长时间、较高难度的劳动实践中存在的先进人物事迹、精神等对于学生养成辛勤劳动、持之以恒的良好劳动习惯与品质,以及不畏艰辛、甘于奉献、追求创新的劳动精神具有重要作用。

艺术类"劳动十"地理研学课程资源是指研学活动过程中能够帮助学生通过欣赏和创造等方式,感悟思想、传递情感、获得审美体验的人文艺术类课程资源,包括绘画、文学、戏剧、语言以及社会科学等多种形式。艺术可以看作是一种特殊

---

① 罗艺,王路达. 新时代生态劳动教育:内涵特征、育人功能与实践逻辑[J]. 东北师大学报(哲学社会科学版),2023(6):123—128+156.
② 中华人民共和国教育部. 义务教育劳动课程标准(2022年版)[S]. 北京:北京师范大学出版社,2022.

的生产劳动。[1] 由劳动人民在生产劳动中创造出来的,如碉楼、窑洞、蒙古包等传统民居,新疆抓饭、兰州拉面和重庆火锅等特色饮食以及民俗博物馆、考古遗址公园、村寨古镇等多种艺术类课程资源,不仅能增强学生地理学习中的区域认知和审美体验,还有助于学生在艺术体验和文化传承中解放想象力,实现劳动创造与创新。同时这种以视觉、感觉等为主的人文艺术类资源,往往能给人美的体验和情感熏陶,有助于学生穿越古今,感悟不同时期不同地域劳动人民的智慧与担当,进而促进良好的劳动精神与品质的养成。

数学类"劳动＋"地理研学课程资源是指研学活动范围内涵盖了代数、几何、统计等数学领域的基础知识、原理、规律和现象以及实践运用的相关课程资源,常以数量、图形、结构和空间等形式存在。数学知识大多是人类在劳动实践中不断抽象、概括和总结出来的,其发生与发展伴随着人类的劳动过程。[2] 也就是说,劳动实践中蕴含着丰富的数学类课程资源。而数学作为一种基础性思维工具,在人文领域和自然科学领域都非常重要,因而地理中同样存在着丰富的数学资源。挖掘能够满足劳动和地理融合教育的数学类课程资源,如气温和降水量的日变化与年变化、农作物生长的适宜温度、人口密度、建筑的形状结构等,有助于引导学生从复杂现象中抽象出事物变化发展的基本原理和规律,促进其抽象逻辑思维和问题解决能力的发展,以及劳动的科学态度、规范意识、效率观念和创新精神的养成。[3]

三、整合劳动的研学课程资源建设路径

在 STEAM 教育理念指导下的劳动研学课程资源建设路径整体上遵循课程资源建设的一般步骤,主要包括课程资源建设主题确定、建设目标确立、资源选择

---

① 徐碧辉."艺术是一种生产劳动":朱光潜后期美学观点的实践维度[J].社会科学辑刊,2018(3):187—198.

② 胡焱,王晓杰,宋乃庆.小学数学教材的劳动教育功能及其实现过程探析[J].数学教育学报,2023,32(5):62—67.

③ 中华人民共和国教育部.教育部关于印发《大中小学劳动教育指导纲要(试行)》的通知[EB/OL].(2020 - 07 - 07)[2024 - 04 - 24].https://www.gov.cn/gongbao/content/2020/content_5535329.htm.

和组织应用四个基本环节,如图8-2所示。

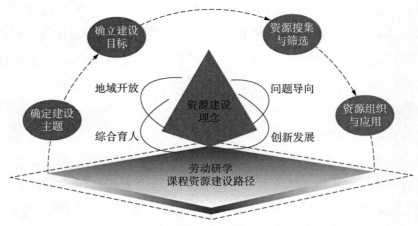

图8-2 整合劳动的研学旅行课程资源建设路径

在此仍然以地理学科为例,以劳动研学课程资源建设理念为指导进行课程资源建设,形成"劳动+"地理研学课程资源建设路径。具体路径如下。

(一) 整合劳动的地理研学课程资源建设的主题和目标

1. 整合劳动的地理研学课程资源建设主题的确定

课程资源建设主题的确定是课程资源建设的重要环节,对整个课程资源建设过程起着定向和指导作用。而主题来源丰富,不同主题下课程资源建设的重点和内容有所不同。研究将"劳动+"地理研学课程资源建设主题来源主要归纳为以下三个方面。

第一,学科课程。学科课程是开展教育教学活动的基本载体。《义务教育劳动课程标准(2022年版)》中明确了劳动课程实施的主要载体和内容,但由于目前劳动课程没有统一教材,与其他学科的有机结合是劳动课程资源建设的重要途径。[①] 在

---

① 中华人民共和国教育部. 义务教育劳动课程标准(2022年版)[S]. 北京:北京师范大学出版社,
2022.

学科课程中有机渗透劳动教育不仅是在学校教育层面实现新时代劳动教育的现实需求,也是促进劳动教育常态化、科学化和制度化的重要举措。①

高中地理课标将地理必修知识分为地理1、地理2和自然地理基础等五大模块。这些知识本身就蕴含了丰富的劳动教育元素,是劳动教育的重要资源和主题来源。以地理1和地理2中可作为"劳动+"地理研学课程资源建设主题的内容为例进行梳理(见表8-2),可以看到地理1中的"地貌"和"植被与土壤"、地理2中的"人口"和"产业区位因素"等内容与劳动联系密切。故"劳动+"地理研学课程资源建设可以将学科课程作为主题来源,以课程教材、课程标准等作为参考进行主题确定。

表8-2 "劳动+"地理研学课程资源建设主题示例

教材	课程标准	劳育主题内容示例	主要劳动素养
地理1	1.1 运用资料,说明地球所处的宇宙环境,说明太阳对地球的影响	太阳辐射对农业的影响;"中国天眼"与宇宙探索等	劳动能力、劳动精神、劳动习惯和品质
	1.3 运用地质年代表等资料,简要描述地球的演化过程	地球演化过程中的古生物学家与探索等	劳动观念、劳动精神、劳动习惯和品质
	1.4 通过野外观察或运用视频、图像,识别3—4种地貌,描述其景观的主要特点	地貌对工农业生产的影响;长江三角洲的农业发展;防沙治沙工程建设等	劳动能力、劳动精神
	1.5 运用图表等资料,说明大气的组成和垂直分层,及其与生产和生活的联系	工业生产与大气污染;大气变化对农业生产的影响	劳动观念、劳动能力、劳动习惯和品质
	1.6 运用示意图等,说明大气受热过程与热力环流原理,并解释相关现象	大棚农业建设;城市热岛效应对工业选址、布局的影响等	劳动观念、劳动能力、劳动习惯和品质
	1.7 运用示意图,说明水循环的过程及其地理意义	鱼稻共生中的水循环等	劳动观念、劳动能力
	1.8 运用图表等资料,说明海水性质和运动对人类活动的影响	海水性质与渔业的关系;潮汐规律对养殖的影响	劳动知识、劳动能力、劳动精神

① 郝志军.学科课程渗透劳动教育:理据与路径[J].中国教育学刊,2021(5):75—79.

教材	课程标准	劳育主题内容示例	主要劳动素养
	1.9 通过野外观察或运用土壤标本,说明土壤的主要形成因素	特色农业与土壤的关系;当地存在的土壤问题;雨水花园、海绵城市建设等	劳动知识、劳动能力
	1.10 通过野外观察或运用视频、图像,识别主要植被,说明其与自然环境的关系	城市绿化的设计;校园植被调查等	劳动知识、劳动能力
地理 2	2.1 运用资料,描述人口分布、迁移的特点及其影响因素,并结合实例,解释区域资源环境承载力、人口合理容量	胡焕庸线的历史变迁;人口迁移中的农民工现象及意义探究等	劳动精神、劳动观念、劳动知识
	2.2 结合实例,解释城镇和乡村内部的空间结构,说明合理利用城乡空间的意义	摆摊活动的选址与体验;地方特色古镇的内部空间结构探究等	劳动知识、劳动能力、劳动精神
	2.3 结合实例,说明地域文化在城乡景观上的体现	梯田文化与农业生产;当地特色民居的搭建等	劳动能力、劳动精神、劳动习惯和品质
	2.4 运用资料,说明不同地区城镇化的过程和特点,以及城镇化的利弊	城镇化进程中的劳动力量;智慧城市的建设等	劳动能力、劳动精神、劳动习惯和品质
	2.5 结合实例,说明工业、农业和服务业的区位因素	亚洲水稻种植业的发展;超市农产品供应调查等	劳动知识、劳动能力
	2.6 结合实例,说明运输方式和交通布局与区域发展的关系	交通发展与地方"一村一品"产业建设	劳动知识、劳动能力、劳动精神
	2.11 通过研究有关人文地理问题,了解地理信息技术的应用	智慧农业建设中的地理信息技术应用等	劳动知识、劳动能力、劳动精神

第二,社会生活。由于人们对自己和世界所形成的观念都来自经验建构,而已存在的个人经验及基于此建构的意义又是富有生成性、非静止的[①],所以学生已有的生活经验在课程资源建设中十分重要。在《义务教育劳动课程标准(2022 年

① 李学书. STEAM 跨学科课程:整合理念、模式构建及问题反思[J]. 全球教育展望,2019,48(10):59—72.

版)》中也明确提出要加强与学生生活和社会实际的联系[①]，以丰富其劳动实践体验，深化对劳动价值的理解。同时学生日常生活中所感兴趣的话题、熟悉的生活现象和经验中也蕴含着丰富的地理知识，如方言差异、四季变化原因、晚霞的形成等，这些都能够成为"劳动＋"地理研学课程资源建设的主题来源。

此外，在信息时代，社会生活中的热点事件、新闻等对正处于价值观和人生观形成关键时期的学生影响深远，同样可以挖掘出能够用于"劳动＋"地理研学课程资源建设的主题，如三峡工程、新疆"坎儿井"工程和现代智慧农业等。这些内容蕴含了丰富的劳动和地理课程资源，凝聚了劳动人民的智慧与精神，具有重要的育人价值。故"劳动＋"地理研学课程资源建设可以与真实的社会生活和现实问题相联系，将社会生活经验作为资源建设主题来源。

第三，地方文化。《义务教育劳动课程标准（2022年版）》中明确指出，劳动教育内容要与地方传统文化相联系，让劳动教育成为激励学生学习传统文化，树立民族自豪感的重要途径。《中共中央国务院关于全面加强新时代大中小学劳动教育的意见》中同样强调根据地方实际，结合当地文化等多方面资源开展劳动教育。由此可见，地方文化对于劳动教育的重要价值。地方文化是根植于民间土壤，经过当地人民长期生产劳动所形成的相对稳定的文化样式，是劳动人民世代传承的关于生存和发展的智慧。地方文化资源是学生所能感受到的最真实、最亲切的劳动教育资源，地方文化的融入是提高劳动教育实效性的必然选择。[②]

同时地方文化内涵丰富，包括地方历史、语言、饮食、建筑和民俗等多种表现形式，凝聚着不同地域劳动人民的生活智慧与精神价值。以民俗文化为例，由于地理位置不同，各地的自然环境、资源禀赋和经济发展等有所不同，在当地人民长期的生活生产劳动中也逐渐形成不同的生活方式和民俗节日，如以庆祝丰收为主题的藏族望果节、蒙古族那达慕大会、水族端节以及仡佬族尝新节等。不同地域孕育出不同的地方文化，这些文化中同样蕴藏着丰富的劳动和地理元素，"劳

---

① 中华人民共和国教育部. 义务教育劳动课程标准（2022年版）[S]. 北京：北京师范大学出版社，2022.
② 刘媛媛. 地域文化与高校劳动教育的价值契合与实践路径[J]. 中国高等教育，2022(10)：53—55.

动＋"地理研学课程资源建设可以围绕丰富多彩的地方文化展开。

2. 整合劳动的地理研学课程资源建设目标的确立

课程目标是课程创设和实施的导向,课程资源建设自然也离不开课程资源建设目标的指导。《大中小学劳动教育指导纲要(试行)》中明确了劳动教育的总目标,指出要全面提高学生劳动素养,使学生树立正确的劳动观念、具备必备的劳动能力、培育积极的劳动精神以及养成良好的劳动习惯和品质。[①] 即从包含劳动观念、劳动精神和劳动品质的观念意识以及包含劳动能力和劳动习惯的实践能力两个层面对劳动教育目标进行了表述。研究以此为参考将"劳动＋"地理研学课程资源建设目标分为育人目标和实践目标两部分。

其中,育人目标是从观念意识层面对"劳动＋"地理研学课程资源建设要"培养什么样的人"这一根本问题的回答。首先,从劳动素养出发,要培养学生正确的劳动价值观念、良好的劳动品质和精神等观念意识性劳动素养。课程资源建设需要关注"劳动＋"地理研学课程中能够彰显劳动价值、引发学生情感共鸣的课程资源,如通过挖掘三峡工程建设中辛勤奉献的先进人物事迹等促进学生观念意识性劳动素养的发展。其次,从地理核心素养出发,要让学生形成运用"空间—区域"视角和综合思维去认识、分析地理环境及地理问题的意识,强化人类与环境协调发展的观念,提升家国情怀和国际视野。课程资源建设需要注重"劳动＋"地理研学课程中有利于地理思维和人地协调观念养成的课程资源开发,如可以通过挖掘区域特色资源为学生的区域认知思维构建提供物质基础等。

实践目标是"劳动＋"地理研学课程资源建设目标在实践中的具体体现,指向课程资源建设对学生能力发展的影响,从实践能力层面对资源建设要"培养什么样的人"作出回答。首先,从劳动素养出发,要增强学生顺利完成适宜劳动任务的知识储备与操作能力,并在劳动实践中养成良好且稳定的行为倾向。课程资源建

[①] 中华人民共和国教育部. 教育部关于印发《大中小学劳动教育指导纲要(试行)》的通知[EB/OL]. (2020－07－07)[2024－04－24]. https://www. gov. cn/gongbao/content/2020/content_5535329. htm.

设需要围绕日常生活劳动、工农业生产劳动以及多元化服务性劳动等展开，开发如学校厨房、现代农业示范基地、高新技术产业园区等课程资源，以真实的劳动实践促进学生劳动能力的发展。其次，从地理核心素养出发，要培养学生基于"空间—区域"视角和综合思维，运用地理知识和工具，通过考察、实验和调查等方式去分析和解决地理问题的能力。课程资源建设要注重加强学生与真实世界的联系，挖掘真实问题情境中的课程资源。例如在探究工业发展时，以当地某一企业为例进行实地调查，深入挖掘与工业发展有关的课程资源，如当地的产业布局、产值数据、资源储备等，为完成问题探究和提升地理实践能力提供物质保障。

（二）整合劳动的地理研学课程资源的搜集与筛选

1. 整合劳动的地理研学课程资源的搜集

自然界中的资源丰富多样，但并不是所有资源都属于课程资源。面对庞大的资源群，首先需要做的就是围绕确立好的课程资源建设主题和目标，对所在区域的资源进行全方位、系统化调查，以便为后续基于 STEAM 理念的"劳动＋"地理研学课程资源筛选提供物质基础。

"劳动＋"地理研学课程资源的搜集首先需要考虑社会、家庭和学校中的现有资源。结合当地的历史文化、区域特色、资源禀赋和学校实际等，利用好现有的劳动实践基地、自然博物馆、生态产业园等资源。其次需要统筹利用好各类与劳动和地理相关的活动资源。可以结合各种节日如劳动节、植树节和地球日以及地方特色活动如贵州仡佬族的"吃新"、南方的舞龙舞狮等进行主题资源建设。最后还需要充分挖掘相关人力资源。除了学校教师外，可以邀请科研工作者、非遗文化传承人、工匠、农民等专业人士进行经验分享和指导。一般来说，"劳动＋"地理研学课程资源的搜集渠道主要包括资料搜集、田野调查和网络搜索等。以"贵州喀斯特地貌上的农业发展"主题为例，可以通过《贵州山水风光》《喀斯特生态文明研究》等文献资料，贵州省自然资源厅、林业局和地理信息公共服务平台等市政网站和平台，"地球知识局""中国国家地理"等公众号挖掘相关资源。还可以通过喀斯特地貌典型地区的实地研学活动,在与当地农民的学习交流与亲身实践中深入了解当地的农业生产与发展。

此外,在进行课程资源搜集时,还需对搜集到的资源进行初步分类。这相当于为资源贴上不同的标签,有助于科学有序地进行资源搜集,以及后续课程资源筛选过程中的提取利用。

2. 整合劳动的地理研学课程资源筛选

"劳动＋"地理研学课程资源筛选就是在资源搜集结果的基础上,进一步对其优化选择。一般要经历"可能性筛选"和"价值性筛选"两个过程,"可能性筛选"是一种粗过滤的筛选,通常从课程资源本身出发,考虑其是否容易获得、是否经济实用以及是否符合资源建设目标等基本问题;"价值性筛选"则是一种精加工的筛选,至少需要经过"教育哲学""学习理论"和"社会学理论"三个筛子的过滤。[1] 其中,"教育哲学"指向是否促进教育目标和教育理想的实现,"学习理论"指向是否符合学生身心发展规律并满足其发展需要,"社会学理论"指向是否与社会发展相适应。

在完成上述筛选后则进入由 STEAM 教育理念指导的、更为具体的筛选环节。STEAM 教育理念由美国学者格雷特·亚克门教授提出[2],其参考美国教育家戴尔的"经验之塔"构建了 STEAM 教育模型(见图 8-3)。

STEAM 教育模型整体呈金字塔型,由下至上共五层,分别为具体内容层、特定学科层、多学科层、学科综合层和通用层。其中,最底层是具体内容层,指向具体的学科内容,包括与科学、技术、工程、艺术和数学等相关学科,如物理、地理、代数等,是 STEAM 教育实施的基础。第二层是特定学科层,强调在以科学、技术、工程等单个学科为主的探究基础上,进一步探讨学科间的联系。第三层是多学科层,关注学科间联系在现实中的表述,常以主题探究形式呈现。同时由于 STEM 教育中人文艺术的缺失,在这一层尤其强调人文艺术类学科的渗透。第四层是学

----

① 黄小莲,周丽. 园本课程资源开发乱象批判与治理[J]. 课程·教材·教法,2021,41(9):37—43.
② Yakman G. What is the point of STEAM?-A brief overview [J]. STEAM Education, 2010,7(9): 1-9.

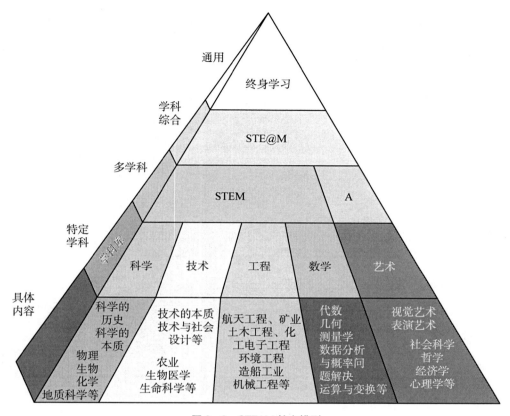

图 8-3　STEAM 教育模型

科综合层,强调在真实问题解决中培养学生的跨学科思维和创新能力,真正实现跨学科融合。最顶层是通用层,指向 STEAM 教育的最终目标——全人教育,强调形成持续学习、适应外界影响变化的终身技能和素养,实现全面发展的素质教育与终身教育。①

　　STEAM 教育模型的五个层级之间相互影响,共同阐释了 STEAM 教育的基本理念和育人目标,可用以指导教学模式设计,改善教学活动。② 同时也为"劳

---

① 朱立明,宋乃庆,黄瑾,等. STEAM 教育核心理念下的深度学习:理据、架构与路径[J]. 中国教育学刊,2022(1):69—73.

② 赵慧臣,陆晓婷. 开展 STEAM 教育,提高学生创新能力——访美国 STEAM 教育知名学者格雷特·亚克门教授[J]. 开放教育研究,2016,22(5):4—10.

动+"地理研学课程资源筛选提供了参考思路。在此,基于 STEAM 教育模型构建的"劳动+"地理研学课程资源筛选模型如图 8-4 所示。

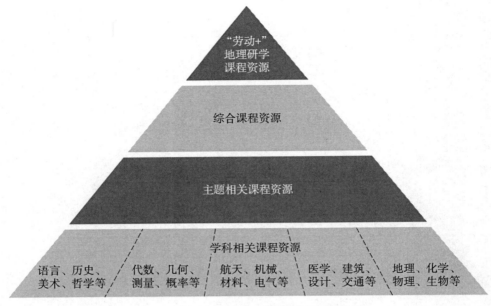

图 8-4 "劳动+"地理研学课程资源筛选模型

该课程资源筛选模型同样呈金字塔型,由下往上逐层对"劳动+"地理研学资源进行筛选。具体来看,第一层是学科相关课程资源,主要将与劳动和地理有关的科学、技术、艺术等领域具体资源从资源搜集结果中筛选出来。这一层的资源筛选是比较宽泛的,所得资源在数量上较为庞大,与主题的关联性整体较弱,可看作初步为资源贴上了学科标签。

第二层是主题相关课程资源,主要将与主题密切相关,且彼此间可能存在一定联系的课程资源从上一层中筛选出来,剔除掉看似相关实则关联性不强的资源。这一层筛选出的资源契合资源建设主题,但彼此仍处于相互孤立状态,尚未突破学科间壁垒建构起联系。

第三层是综合课程资源,主要将能够围绕主题建立起联系的课程资源从上一层中筛选出来。这一层筛选出的资源已跨越学科壁垒,围绕主题和目标建构起一定联系。但还不能成熟地在更为具体、真实的问题情境中组织呈现。

第四层是"劳动＋"地理研学课程资源，主要将能够支持主题研学活动和问题解决的课程资源从上一层中筛选出来。这一层筛选出的资源围绕各次级主题和目标建构起密切联系，实现了深度融合，能够被组织应用于劳动和地理相融合的研学情境中具体问题的解决。

随着筛选层级的增加，资源筛选模型的口径逐渐减小，这表明所得课程资源与资源建设主题和目标的匹配程度越来越高，课程资源的筛选实现了从分散到综合、从抽象到具体的转变。

（三）整合劳动的地理研学课程资源的组织与应用

社会性和实践性是劳动课程和地理课程共有的重要特征，将"劳动＋"地理研学课程资源组织并应用于实践教学是"劳动＋"地理研学课程资源建设的必然选择。只有依据实际教学需求对筛选出的资源进行转化重构，让课程资源真正服务于"劳动＋"地理研学活动，才能发挥其重要价值，更好地促进教育目标实现。

STEAM教育理念指导下的"劳动＋"地理研学课程资源的组织应用要以劳动、地理学科内容为核心，以真实问题为导向，以具体任务为基础，统整科学、数学、人文等相关资源。通过资源整合与跨学科互动，让学生在研学活动中培养面向复杂问题解决的综合思维、实践能力和创新精神。从横向上来看，课程资源的组织需要注重同一主题统整下不同学科间的联系与整合。将不同学科资源依据功能特点等，与地理和劳动课程内容相联系，进而整合成同一主题引领下的统一整体。从纵向上来看，为了课程最终育人目标——全面育人的实现，课程资源组织需要考虑不同层次素养水平的实现，要加强不同层次课程资源的整合与开发，依据现实需要适时调整课程资源及内容的组织逻辑，强化新旧知识之间的联系。

"劳动＋"地理研学课程资源建设既要做到横向上的综合，又要实现纵向上的连贯，这离不开基于课程资源整合的主题研学实践。而项目式学习由于其实践性、开放性等特征，成为当前劳动教育实施的重要途径。其强调以学生为中心，将学生置于真实情境中,以真实问题解决驱动学习任务展开,与STEAM教育在强调问题解决、以生为本、创新素养培育等方面存在一定耦合性,故同样可作为开展"劳动+"地理研学课程的有效手段。

项目式学习主要包括情境、内容、活动和结果等要素[1],这些要素离不开项目学习主题的确定。《义务教育劳动课程标准(2022年版)》将劳动课程内容划分为十个任务群(见表8-3),相当于十个劳动项目大主题。在实践时需要基于真实情境进一步拆解,明确具体的劳动项目主题、所要完成的项目任务和解决的问题等。[2] 而"劳动+"地理研学课程资源建设则可以在此基础上,围绕劳动项目主题,挖掘与地理相关的研学内容和资源,确定"劳动+"地理研学项目主题(见表8-3),设置真实问题情境和系列驱动性问题。通过空间和难度的转换引导学生在亲身实践、团队合作、反复淬炼中解决问题,增强自身实践能力和创新创造能力,促进包括劳动素养、地理核心素养和跨学科素养在内的综合素养发展。

表8-3 劳动教育任务群及相关地理研学主题示例

劳动教育内容	任务群	劳动项目主题示例	"劳动+"地理研学主题示例
日常生活劳动	清洁与卫生	城市垃圾清理	人类活动对环境变化的影响
	整理与收纳	家居布局与规划	空间布局的南北差异
	烹饪与营养	食物制作	饮食文化中的地域风味
	家用器具使用与维护	洗衣机的使用与清洁	从家用器具看国际合作发展
生产劳动	农业生产劳动	农作物种植	南北农业发展的差异
	传统工艺制作	陶艺制作	地域特色工艺文化
	工业生产劳动	工厂跟岗实践	工业生产与地理环境的关系
	新技术体验与应用	三维打印技术实践	地理领域的新技术应用

---

[1] 陈宏斌. 面向计算思维培养的项目式学习的教学模式研究[J]. 中国教育学刊,2023(S1):159—160+163.

[2] 张丽虹,吕立杰. 从任务群到劳动项目式学习:劳动教育的学校实践思考[J]. 中国教育学刊,2023(4):69—73.

劳动教育内容	任务群	劳动项目主题示例	"劳动＋"地理研学主题示例
服务性劳动	现代服务业劳动	商品售卖体验	服务业的区位选择
	公益劳动与志愿服务	地球日科普宣传	认识与守护地球

四、整合劳动的地理研学课程资源建设案例设计

接下来以重庆市乡土资源为例,依据所提出的"劳动＋"地理研学资源建设理念和建设路径,对特定主题下的重庆市区域特色资源进行挖掘,以验证上述课程资源建设路径的可行性,并为新时代教育改革背景下的"劳动＋"地理研学课程资源建设提供实践参考。

(一) 建设主题的确定

以重庆为背景进行课程资源建设,首先需要对重庆市的基本情况进行简单了解,以便确定既能彰显重庆特色又与实际需要相符合的主题。重庆地处于中国西南部、长江上游地区,地貌结构复杂,主要以丘陵、山地为主,年均降水量丰富,属于亚热带季风性湿润气候。由于重庆独特的地形地势和气候特点,加上横贯重庆全境的长江水系,使得重庆有着丰富的生物、水源、矿产和地貌等自然资源。同时重庆还拥有丰富的文化底蕴。早在三国时期,重庆就是蜀汉的重要城市,并随着时间的推移,逐渐形成了自己独特的文化风貌,是巴渝文化的发祥地。一直以来,巴渝人民与长江相互影响、和谐共生,创造出丰富的历史文化、人文艺术、经济贸易等方面的社会资源。综上,重庆地区历史悠久,资源丰富,为"劳动＋"地理研学课程资源建设提供了良好的物质基础和保障。

而长江作为孕育出璀璨中华文明的母亲河,也承载着重庆的深厚历史。江河

纵横,山水重庆,长江水系横贯重庆全境,可以说重庆的发展与长江息息相关。无论是追溯至史前时代长江沿岸形成的部落文化,还是改革开放时期的三峡工程,或是现在长江经济带和"一带一路"建设的协同发展战略,都体现出长江对于重庆城市发展和文化积淀的重要作用。长江文化也成为了重庆重要的地方文化之一。因此以"长江"作为重庆地区"劳动+"地理研学课程资源建设的主题,并围绕这一主题对重庆市内各类相关资源进行挖掘。

(二) 建设目标的确立

研学课程的活动目标是研学实践活动的出发点和落脚点,对整个研学过程起着指导和定向的作用。在课程资源建设初期,需要明确重庆地区"劳动+"地理研学旅行课程资源建设要达到什么样的目标,实现什么样的育人结果,以便有效指导课程资源建设的进行。通过分析确定重庆长江"劳动+"地理研学课程资源建设目标如表 8-4 所示。

表 8-4　重庆长江"劳动+"地理研学课程资源建设目标

目标	具 体 内 容
观念性目标	1. 通过长江流域经济、文化、科技等相关资源,了解长江流域劳动人民的智慧与创造,理解劳动的价值所在,感悟"劳动创造幸福"的内涵,树立正确的劳动观念
	2. 在长江主题资源的主题探究与劳动实践中,养成吃苦耐劳、勤勉务实、认真负责等良好的劳动品质
	3. 通过长江相关的历史典故、人物事迹的学习,感悟劳动精神,树立积极的价值观、人生观和世界观,培养社会责任感和家国情怀
	4. 基于区域资源禀赋情况,理解重庆的独特之处,同时通过长江的开发利用等主题探究,增强对人地关系的理解,树立区域认知思维和人地协调观念
	5. 在长江主题研学活动中,通过各类课程资源,从要素综合、空间综合、时间综合等角度,整体性、综合性地认识地理事象的发展变化,提升综合思维
	6. 在长江主题研学活动中,增强学生对人类与地理环境之间关系的深入理解,尊重并爱护自然,树立人地协调观

目标	具　体　内　容
实践性目标	1. 通过长江主题相关资源的劳动实践,增强自身劳动知识储备以及在完成任务过程中的团结合作、动手实践等劳动能力
	2. 通过长江主题资源建设的劳动实践,养成自觉劳动、安全劳动、坚持劳动等良好劳动习惯
	3. 通过长江主题相关资源的研学活动任务,建构与生活相关的学科知识体系,提高基于"空间—区域"视角和综合思维认识、分析和解决地理问题的能力,提升地理实践力
	4. 在长江主题研学活动中,增强对地理知识的理解与掌握,并通过实地考察、社会调查、实验模拟等多元化方式提升地理实践能力

(三)资源的搜集与筛选

在明确"长江"这一课程资源开发的大主题后,根据前文所构建的"劳动＋"地理研学课程资源筛选模型,以"长江"作为课程资源搜集和筛选的中心,对与主题相关的资源进行梳理,并对各类资源与学科之间的联系进行基础建构,得到"长江"主题的相关课程资源,如表8-5所示。

表8-5　"长江"相关课程资源

资源分类	次级分类	具体内容	相关学科
自然资源	自然条件	长江的基本信息、水文特征、气候特点、流域概况、形成变迁等,如长江重庆段全长约691公里	地理、历史、数学等
	生物资源	长江流域内的水生动植物、陆生动植物、鸟类等生物资源。如重庆长江段鱼类资源共有166种,包含长江鲟、鲈鲤、胭脂鱼等珍稀特有鱼类	生物、数学、科学、技术等
	矿产资源	长江流域内矿产资源储备情况,如长江重庆段约有1424个矿产地,以能源、水气矿产等为主	地质、化学、工程等
人文资源	历史遗存	长江流域内的历史遗迹类、古建筑类、陵墓类、古镇类以及古典园林类资源,如巫山县龙骨坡遗址、涪陵区小田溪墓群、合川钓鱼城遗址等	历史、工程、技术、数学等

资源分类	次级分类	具体内容	相关学科
	文学艺术	古今文人留下的有关于长江的诗词歌赋、散文小说、绘画雕刻等文学艺术类作品，如"川江枯水题刻""川江号子"和《长江三峡》等	历史、语文、音乐、绘画等
	思想文化	在长江流域上孕育生成的思想文明、文化体系等，如巴渝文化、三峡文化、革命文化等	历史、地理、语文等
	民俗风情	生活在长江流域的人们在长期生产生活中产生的风俗习惯，如广阳镇龙舟会、巫溪绞篾节等	历史、语文、技术等
科技资源	科学技术	在长江流域的治理、开发和保护过程中不断发展的科技成果，如长江模拟器科学装置、油菜新品种"庆油3号"等	科学、技术、生物、数学等
	工程建设	在长江流域发展建设中进行的水利、桥梁、生态修复等各类工程建设项目，如三峡水利工程、重庆长江隧道工程、铜锣山矿区生态修复项目等	工程、技术、科学、生态等
其他资源	组织机构	可以搜集到长江相关资源的组织机构、部门等，如长江重庆航道局、重庆市水产科学研究所、重庆市生态环境局、三峡博物馆等	科学、技术、数学、生态等
	人力资源	能够帮助了解长江，搜集与长江相关资源的个人和团队等，如长江重庆航道局工作人员、科研人员、长江清漂员、中小学教师、当地渔民等	科学、技术等

基于"劳动＋"地理研学课程资源建设理念，以资源建设目标为导向，进一步聚焦课程资源建设的主题方向。从自然和人文视角，将长江"劳动＋"地理研学课程资源建设主题进一步划分为"认识长江""长江的开发利用""长江的生态治理""长江的风土人情"和"长江的经济建设"五个次级主题。在更加具体、精确的课程主题下，把握需要解决的重点问题，基于课程资源的筛选模型在主题创设中继续完成更加细致的课程资源筛选。表8-6展示了"长江的风土人情"主题下的"长江江畔的饮食文化"课程资源呈现。

表8-6 "长江江畔的饮食文化"主题相关课程资源

资源分类	次级分类	具体内容	相关劳动素养
自然资源	自然条件	影响重庆长江流域食材生长的因素,包括长江流域的地理位置、气候条件和地形地貌等相关资源,如土壤、年平均降水量和气温数据等	劳动知识等
	生物资源	重庆长江流域内可用作食材的水生动植物、陆生动植物等相关的资源,如各种鱼类、家禽、农作物的生长情况等	劳动知识等
人文资源	历史遗存	长江流域内与重庆饮食有关的历史遗址、古物和古镇等相关资源,如丰都林口墓地的汉魏时期庖厨俑、重庆火锅博物馆的唐三彩火锅等	劳动观念、劳动创造、劳动精神等
	文学艺术	长江流域与重庆饮食有关的文学作品、绘画雕刻等相关资源,如《江津县志》《老重庆记忆》和"天之椒子"雕塑等	劳动观念、劳动知识、劳动精神等
	民俗风情	生活在长江流域的人们在长期生产生活中所形成的饮食习惯和文化等相关资源,如渝派川菜、重庆火锅、小吃文化等	劳动观念、劳动知识、劳动精神等
科技资源	科学技术	长江流域内与重庆饮食文化发展相关的科技工艺等资源,如籼粳杂交稻中稻——再生稻高产栽培技术、3D打印播种技术、融入智能科技的火锅经营新模式等	劳动知识、劳动技能、劳动创造、劳动精神等
其他资源	组织机构	能够了解重庆饮食文化发展相关内容的社会组织、企业或机构等,如重庆美食文化发展研究会、中国渝菜博物馆、火锅食品工业园等	劳动知识、劳动技能、劳动习惯等
	人力资源	能够帮助了解重庆饮食文化的个人和团队等,如重庆饮食文化研究者、非遗美食传承人、当地农民、厨师等	劳动能力、劳动精神、劳动品质等

(四) 资源的组织与应用

课程资源的筛选并不是单一、固定的过程,STEAM教育理念指导下的课程资源组织应用实质上也是在进行课程资源的筛选。在这一过程中,课程资源随着主题探究的逐步深入,在与主题密切相关的系列问题解决中,不断跨越学科壁垒,建构起联系,并通过层层筛选得到能够应用于真实问题解决的所需资源。在前文所筛选出的课程资源基础上,采用项目化学习方式应用课程资源。以"长江江畔的饮食文化"主题的课程资源应用举例。

1. 项目背景

中国不仅历史文化悠久,饮食文化同样源远流长。数千年来,中国传统饮食文化在疆域辽阔的神州大地上蓬勃发展。而重庆依山傍水、襟带川湘,悠久的历史与独特的地理位置造就了重庆别具一格又兼容并蓄的饮食文化。重庆菜系属于传统八大菜系之一的川菜,并且自成一派即渝派川菜。通过对重庆地区饮食文化相关资源的挖掘,帮助学生在对重庆地区饮食文化的认识与学习中,理解自然地理环境对于人类活动的影响,促进其地理思维的养成和地理核心素养的发展。同时通过真实情景中的劳动实践,锻炼提升学生的劳动能力,养成良好的劳动习惯和品质,感悟劳动精神,促进劳动素养的全方位发展。

2. 项目目标

(1)通过水稻种植、山城小汤圆、火锅底料制作等亲身实践体验,帮助学生感受特色地域饮食文化,感悟劳动的价值,转变劳动观念,提升其劳动实践能力,促进劳动素养的提升。

(2)通过了解渝菜的起源与发展,探寻渝菜的形成因素等,感受"一方水土养育一方人"的地理内涵,明白不同区域的地理环境对于人类活动的重要影响,培养区域地理思维,树立人地协调观念。

(3)通过对渝菜、山城小汤圆和重庆火锅文化的发展历史与现状等了解,感受重庆独特的饮食文化,形成对家乡饮食和文化的自豪感,培养家国情怀。

3. 项目资源

在研学项目设计展开之前,基于上述资源搜集与筛选的结果,结合本研学项目的主题和目标,将能够围绕"长江江畔的饮食文化"主题及目标建构起一定联系的课程资源进行进一步梳理、筛选和归纳,为项目任务的设计与实施提供参考依据,见表 8-7。

表 8-7 "长江江畔的饮食文化"项目资源

资源分类	具 体 内 容
科学类资源	知识类书籍如《中国农业大学有机农业丛书:农业圣典》、地理教材;相关科研机构如重庆市农业科学院水稻研究所、重庆食品工业研究所等;非实体资源如农作物生长知识、中国气候分布图、重庆地形图、知网知识服务平台、相关科普视频等
技术类资源	技术类书籍如《水稻种植技术》《烹调技术》;相关技术学习场所如重庆市农业学校、周君记火锅食品工业园等;技术操作工具如人工降雨模拟器、育苗盘、磨谷器等;非实体资源如火锅底料制作流程视频、育苗技术、病虫害绿色综合防控技术等
工程类资源	菜篮子工程、稻渔工程、优质粮食工程、沃土工程等相关资源,如现代农业中的机械设备等
艺术类资源	相关艺术作品如《御制耕织图》、巨型稻标本模型、火锅雕塑、重庆言子;社会组织如东水门老街渝菜博物馆、重庆火锅天下宴博物馆;人力资源如渝菜厨师、科普基地工作人员、重庆饮食研究者;历史古物如奉节永安镇遗址出土的池塘模型、重庆火锅博物馆馆藏文物唐三彩火锅等
数学类资源	实体资源如稻田形状、温湿度监测器、光照度控制器;非实体资源如农作物生长适宜温度、重庆年均降水量数据、炒制火锅底料各配料占比等

4. 项目任务

结合项目背景和目标,在梳理项目主题相关资源的基础上,对"长江江畔的饮食文化"主题的研学活动课程进行具体项目任务设计,并对在项目任务实施中可能用到的资源类型及资源组织利用的形式进行说明。

首先,项目主题一为"渝菜的起源与发展"(见表 8-8),项目研学地点为重庆市东水门老街渝菜博物馆,旨在帮助学生通过探究渝菜的形成与发展,认识并感受重庆饮食文化,感悟长江江畔劳动人民的劳动智慧与创造。同时了解不同地理环境对于人类活动的重要影响,树立人地协调发展观念。

表8-8　项目主题一"渝菜的起源与发展"

项目任务	项目资源组织	劳动素养培育
1. 参观渝菜博物馆,了解渝菜发展历史及特点	通过博物馆馆藏古物、相关文字和图片资料,以及博物馆工作人员的讲解,梳理渝菜发展的历史脉络和特征	通过感受渝菜文化,体会"劳动创造美好生活"的真谛,形成对劳动价值的正确认识和积极情感态度
2. 小组合作,分析归纳渝菜形成的地理原因	结合重庆地形图、重庆水系图、中国气候分布图、辣椒及花椒的资料介绍等,小组合作,从地形、气候等方面分析归纳其对渝菜特点形成的影响	在渗透劳动教育的地理问题探究中,掌握基础的农畜产品生产知识,培养劳动意识与能力
3. 选择八大菜系中除川菜外的任一菜系,从地理角度解读其与渝菜不同的原因	借助互联网资源,搜集不同菜系发源地的地理条件、气候环境、当地农作物等相关文字、图片及视频资料,并进行归纳总结	通过深入探究,掌握不同地区农畜产品的生产知识,扩大劳动知识储备,增强劳动意识与能力

项目主题二为"山城小汤圆的前世今生"(见表8-9),项目研学地点为重庆隆平五彩田园,旨在帮助学生通过水稻种植、汤圆制作等劳动实践亲身体验劳动的价值所在,增强基础劳动知识储备,提升劳动实践能力,并在劳动任务中养成良好的劳动习惯和品质,形成崇尚劳动、热爱劳动、辛勤劳动等劳动精神。

表8-9　项目主题二"山城小汤圆的前世今生"

项目任务	项目资源组织	劳动素养培育
1. 结合观测仪器和数据,分析土壤、光照和水分等对水稻生长的影响,制作水稻生长指南	利用温湿度监测器、人工降雨模拟器等实验仪器模拟水稻生长的不同条件,进行观察,并结合历史数据、水稻相关资料等,分析不同条件对水稻生长的影响	通过实验探究,掌握水稻生长的基本知识,提高劳动知识储备;并通过制作水稻生长指南,进行简单的劳动创造,促进创新素养培育
2. 体验播种、育苗、插秧、施肥、灌溉、收割等从一粒种子变成一粒米的全过程,学习农业生产中的地理知识	通过《御制耕织图》和"一粒米的故事"视频等资料,学习传统农耕知识。结合育苗工具、传统曲辕犁、施肥除虫工具、镰刀、手动磨谷器、传统打谷机等农耕器具,体验中国传统农耕文化	通过基本农业生产劳动的亲身体验,掌握基本的农业生产知识和基础劳动工具的使用,提高劳动实践和合作能力;同时通过劳动实践获得积极劳动情感体验,形成正确的劳动观念

项目任务	项目资源组织	劳动素养培育
3. 了解山城小汤圆的制作工艺并体验制作	观看山城小汤圆的视频资料,结合制作工艺流程图及专业人员指导,体验其制作过程	通过小汤圆烹饪体验,在掌握其制作工艺的基础上进一步提高日常烹饪技能
4. 学习袁隆平院士在水稻领域的伟大贡献与成就,并了解科学技术在农业领域的应用	观看"袁隆平与杂交水稻"视频和"禾下乘凉梦"系列绘图资料,参观现代农业机械和巨型稻标本模型,了解现代农业发展,学习袁隆平精神	通过袁隆平院士事迹,感悟劳动奉献与奋斗精神,培养吃苦耐劳、坚持不懈的劳动习惯和品质;同时通过了解现代农业科技,树立劳动创造与创新意识

项目主题三为"火锅文化与体验"(见表 8 - 10),项目研学地点为重庆周君记火锅食品工业园,旨在帮助学生通过重庆火锅文化了解家乡传统美食的发展历程,在火锅底料的生产学习和体验中,感受劳动的乐趣,并通过小组合作、创意展示等方式增强劳动能力和劳动创新。

表 8 - 10 项目主题三"火锅文化与体验"

项目任务	项目资源组织	劳动素养培育
1. 参观重庆火锅文化长廊,了解重庆火锅起源与发展,归纳总结不同时期重庆火锅的特点	通过重庆火锅文化长廊中的馆藏古物、雕塑、壁图和相关文字资料以及工作人员的讲解等,了解重庆火锅文化	通过了解重庆火锅文化的发展变化,感受劳动人民在劳动过程中的创造和智慧
2. 小组合作进行资料搜集与调查,分析归纳地理环境对重庆火锅形成与发展的影响	结合重庆地形图、重庆水系图、中国气候分布图、重庆的气温和降水数据以及重庆的码头文化等资料,从自然和人文等方面归纳地理环境对重庆火锅的影响	在渗透劳动教育的地理问题探究中,了解重庆码头文化,感受劳动人民在劳动中的创造和智慧,感悟勤俭奋斗的劳动精神
3. 了解重庆火锅的生产制作工艺,体验重庆火锅底料制作,解密重庆火锅的美味根源	参观火锅原料陈列厅、生产观光走廊等,观看火锅底料制作、包装与装箱等生产流水线。并通过炒制体验区,结合食材原料和专业人员指导,体验火锅底料制作	通过了解火锅底料生产流程,掌握食品工业生产的基础知识,树立安全劳动意识;同时通过火锅底料制作体验,锻炼烹饪技能,感受日常劳动实践的价值
4. 小组合作进行重庆饮食文化创意展示	可借助相关资料、图片或实体等进行个性化设计	通过任意形式的创意展示,提升合作劳动能力和创新意识

（五）资源库设计

课程资源库是推进课程高效和高质量建设的有力支持工具，其建设对于教师课程创设能力的发展以及课程实施的有效保障具有重要意义。长江主题"劳动＋"地理研学课程资源库建设旨在搜集、筛选和整合重庆当地能够被运用于与长江相关的劳动与地理相结合的主题研学课程中的各类资源。

在整个长江主题"劳动＋"地理研学课程资源库中存在着众多子资源库。整个课程资源库内容体系的基础是由与长江"劳动＋"地理研学有关的各类学科相关课程资源构成（图8-5），可依据内容性质分为自然主题资源和人文主题资源两大类。进一步对主题进行聚焦得到与具体主题相关的课程资源，如"认识长江"主题资源、"长江的开发利用"主题资源和"长江的生态治理"主题资源等。课程资源会随着层级的增加不断细化。在进行长江主题"劳动＋"地理研学课程创设时，可

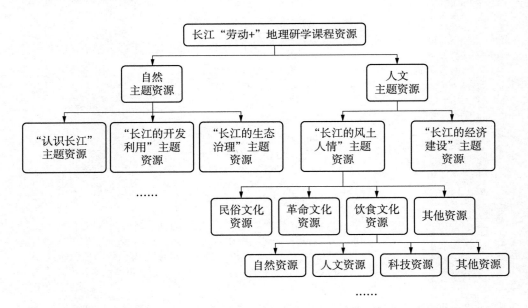

图8-5 以饮食文化为例的长江"劳动＋"地理研学课程资源库内容体系

以联系实际需要围绕这些资源进行主题建设与开发。"长江江畔的饮食文化"为主题的课程资源库是其中的一个子资源库。

　　课程资源库使用主体在进行资源搜集、筛选与组织利用时,可以借助技术平台在资源库中通过持续点击或关键词搜索得到所需资源,具体过程如图 8-6 所示。在不同资源类别下包含了围绕长江某一特定主题的、与劳动和地理研学相关的潜在课程资源,通过文字、图片、视频等方式呈现,例如长江流域的地势地貌、农业发展情况等相关资源。

图 8-6　整合劳动的地理研学课程资源库查询示例

　　在课程资源库中除了需要对相关课程资源进行归档存储外,还需要对其统筹管理,以便帮助课程资源库使用主体能够清晰直观、便捷高效地获取所需资源。围绕课程资源库内容体系中各主题的资源,可以根据内容需求进一步细化。以长江主题为例,可将长江分为"认识长江""长江的开发利用""长江的生态治理""长江的风土人情"以及"长江的经济建设"五个主题。而每个主题又可进一步细化,如"长江的风土人情"具体可分为民俗文化、革命文化、饮食文化等次级主题。因此在进行长江"劳动+"地理研学课程资源库建设时,需要考虑具体主题课程资源统筹设置,这有助于使用主题快速获取到具体某一特定主题下能够用于长江"劳动+"地理研学课程建设的相关资源。同时由于长江"劳动+"地理研学课程的主题并非是有限、固定的,其课程资源库建设还需要考虑更大范围内与劳动和地理相关的课程资源统筹管理,以便使用主体直接获取与劳动和地理高度相关的、能够促进劳动素养和地理核心素养培育的课程资源,进而展开具有较强针对性和独特性的研学课程创设。

课程资源库使用主体可以通过导航栏中的"学科课程资源""主题课程资源"和"资源组织案例"三个板块选择想要了解的具体资源内容(见图 8-7)。其中,在"学科课程资源"和"主题课程资源"板块下,资源以文字、图片、视频和音频等不同载体形式分类呈现。前者直接以学科为基础,对劳动相关资源和地理相关资源进行梳理汇总。后者以具体主题为基础,对特定主题下可用于"劳动+"地理研学课程建设的相关资源进行梳理。"资源组织案例"板块则呈现了基于上述资源所构建的长江主题相关案例设计,为课程资源库使用者提供了参考借鉴。同时课程资源库遵循动态开放的原则,使用者还可以通过登录资源库,选择上传课程资源或原创案例设计等,以促进课程资源库的共建共享。

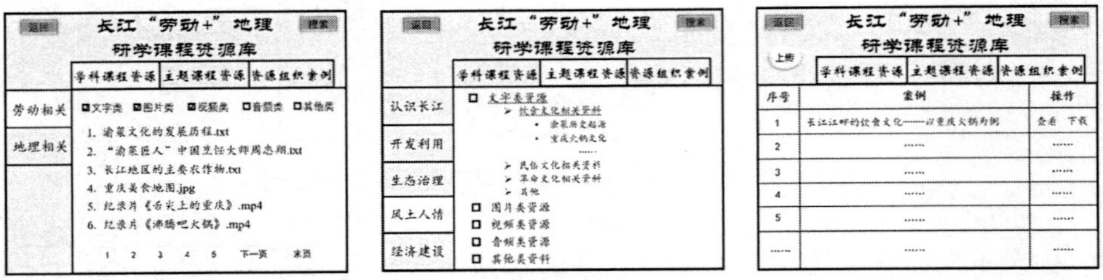

图 8-7 长江"劳动+"地理研学课程资源库示例

第九章 基于跨学科主题学习的劳动研学活动设计

跨学科主题学习活动是新时期我国义务教育课程教学改革的重要变化之一，也是促进学生核心素养发展的重要路径。跨学科主题学习活动是打破学科边界的整合性活动。① 劳动研学活动将多个学科知识融合于整合劳动教育的研学旅行课程中，符合跨学科主题学习活动本质。因此，本章将基于跨学科主题学习活动的视角，依据 KDB 后向设计伞模型，从活动目标、活动评估和活动内容三个维度建立劳动研学活动设计框架，并通过实际案例检验框架的合理性。

一、跨学科主题学习活动的内涵

（一）学习目的：真理性与价值性跨进的全人教育

跨学科主题学习活动是一种能够培育完整的人的全人教育，育人目标直指人的身与心的整体发展。"整体论"作为哲学最主要的理论基础，把"整体"作为其理论的核心，全人教育对于整体的理解包含了存在、人和教育这三个方面的内容。其中，"存在"的整体指向客观世界中的文化系统、社区、社会、自然界，乃至宇宙；"人"的整体包括人在身体、情感、思维、审美、心灵等方面的全面发展；"教育"的整体涉及了直觉与线性思维的结合、情感与躯体的结合等。跨学科主题学习活动包括了全人教育的三大要素，充分体现了全人教育的理念。

跨学科主题学习活动实践是以真理性和价值性的统一为前提的，通过筛选具有独特育人价值的学习内容进入活动场域，以活动的方式释放和挖掘学习知识的育人价值。其学习目的指向学习本身，外在表现为个人完成各项学习任务，内在

---

① 李刚. 义务教育跨学科主题学习活动的内涵指向与设计思路[J]. 课程·教材·教法，2023，43（7）：11—17.

追求则是个人通过学习任务的完成促使自身在知识、技能、能力以及与这些因素相伴随的情感等方面的有效变化。脑科学的研究表明，人类大脑的进化和发育表现为理智和情感相互作用的整体过程："新皮层的高度发展使'情绪'与'理智'有可能结合，摆脱情境的直接性影响，具有长期性和稳定性。"因此，跨学科主题学习活动正是通过心、脑、手的并用，让学生能够在活动的氛围中思考，从而实现真理与价值的追求。

(二) 学习方式：主题性与体验性跨积的灵性教育

最为传统的"分解式"概念分析方法为跨学科主题学习活动的学习方式特征描述提供了路径。麦金认为，分析的过程是一个分解、拆卸以及将整体剖析为部分的过程。通过分析拆解，跨学科主题学习活动由跨学科、主题、学习和活动四个词构成。其中，"跨学科""主题"和"活动"最为体现跨学科主题学习方式。

首先，"跨学科"和"主题"是跨学科主题学习方式的重要表现。通过将不同学科的知识以主题的方式进行整合，学生能够更加全面地理解课程教学过程中所涉及的知识和问题。这不仅有益于学生的学科学习，也有助于学生发展跨学科的思维能力。其次，"活动"一词强调了学习方式的探究转向，也就是以"体验"的方式开展跨学科主题学习活动。学生通过亲身实践，可以更好地学习知识和技能，感受到学习的真正意义。这种亲身经历不仅让学生更深入地理解学科知识和主题，同时也有助于培养他们的探究和创新的能力。

在主题加体验的学习方式下，跨学科主题学习不仅关注学科知识传授，更注重学习过程中学生的全面发展。在这种教学模式下，学生参与和探索的方式得到了充分的尊重，他们不再只是学习某一领域的知识，而是以一种主观贯通整体的方式进行学习，从而能更好地面向自我的内在心灵世界，激发自身所具有的天赋潜能，真正体会学习的乐趣，感受创造的意义，最终达成灵性本质的发展。

(三) 学习内容:学科性与非学科性跨越的整合教育

跨学科学习是真正打破学科界限的整合研究,其主张突破学科之间的壁垒,增加学科之间的交流,创造以问题解决为中心的学习模式。著名的社会生物学家爱德华·威尔逊(Edward Osborne Wilwon)在《论契合:知识的统合——科学人文》中用契合描述了跨学科研究进路,即通过将跨学科的事实和建立在事实基础上的理论联系起来,去实现知识的"共舞",从而创造出共同的解释基础。学者拉图卡(Lisa R. Lattuca)也提出"穿越于学科间,运用其概念、理论或方法,意在发展出一种总体性的综合"。交叉科学具有强大的生命力,本世纪末到下个世纪初将是交叉科学的时代。[①] 因此,跨学科学习正是基于交叉科学的视角,选择跨越学科性和非学科性学习内容的整合教育。

在选取跨学科主题学习活动内容时,应当注重几个问题:一是情境性,活动主题及内容应该源于真实情境。它可以来自学科,也可以跨越学科,但它一定是一个内涵丰富的情境或情境族,而非一个单向度的知识命题,这一主题能将学生的生活经验与书本的理论实践相联系,具有实践应用性特点。二是通约性,活动主题及内容选择具有通约性。它需要跳出单一学科进路的范式和既有的问题领域,既要尽可能地与学生已有学科知识发生联系,又要避免困于某一学科的限制。当代符号学重要奠基人罗兰·巴尔特从跨学科研究的角度表达了跨学科学习活动主题的张力,即跨学科学习的内容是"要创造一个不属于任何一门学科的新对象"。[②] 但注重通约性的同时也应注意,过于窄化的主题难以达到联通学科知识的效果,但过于宽泛的主题也无法保证教学深度。三是深层性,活动内容要具备深层结构。其能够涵盖的内容、维度较多,背后蕴藏更深层次的学科内涵。活动内容既要充分发挥

---

① 彭正梅,伍绍杨,付晓洁,等. 如何提升课堂的思维品质:迈向论证式教学[J]. 开放教育研究,2020,26(4):45—58.

② 钟柏昌,刘晓凡. 跨学科创新能力培养的学理机制与模式重构[J]. 中国远程教育,2021(10):29—38+77.

教学主导者教师的设计能力,也能充分激发教学主体学生的"创造性想象力"。

二、基于跨学科主题学习的劳动研学活动设计

在对跨学科主题学习活动内涵阐释的基础上,从学习目的、学习内容和学习方式三个维度,提出劳动研学活动设计的四大核心问题:"为什么学""学什么""如何学"以及"学得怎么样"。在此基础,以 KDB 后向设计伞模型理论为指导,以跨学科主题学习为视角,建立劳动研学活动设计框架。

(一) KDB 后向设计伞模型

1. KDB 伞模型

为了能够更加明确跨学科主题学习活动的逻辑起点,德雷克(Susan M. Drake)和伯恩斯(Rebecca C. Burns)在《Meeting Standards Through Integrated Curriculum》一书中提出运用 KDB 伞模型来回答这个问题。① 所谓 K、D、B 即分别代表 KNOW(知识)、DO(能力)、BE(素质),可以理解为"学生想'知'什么知识""学生想'行'什么事情""学生想成'为'什么人"。研究者认为只有通过 KNOW 和 DO 这些外显的学习行为,才能够最终形成 BE 所代表的性格、态度等内隐经验。KNOW 和 DO 是具有复杂层级的结构系统,需要设计者对学生需要掌握的知识与能力进行不断澄清之后,才能得出符合跨学科主题学习活动所追求的"持久的理解"与"跨学科能力",从而夯实 KNOW 和 DO 两座基石,有力支撑起 BE,形成"知、行、为"学习桥(见图 9-1)。

这座桥梁既连接着各个学科,又像一把保护伞超越着各个学科。在信息爆炸的时代背景之下,有哪些知识技能是需要学生掌握的,教师又应该如何帮助学生

---

① Drake S M, Burns R C. Meeting standards through integrated curriculum [M], VA: Association for Supervision & Curriculum Development, 2004.

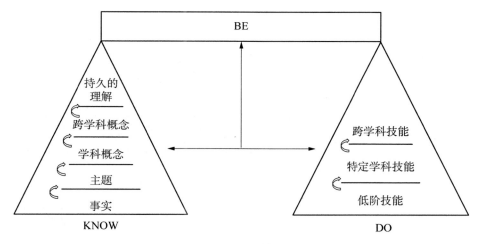

图 9-1　KNOW/DO/BE 学习桥模型

梳理出学习目标呢？接下来，从 KNOW、DO 和 BE 三个方面进行阐述。

（1）KNOW：什么才是重要的知识

在知识爆炸的时代背景下，理解什么是值得真正了解的知识显得格外重要。美国学者格兰特·威金斯（Grant Wiggins）和杰伊·麦克泰格（Jay McTighe）认为并非所有的知识都是同等重要的，"持久的理解"才是学生应该优先掌握的知识。[①] 所谓"持久的理解"便是指所学主题的核心，它代表的是抽象化的、超越单一课堂的大概念。而在基于跨学科主题学习的劳动研学活动中，学生想要掌握"持久的理解"则需要通过构建具有层级的概念体系，在知识结构化体系中不断明确大概念并加深理解。见图 9-2。

（2）DO：应该掌握的技能

技能是跨学科的，很少与特定的学科存在一对一的对应关系。在劳动研学活动中，什么才是学生应该掌握的技能？这个问题可以通过对技能水平进行结构划分来解决，从而实现一步一步获得必备技能的目标。具体见图 9-3。

---

① ［美］Grant Wiggins & Jay McTighe. 理解力培养与课程设计：一种教学和评价的新实践［M］. 么加利，译. 北京：中国轻工业出版社，2003.

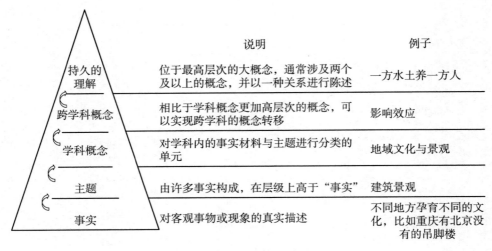

图 9-2　知识结构体系示意图

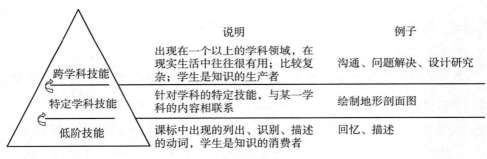

图 9-3　能力结构体系示意图

（3）BE：希望学生成为什么样的人

跨学科主题学习活动是具有价值的，它除了蕴含知识和技能，也包含着价值取向。即课程被寄予了一定的期望，在学生掌握的知识技能之后，还希望能够在课程中表现出自我指导、反思合作、自我评价等隐性层面的能力。这些能力无法通过纸笔测验的方式进行观察评测，只能在表现性任务中去对其展开评价。

2. KDB 后向设计伞模型

KDB 后向设计伞模型是指在 KDB 伞模型的理论指导下进行后向教学设计，

通过将跨学科的 KDB 目标融合于活动设计中的"目标—评估—教学"环节,保证跨学科主题学习活动实现教学评一体化,真正落实育人目标。在 KDB 后向设计伞模型的指导下,基于跨学科主题学习的劳动研学活动设计框架可分为三步走,分别是"制定学习目标""搭建评估体系"以及"设计学习活动"(见图 9-4)。

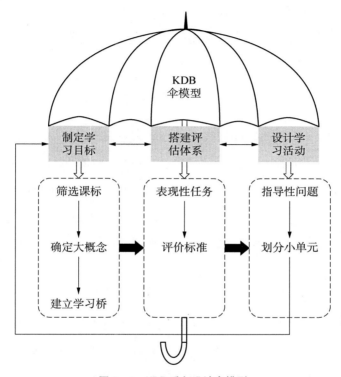

图 9-4　KDB 后向设计伞模型

　　第一步,制定学习目标。"结果导向"是后向设计的一大特征。这一环节需要先对相关课程指导文件进行梳理,从而确定劳动研学的标准;接着通过梳理课程标准确定所需的大概念,以便构建起学科课程标准之间的内在联结,方便将文字要求转化为切实可行的实践工具;在课程标准和大概念的范畴下确定跨学科主题活动的 K/D/B 学习桥,即学习目标。

　　第二步,搭建评估体系。"评价先置"是后向设计的又一特征。这一环节是设计能够检测 K/D/B 学习目标达成情况的评估体系。首先需要设计融合于学习过程的表现性任务作为过程性评价的工具。同时,为了能够真正科学地评价学习效果,还应该设计可操作的评价标准。

第三步,设计学习活动。目标与评估体系的制定有助于更好地指导学习活动的开展。在这一环节中,要将大概念转化为学生可理解的基本问题。如果学习内容较为繁杂,亦可按照知识的内在联结将大概念统摄下的学习内容划分为更具体的子主题,并在子主题下设计更加具体的 K/D/B 学习桥。

(二)劳动研学跨学科主题学习活动框架

KDB 后向设计伞模型的伞面象征跨学科主题学习活动的设计理念,即 KDB 伞模型是一把大伞将各个学科与教学环节连接起来并超越它们。[①] 伞柄部分主要阐释跨学科主题学习活动设计的具体路径,分别是"制定学习目标""搭建评估体系"以及"设计学习活动"三阶段七步骤的循环迭代过程。各个环节围绕 KDB 学习目标有机联系,有效保障学习活动的有序开展。

1. 活动目标如何定

"学生要达到什么水平"是后向设计思路待解决的第一个问题。日本著名教育家佐藤正夫说过:"目标是一切教育现象、过程得以形成与实现的基准点。"在跨学科主题学习活动中,活动目标的设置不仅对促进学生学习学科知识起着关键性作用,也是设计与实施后续活动环节的重要前提。为了使劳动研学能够真正落实对学生核心素养的培养,避免活动盲目、无序开展,活动目标的制定显得更加迫切。

(1)选定活动主题

劳动研学的跨学科主题学习活动由主题构成的线索贯穿于整个跨学科学习

---

① 郭靖.统整课程理念下初中美术课程研究——以《人在霾途》主题单元课程为例[D].上海:上海师范大学,2021.

过程中,主题将不同学科中的相关内容与劳动、研学组织起来。正如爱因斯坦在《物理学的进化》中描述的"提出一个问题往往比解决一个问题更为重要一样",主题的确定是至关重要的。2022 年版地理、生物、化学、物理等学科课程标准明确了跨学科主题学习活动的主题方向,如地理的跨学科主题为生态文明建设、环境保护、资源利用、家乡环境与人们生产生活的变化及乡村振兴,生物可选择关于模型制作、植物栽培和动物饲养、发酵食品制作等主题。大多数的学科仅以活动设计参考的形式给出了主题示例,这为教师进行跨学科主题学习活动的主题选择提供了空间。

跨学科主题学习活动涉及多种学科、多维目标,在实际教学过程中难以采用某一个具体知识点作为活动的主题,因此它需要找到一个新的切入点,将不同学科中的相关内容组织起来。而"大概念"就可以成为很好的切入点。一方面是因为跨学科活动比单一学科活动更容易陷入偏离教学重点、流于形式的误区,需要设置大概念来紧紧锚定活动的主题;另一方面,跨学科主题学习活动强调突破学科之间的界限,鼓励学生运用所学知识和技能解决实际问题,这与大概念所指向的理解和迁移目的意义相通。[①] 在劳动教育与研学旅行跨学科主题活动中,特定的某个或某些学科与劳动承担着实实在在的教学任务,研学旅行是重要载体,因此大概念的确定可从学科或劳动教育的课程标准中进行提取,进而通过大概念进一步确定劳动研学的主题。

(2)明确课标要求

对课程标准相关文件,通过纵向与横向维度的扫描与聚焦,锁定学习活动对学生的要求,确定跨学科主题学习的 KNOW/DO/BE 活动目标。

在纵向上,教师应该根据学生的学段特征对课程标准进行把握,了解小学与初中,初中与高中阶段知识和技能的相似性与复杂性,从而把握跨学科的知识、技能与素养。横向整合则是不同学科经验的横向联系[②],即从相关学科的课程标准

---

① 王喜斌.学科"大概念"的内涵、意义及获取途径[J].教学与管理,2018(24):86—88.
② [美]拉尔夫·泰勒.课程与教学的基本原理[M].罗康,张阅,译.北京:中国轻工业出版社,2014.

中挑选一至二条与主题相关的课标要求,使不同学科围绕同一主题发展出具有交叠意味的知识与方法,为活动主题提供更全面的知识与方法图景,如图 9-5。当然,如果跨学科主题学习活动是以某一学科为主干时,则只需要在主干学科课标要求的基础上,扩展其他学科的知识与方法,非主干学科的知识与方法可以来源于课标也可以是课标之外的扩展。最终,在对不同学科的课程文件进行水平和垂直扫描后,将视角收拢、聚焦,确定广泛的课程目标要求。

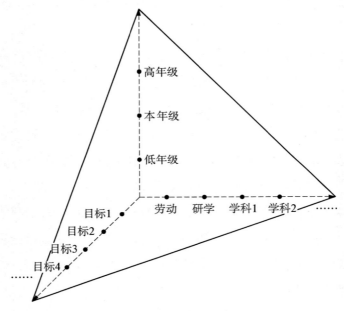

图 9-5　横向与纵向维度的课程标准分析

(3) 确定活动目标

通过 KDB 学习桥将课程标准与大概念这一顶层设计转化为学生能够理解与接受的学习目标,最终有效达成预期结果。首先,创建学习目标网络。根据既定的课程标准和大概念,确定各学科的学习目标。由于各学科的相关指导文件都对各类课程的总体目标提出了具体规定(见表 9-1),因此在撰写时应围绕总体目标或学科核心素养。

表 9-1　整合劳动的地理研学旅行活动相关课程目标

	初中地理	高中地理	劳动教育	研学旅行
总目标	人地协调观	人地协调观	劳动观念	价值认同
	综合思维	综合思维	劳动能力	实践内化
	区域认知	区域认知	劳动习惯和品质	身心健康
	地理实践力	地理实践力	劳动精神	责任担当

从表 9-1 可见，劳动教育与研学旅行对学生的要求更多体现在能力内化与精神层面，而地理作为一门常规学科，除了对必备技能与情感体悟两方面进行明确要求之外，也需要学生掌握关键知识。可以看出，劳动研学活动应该格外重视给学生创造实践的机会，在实践中内化知识与技能，并增强个人情感认知。

第二步是将学习目标网络整合为知/行/为学习目标。倘若没有将各学科目标进行整合，那么劳动研学活动很容易陷入"独立课程的集合体"的窘境。只有搭建"知/行/为"学习桥才能确保在劳动研学中的跨学科主题学习是有目的、连贯的。在知识目标（KNOW）方面，按照"事实—主题—学科概念—跨学科概念—持久的理解"将学习目标进行综合分析与层级分类。在能力目标（DO）方面，结合跨领域的学科内容提炼"低阶技能—特殊学科技能—跨学科技能"，最终搭建学习桥的两大基座，筑起隐藏于其中的情感态度价值观（BE）的"桥面"。

2. 活动评估如何做

（1）构建表现性评价体系

劳动研学活动将课堂搬到户外，这使学生面对的是真实的问题情境，需要解决的是复杂的劣构任务。与一般学科课程不同，劳动研学活动突出对学生实践技能的培养与情感价值的熏陶，学生能否在这样的学习背景下习得关键能力与必备品格是劳动研学活动评价的重点。而这些无法单纯依靠标准化的纸笔测验，需要在具有现实意义的情境中对学生的知识、能力和态度表现进行评价。因此，根据KDB学习桥所确定的目标，构建表现性评价体系，在开展活动之前就将其融合到学习活动中,以此"检测学生的认知思维、推理能力以及运用知识去解决真实的、有意义的问题的能力"[1],同时也是以评促整,提高跨学科主题学习活动的质量[2]。

表现性评价是在真实或模拟真实的环境中设置任务来引发学生相对应的表现,并运用评分标准对学生完成复杂任务的过程表现与结果做出判断。[3] 从结构分解上看,可以将表现性评价理解为基于课程标准的教学目标设计评价任务,并运用评价标准对学生表现进行评价。因此,设计表现性评价体系时应该注意评价与目标保持一致,制定适切的评价任务与合理的评价等级,最重要的是这三大要素都应该遵循以学生为中心,具体表现为十条准则(见表9-2)。

表9-2　表现性评价的十条准则[4]

要素	说　明
学生中心	1. 以促进学生学习为宗旨,所有学生都有机会参与表现性评价,有机会深度参与自我建构或社会建构的学习,强调表现性评价促进学生深度学习的作用
教学目标	2. 表现性评价与课程标准一致,符合标准的内容和理念 3. 表现性评价目标必须深化学生对关键内容、方法的理解,能够促进学生的学习迁移,而且体现高阶认知,例如,批判性思维、问题解决、交流沟通、合作和元认知等
表现任务	4. 任务基于真实情境或接近真实情境 5. 任务要求能让学生证明其对知识和技能的理解与掌握,也就是任务具有挑战性,但不能过于复杂或简单 6. 任务是公正且没有偏见的,适合所有学生 7. 与表现目标相一致
评分标准	8. 具有教育意义,能引领并促进自我管理的学习 9. 清晰且维度区别明显的表现水平 10. 与表现目标相一致

---

① Darling-Hammond L, Adamson F. Beyond basic skills: The role of performance assessment in achieving 21st century standards of learning [M]. California: Stanford Center for Opportunity Policy in Education, 2014.

② 郭洪瑞,李昶洁,廖丹铌. 百川归海:多元视角共话课程整合——第十七届上海国际课程论坛述评[J]. 全球教育展望,2020,49(3):119—128.

③ 周文叶. 中小学表现性评价的理论与技术[M]. 上海:华东师范大学出版社,2014.

④ 周文叶. 中小学表现性评价的理论与技术[M]. 上海:华东师范大学出版社,2014.

关于表现性评价任务的设计可以根据以下要素进行讨论,包括目标、情境、规则、产出、支架。[①] 当各要素共同围绕核心素养指导下的教学目标展开时,有效的学习活动才能够发生。以下对评价任务的各要素进行简要阐释。

目标——与整合课程目标相匹配,为学习活动提供必要的方向指引。

情境——描绘真实的生活情境或模拟真实生活情境可能发生的劣构问题,为学生解决问题提供现实基础。

规则——对学生完成任务过程中的时间、方式进行规约,比如使用什么道具,是否要求独立完成。

产出——对任务完成的数量、形式、内容有明确要求,但是要具备开放性,使学生能够发挥其主观能动性,产出个性化的学习成果。

支架——搭建预设的任务框架,帮助教师指导学生的活动开展。例如通过循序渐进的问题链支架来驱动学生的深入思考。

(2)制定操作性评价标准

评价标准的制定是表现性评价体系中极为关键的一步,将直接影响师生对结果的评判。评价标准是教师根据学习目标,对学习目标进行不同维度的分析,然后对预期达成的结果的具体要求和描述。评价标准的清晰描述能够帮助学生更直观把握自己的能力水平在哪一层级,应该做到什么程度才能够缩短与更高一级水平的距离。设计评价标准大致分为两步。

第一,确定评价要素与关键指标。评价要素应该依据 K/D/B 学习目标指向的关键能力与思维品质进行确定,以此密切衔接教学与评价,实现教、学、评一致。为了更准确地衡量学生在某一方面的学习效果,还应该根据关键能力与思维品质中的典型特征与外在表现,结合任务内容,确定关键性指标以及评价内容,使评价主体清楚地了解应该从什么方面评定学习效果。评价内容的确定应该指向学习的过程与结果,做到客观、可观测,便于评价主体理解与使用。

---

① 孙宏志,解月光,张于.核心素养指向下高阶思维发展的表现性评价设计[J].电化教育研究,2021,42(9):91—98.

第二，根据评价要素确定评价方式与主体。表现性评价内容多样，包括对各种素养的考察，涉及智力、技能、情感各种层面，性质不同，评价方式应该有所区别，则评价主体也不尽相同。等级量表、核查表、轶事记录等是常用的表现性评价方式，等级量表包括数字型、图表型、描述型以及量规型等形式①。可以参考课程标准中"学业质量""学业要求"等板块对学习效果进行层级描述，再对学生的表现水准进行评价，也可以对学习效果进行"优秀""良好""加油"等评价。当涉及学生内在情感变化的评价内容时，应该将评价主体转换为学生个人，并且运用第一人称进行表述，使评价内容便于学生理解与代入。

3. 活动内容如何学

有意义的学习活动包括学习者联系测试、提出和回答有深度的问题、表达个人观点，与他人就某一观点进行解释和对话，以及参与合作项目。

（1）借助真实情境分层次设置主题问题

问题解决是跨学科主题学习活动的主线。问问题必须抛锚在真实的应用情境中，通过问题解决者寻找解决方案，实现从问题空间的一个知识状态转换到另一个知识状态，直至达到目标状态。问题的设计是问题解决学习的起点。问题一定要有"质"，即有一定的开放性或自由度，能够给学生的独立思考与主动探究留下充分的探究空间，避免提出只回答事实性知识的问题，如可以设计为"为什么……""如何做……"等，减少以"什么……""何时……""何地……"的问题。问题设置必须与 KDB 学习桥一致，可以分为基本问题与主题问题。基本问题在性质上类似于"持久的理解"，是抽象、复杂、跨学科的顶级概念。而主题问题是由基本问题演化而来，相比于基本问题而言更加具体，能够更有效地对学生学习经验进行指导。

（2）借助 WHERETO 工具开展学习活动

跨学科主题学习活动的具体实施可借鉴格兰特·威金斯和杰伊·麦克泰格

---

① 余林. 课堂教学评价[M]. 北京：人民教育出版社，2007.

（Grant Wiggins，Jay Mctighe）设计的 WHERETO 工具。① WHERETO 各要素的含义如下：

W——学习方向（Where）与原因（Why）。应该让学生了解学习方向，需要达成的学习目标。此外还应该要求教师考虑学生的已有知识水平，可能存在什么误解等问题，以此作为诊断性评估的依据。

H——吸引（Hook）与维持（Hold）。问题的设置应该具有挑战性与激励性以吸引学生的好奇心，使学生产生学习兴趣与求知欲。此外，教师应该思考如何使学生的学习兴趣贯穿学习始终，从而保证学习的有效性。

E——准备（Equip）、体验（Experience）与探索（Explore）。教师在设计学习活动前应该做好充分准备，加强学生的学习活动体验感、参与感，使学生能够在丰富的体验中进行有效探索。

R——反思（Reflect）与修正（Revise）。教师应该引导学生运用新知来验证已有知识，进一步加深对大概念的理解，重新思考对核心概念的认识是否科学。

E——评价（Evaluate）。为学生提供自我评价的机会，促进学生实现自我调整，实现学习与反馈的有机统一。

T——因材施教（Tailor）。不存在一种适用于所有学生或所有学习内容的方法，教师应该充分认识到学生之间的差异性，对症下药，设计不同层次的学习内容以适应学生的发展需求与学习风格。

O——组织（Organize）。教师应该思考如何将教学活动中各要素有效组织起来以发挥其最大的功效，使学生的专注和学习效能达到最大程度并得以维持。

同时，如果劳动研学活动涵盖的任务比较丰富，可将学习内容进行有序的组合，集合到有意义的小单元中。在划分单元时，创建的新网络是以课程标准为基础的有意义的组块，而不是学科。同时还应该根据表现性任务来创设每个单元的学习经验，各单元之间依然由 K/D/B/学习目标进行联结，是一个共同的组

---

① ［美］格兰特·威金斯，［美］杰伊·麦克泰格. 追求理解的教学设计（第二版）［M］. 闫寒冰，宋雪莲，赖平，等，译. 上海：华东师范大学出版社，2017.

织体。

（三）劳动研学活动设计要点

1. 跨学科统整过程的循环上升性

劳动研学活动的设计框架虽是基于 KDB 后向设计伞模型，按照"确定学习目标—构建评估体系—设计学习活动"的思路展开，但它并非单向的线性过程，反而是目标、评价、学习三阶段相互补充的螺旋上升形态。在设计表现性任务时，教师对学习活动要有所谋划；而在将学习活动划分为更小单元开展时，教师又要结合主题内容，思考子主题的学习目标与评价体系。如此循环往复，不断上升。

2. 劳动研学活动的学科属性

劳动研学活动的跨学科整合涵盖劳动教育、研学旅行及不同的学科。当下，从学理与实践出发，跨学科主题学习活动大致可划分为两种类型："科目 A 跨科目 B"型与"科目 A 跨科目 B＋"型。① 由于各学科课程性质不尽相同，因此在整合中承担的角色亦稍有区分，但劳动研学活动仍应体现主科目特征。教师在进行活动设计时，应在把握主学科属性的基础上，整合其他科目的内容，明确各课程的育人方向，将各学科目标融合在跨学科主题学习活动目标中。

三、基于跨学科主题学习活动的劳动研学活动案例设计

基于跨学科主题学习的劳动研学旅行活动理论框架，以地理学科为例，进行地理劳动研学活动设计，以期为整合劳动教育的研学旅行课程设计提供实践参考。

---

① 崔允漷,郭洪瑞.跨学科主题学习:课程话语自主建构的一种尝试[J].教育研究,2023(10):44—53.

（一）"地域文化"劳动研学活动目标

1. 选定活动主题

不同的区域有各自的自然地理环境,人类利用或改造着当地的自然地理要素而得以生存与繁衍,并形成了附着于自然地理之上的文化符号。可以看出,地方环境是各种自然和人文地理要素之间相互联系、相互作用而成的复杂系统,而人类在其中对环境的改造或顺应,也无不体现着劳动人民的智慧,蕴藏着珍贵的劳动精神与文化。"地域文化"是一个统摄地理学科与劳动教育的基本概念,是人类与特定地域的地理环境相互作用的产物,地域文化深深镌刻着自然地理环境的作用痕迹,也是所在区域内人文地理环境的重要表现。[①] 本案例以"地域文化"这一大概念为视角,围绕该表述展开具体的教学安排。

当人们说到一个地方,会自然而然地将某种事物或现象联系起来,那么便可以认为这是该地地域文化的外在表现。就像提到北京就会想到四合院一般,当提及重庆,人们总是会习惯性冠之以"山城""江城""雾都""桥都""火锅之都"等称号。通过挖掘这些地域文化符号,可以发现其涌现出许多地理教学、劳动教育以及研学旅行的要素,因此劳动研学活动可以重庆的山水、美食为主题进行设计,分为"山重庆""水重庆""火锅重庆"三个主题展开。

2. 明确课标要求

在确定主题的基础上,通过对《普通高中地理课程标准(2017年版2020年修订)》《研学旅行课程标准》《大中小学劳动教育指导纲要(试行)》等文件进行横向联合与纵向分析之后,确定本次劳动研学活动应达到如下课程标准内容要求(表9-3)。

[①] 艾昕,段玉山.基于新文化地理学视角的地域文化研学旅行案例初探——以青岛市市南区观海山历史文化街区为例[J].地理教学,2019(7):19—26.

表 9-3 "地域文化"劳动研学活动要达到的学科课程标准要求

学科	课程标准内容
高中地理	通过野外观察或运用土壤标本,说明土壤的主要形成因素
	结合实例,说明工业、农业和服务业的区位因素
研学旅行	实地认知地理要素与景观,了解其区域特征及成因
	认知和实行地理审美
劳动教育	注重围绕丰富职业体验,开展服务性劳动和生产劳动,理解劳动创造价值,接受锻炼,磨练意志,具有劳动自立意识和主动服务他人、服务社会的情怀

上述课程标准蕴藏地理要素、区域发展、劳动、劳动价值等学科子概念。通过对各子概念的交叉关系进行澄清,可以发现概念之间存在联系。区域发展是劳动者综合利用区域地理要素的结果,区域发展体现着劳动价值所在。地方环境是各种自然和人文地理要素之间相互联系、相互作用而形成的复杂系统,而人类在其中对环境的改造或顺应无不体现着劳动人民的智慧,蕴藏着珍贵的劳动精神与文化。这些都反映着"地域文化"的内涵。

3. 确定活动目标

围绕着"地域文化"大概念及已确定的课程标准(或指导性文件中的内容要求),确定各科教学目标如下(见表 9-4)。

表 9-4 "地域文化"劳动研学学科教学目标

科目	目 标
高中地理	人地协调观:尊重重庆市的生态发展规律,形成人与地理环境相互影响、相互制约的正确价值观 综合思维:能够综合分析重庆市具备的地理环境与发生在其上的人类活动与地域文化之间的关系 区域认知:能够将重庆市划分成不同尺度的区域加以认识,并说出对应的自然、人文特征 地理实践力:能够用观察、调查等方式收集和处理地理信息,推断、探索重庆市特有地理现象与地域文化的形成过程

科目	目　标
劳动教育	劳动观念:尊重重庆劳动人民,树立劳动最崇高、劳动最伟大的观念 劳动能力:了解火锅底料制造厂的流水线工作,正确使用罗盘、铁锹等劳动工具 劳动习惯和品质:形成积极劳动、安全劳动、规范劳动的思维方式与行为习惯 劳动精神:发扬负重前行、爬坡越坎、敢于担当、不负重托的"棒棒精神"
研学旅行	价值认同:在实地考察中领略重庆市自然环境的美好与人文环境的繁华,培养对重庆市的欣赏与喜爱 实践内化:在实践中形成发现、提出、分析和解决问题的思路与能力 身体健康:缓解学业紧张与压力,放松身心,磨练体魄与意志 责任担当:在集体研学中学会交流,提高与人交往的能力

在学科教学目标网络的基础上,采用跨学科的"知、行、为"学习桥来设计跨学科主题学习活动目标(见表9-5)。

表9-5　"地域文化"劳动研学活动目标

维度	目　标
知	1. 能够描述不同尺度划分下区域的地理环境特征,以及各种地理要素相互作用下的综合结果 2. 在时空尺度下了解不同劳动人民的工作状况与劳动精神 3. 在完成地理任务的过程中,了解罗盘、铁锹等劳动工具的用途与使用方法
行	1. 通过在小组中与同学合作进行地理现象观察、地理问题考察,培养合作协调、人际沟通能力 2. 通过亲身参与火锅底料制作、拉植物样方等教学活动,丰富劳动体验,提高个人动手能力 3. 能够有理有据、科学地推断地理现象或劳动成果出现的原因,培养逻辑推演能力
为	1. 在美好的景色与充实的劳动体验中放松身心,缓解压力,锻炼体魄 2. 对劳动人民及其创造出来的智慧结晶表示尊重、欣赏与爱护 3. 尊重自然发展规律,能够意识到自然环境与人类活动相互影响,共同孕育了独具特色的地域文化

(二)"地域文化"劳动研学评价体系

1. 设计评价任务

劳动研学活动目标确定之后,要想判断学生是否达到预期学习效果,就要对其进行评价。为了使评价能够贯穿教学活动始终,使评价结果能够反作用于学习活动,及时调节教学,保证活动任务在活动目标指引下顺利开展,劳动研学活动采用表现性评价手段。在这个过程中,表现性评价任务既是评价的载体,即评价主体要依据学生在任务中的表现进行判断,同时它又是主要的学习活动,支撑着学科目标和活动目标落地,做到了"教—学—评"一体化的设计。表 9-6 是以"地域文化"为大概念的表现性任务。

表 9-6 "地域文化"劳动研学表现性任务

目标指向	任务内容	任务规则	任务产出	学习过程	任务支架
目标"知1""为1"	学生学习描述重庆市总体的地形地貌与水文特征	结合手机软件奥维地图App进行全面观察	用简笔画描绘出重庆市地势地貌与河流的总体布局,并且能够进行口头表述	具体感知—总体把握—作画输出—成果展示、口头描述	1. 教师介绍、描述缙云山的地理位置与周边总体布局;2. 学生使用手机地图软件,从更大的尺度空间内掌握所处位置的分布格局与重庆市总体地貌特征;3. 学生画出重庆市总体地形地貌格局及地势特征;4. 学生口头概括描述简易画
目标"知3""行1""行2"	学生挖掘黄土、水稻土两种土壤剖面,并学习拉植物样方	1. 小组合作,分工完成;2. 植物样方与土壤剖面应是科学的	1. 完成植被样方调查表;2. 挖取完好的土壤剖面;3. 绘制缙云山的植被、土壤类	教师教授—学生模仿—实际操作	1. 教师在缙云山麓开挖紫色土剖面,教授学生挖剖面的技巧与注意事项,以及植物样方调查方法;2. 学生分组合作在缙云山腰挖掘黄土、水稻土剖

目标指向	任务内容	任务规则	任务产出	学习过程	任务支架
			型与分布示意图		面,进行植物样方调查
目标"知1""行3""为1"	画出温塘峡的地形构造,说出该地形成"北温泉"的原因,并体验温泉水	1. 小组合作,分工完成;2. 体验温泉项目时应该注意安全	1. 温塘峡的地形剖面图;2. 将思考过程与结果绘制成思维导图后进行口头表述	教师指导—学生实践—提出疑问—解决问题—休闲娱乐	1. 教师引导学生观察温塘峡的背斜构造,并指导其使用罗盘,测量缙云山的走向;2. 学生利用罗盘进行测量,绘制地形剖面图,并将测量数据标注于其上;3. 教师提问,引导学生思考重庆被誉为"温泉之都"的原因以及北温泉的成因;4. 学生辩证思考,得出答案;5. 学生体验温泉进行放松
目标"知2""为2"	在长嘉汇地标朝天门码头调查访问重庆"棒棒军"的工作内容、强度等	1. 小组合作分工,有人拟提纲,有人访问,有人记录;2. 限时40分钟	获得调查结果表格	调查访问—筛选信息	1. 确定访谈内容,包括工作内容、工作强度、工作薪资等;2. 找准访谈调查的目标对象进行访谈;3. 筛选信息,对访谈内容进行整理
目标"知1""行2""为1""为3"	说出重庆"火锅文化"鼎盛的影响因素,并观摩、参与火锅底料的制作过程	1. 制作过程注意秩序;2. 小组合作,分工完成	1. 知道火锅底料如何炒制而成;2. 将思考过程与结果绘制成思维导图后进行口头表述	参观车间—提出问题—解决问题—动手体验	1. 参观火锅食品工业园的生产车间;2. 学生讨论、推测重庆火锅文化鼎盛的原因;3. 参与火锅底料的制作过程

注:"目标指向"中的"知*""行*""为*"分别指征表9-5维度"知""行""为"的第*个目标,如"知1"指表9-5维度"知"中的第1个目标。

2. 制定评价标准

在跨学科主题学习活动中，虽然活动是综合的，但是发展目标是多维度的。因此评价要素亦可从对应的学科总体目标中去探索与确定。同时在表现性评价任务中，也涉及学生的跨学科能力，在评价要素中也应该有所体现。如地理劳动研学活动评价要素可分为跨学科综合能力目标、地理课程目标、劳动教育目标、研学旅行目标四个维度（图9-6）。

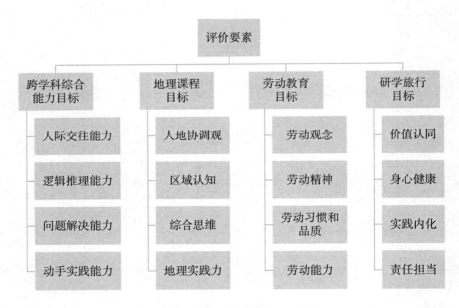

图9-6 地理劳动研学的评价要素体系

在各项评价标准中，地理实践力、劳动能力均属于动手实践能力范畴，因此在涉及这两方面的评价时，统一用"动手实践能力"作为评价要素。结合评价要素体系的设置，"地域文化"劳动研学活动的评价标准设置见表9-7。

表9-7 "地域文化"劳动研学活动评价标准

任务	评价要素		关键指标	评价内容	评价结果		
	行为能力/意志品质/表现	特征/内容			优秀	良好	加油
任务1	区域认知	完整性	全面、系统	能够完整地说出重庆市的总体地形地貌特征,在地形图简笔画中展现无遗漏			
		科学性	表述正确	能够正确地说出区域地理要素特征,在地形图简笔画中绘制无误			
	身心健康	心情	愉悦	对来到缙云山考察感觉开心			
	价值认同	景色	热爱、欣赏	喜爱、欣赏缙云山美丽景色			
任务2	问题解决能力	独立性	自主完成	自主完成简笔画制作并能够完成口头表述任务			
	动手实践能力	协调性	操作顺畅	对野外工具的使用得心应手			
			剖面完整	土壤剖面完整、干净,土层划分科学			
		灵活性	变通	能够根据情况选择恰当的工具			
		互动性	善于倾听	善于接纳他人的建议并获得启发			
			主动建议	能够主动提出对主题有用的意见			
	人际交往能力	平等性	和谐相处	与人交往大大方方、不卑不亢			
		主动性	愉悦	喜欢融入集体生活,与他人相处			
	身心健康	心情	愉悦	主动参与温泉体验			
			放松	体验温泉时没有其他情绪干扰			

任务	评价要素				评价结果		
	行为能力/意志品质/表现	特征/内容	关键指标	评价内容	优秀	良好	加油
任务3	综合思维	要素综合		能够综合相关要素推测北温泉的形成原因			
		时空综合		按照地质作用时间先后顺序研究温塘峡的形成			
	逻辑推演能力	连贯性	思路顺畅	推理成因时思路清晰顺畅			
		批判性	辩证思考	思路清晰地排除干扰猜想,坚持正确想法			
任务4	劳动观念	劳动人民	友好	与"棒棒军"等劳动人民相处礼貌、态度友好			
			尊重	认为棒棒军的工作与白领工作同样重要,职业无差别			
	劳动精神	深刻性	主动劳动	主动体验"棒棒军"工作			
任务5	逻辑推演能力	连贯性	思路顺畅	推理影响因素时思路清晰顺畅			
		批判性	辩证思考	思路清晰地排除干扰猜想,坚持正确想法			
		发散性	思路开阔	从多个角度推测火锅文化的影响因素			
	综合思维	要素综合		能够综合相关要素推测火锅文化的形成原因			
	区域认知	科学性	正确	猜想的因素的确是该区域具备的			
	人地协调观	深刻性	尊重规律	认为自然与人类相互影响,由此孕育独特的地域文化			
	动手实践能力	协调性	操作顺畅	对如何炒制火锅底料得心应手			

（三）"地域文化"劳动研学活动

1. 创建指导性问题

为了研学活动能够紧扣"地域文化"大概念，有必要在活动设计时提出指导实施的基本问题与主题问题。围绕着"地域文化"大概念，活动的基本问题是"重庆市的地域文化是如何产生的"。然而如果只是到基本问题这一层面就戛然而止，那么活动是很难开展的。因此还需要对基本问题进行逻辑演绎，生成能够指导教学实践的主题问题。由于地域文化是人类与特定地域的地理环境相互作用的产物，因此研学中应该明确"重庆市的地理要素有何特征""各要素之间以及要素与劳动者之间的相互作用关系如何"等问题，通过回答基础性的问题来解决课程基本问题。最终形成以下四个主题问题（见表9-8）。

表9-8 "地域文化"劳动研学活动主题问题

基本问题	主题问题
重庆市的地域文化是如何产生的	重庆市的地理要素特征是什么
	重庆市的地理要素之间如何相互作用
	重庆市的地理环境对劳动者存在什么影响
	劳动者对重庆市的地理环境采取什么适应或改造措施

2. 分小单元开展活动

从学情分析看，该活动面向高中二年级学生，他们已经初步具备逻辑推理、综合思维能力。在劳动教育方面，《大中小学劳动教育指导纲要（试行）》提出高中应注重围绕丰富职业体验，理解劳动创造价值，接受锻炼、磨练意志等开展。基于此，对跨学科主题学习活动的主题及内容做出以下大致安排（见图9-7）。在"山重庆"篇章，着重对重庆的地形地貌、植被、土壤、气候四要素展开综合学习，在攀登缙云山的同时接受锻炼，并且创造条件让学生得以动手实践；在"水重庆"篇章，着重对重庆的水文(包括江河、泉水)进行研究,并穿插底层劳动人民的劳动故事,以此培养学生正确的劳动观念与精神;在"火锅重庆"篇章,着重对重庆的美食火锅进行研究,并依托工业园区使学生得以走近工业生产一线,丰富职业体验。

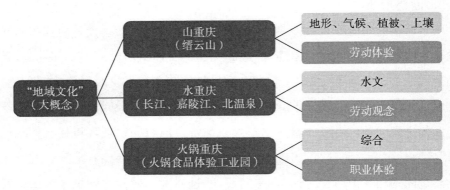

图9-7 "地域文化"劳动研学活动总体安排

此外,在设计教学活动时应注意围绕"WHERETO"展开。表9-9是"地域文化"劳动研学活动开展过程中应该注意的几个方面。

表9-9 "地域文化"劳动研学活动安排

要素	实 例
W	除了确定如上学习目标之外,还应该调查学生现有的经验储备,即在地理学习方面,掌握中国气候、地形、水文、植被、土壤的分布格局与特征,初步具备综合分析地理问题、总结地理原理规律的能力;在劳动方面,有进行户外实践考察的体魄与意志;在研学旅行方面,有参与2—3天研学旅行的经济实力
H	扎根学生现有的知识储备,跳脱教材,在学生的"最近发展区"中设置问题。而且应该在学生解决问题之后给予学生正向反馈,结合重庆地方特色开展娱乐项目,如逛重庆老街区、体验温泉、炒制底料、吃火锅等,以此提升学生的旅游感受
E	教师在活动前应分小组安排好必要的学习与劳动工具,如铁锹、罗盘、植物样方调查表、卷尺等,保证学生的学习效果。同时要做好线路踩点与调查工作,保证学生能够在合适的场所达到理想的学习状态
R	教师要引导学生对地理规律、方法进行总结,对以往形成的错误劳动观念进行纠偏,从而加深对大概念的理解

要素	实　例
E	教师在教学过程中适时进行表现性评价（如上），在涉及学生内心情感活动变化方面，还应注意让学生进行自我评价，保证评价主体的多元化，使学生得以从多维度获得经验提升自己
T	对于学习能力较弱的学生，教师应该督促其做好研学前的温习工作，使学生能够在考察过程中调动已有知识；对于学习能力较强的学生，教师可以提供更多有关研学地点的材料以便他们了解、自主学习，使学生对考察地有更深入的了解，能够在研学过程中思考得更全面
O	由于户外实践考察场地开阔，人员较分散，因此教师更要注意学生的学习状态，根据学生的数量、水平层次划分几个批次，教师分批讲授，以此保证学生的学习质量以及课堂秩序

第十章　研究结论

自 2016 年教育部等部门联合发布《关于推进中小学生研学旅行的意见》,研学旅行课程化推进已近十年。随着 2020 年中共中央、国务院《关于全面加强新时代大中小学劳动教育的意见》颁布,如何切实而有效地将劳动教育整合进研学旅行课程,不仅是极具现实性的实践问题,也是具有时代性的理论问题。

本研究依循"缘何——为何——是何——如何"的思路,力图解决劳动教育整合研学旅行课程的四大核心问题,其分别是:第一,为什么要开展劳动教育与研学旅行整合课程的研究? 第二,劳动教育与研学旅行的整合为何可能? 第三,劳动教育与研学旅行课程化发展分别是何现状? 第四,劳动教育与研学旅行究竟应该如何整合? 围绕这四大问题,研究首先确定问题领域,即整合劳动教育的研学旅行课程建设论题;其次,建立理论前提,从劳动教育整合研学旅行课程的重要性和可能性两个维度论证论题的研究价值;再次,基于实然样态的视角,对研学旅行课程建设和中学生劳动素养现状进行描述;最后,基于劳动大概念的劳动研学整合课程设计、STEAM 理念的劳动研学课程资源建设及跨学科主题学习活动的三大路径开展劳动教育整合研学旅行的探索。本研究主要得到了如下结论。

第一,劳动教育与研学旅行课程整合具有适切性。通过对"劳动教育""研学旅行"为主题的相关政策文件分析,发现两类政策文本在课程目标、课程内容、课程组织、课程评价、课程保障等方面都具有高度契合之处。未来可从以下五方面加强:(1)以课程目标作为整合的切入点,强调能力为重、突出素养的目标设置。(2)以课程内容作为课程整合的落脚点。把握实践性与针对性的课程原则,注重挖掘"劳动"因素的研学旅行课程内容,加强基地资源的合作共享。(3)以课程组织作为课程整合的统筹点。加强典型宣传,盘活家庭教育地位,多部门协同维护课程开展。(4)以课程评价作为课程整合的落脚点。坚持过程性与表现性评价相结合的评价方法,倡导多主体共同参与。(5)以课程保障作为课程整合的支撑点。确定专业人员进行指导,进行风险评估、风险预案、风险分散。

第二，基于数字画像技术分析中学生劳动素养培养现状。从劳动素养的内涵要点出发建立中学生劳动素养画像评价指标体系。借助劳动素养画像技术，对全国16个省（自治区、直辖市）的大样本调查表明，中学生的劳动素养大致可以分为三个类别，分别是低劳动素养型、高劳动素养型和中等劳动素养型，其中中等劳动素养型学生群体是所有学生中人数最多的类型，高劳动素养型学生其次，低劳动素养型学生群体占比较低。同时，在素养画像视角下中学生劳动素养培育中存在四大突出问题：忽视学生主体，劳动教育形式单一化；缺乏价值渗透，劳动主体价值认识不足；未形成"家校社"合力，劳动教育资源匮乏；偏离时代诉求，劳动创新素养培育不足。

第三，研学旅行课程建设成效凸显，中学生研学旅行总体满意度较高。运用结构方程模型法，建立研学旅行课程满意度模型，并对全国24个省（自治区、直辖市）的研学旅行课程化实施现状及满意度调查进行了实证检验，发现全国以学校为主体的多元课程开发格局基本形成，研学实践资源丰富，课程评价方式多元，学生认同课程价值，但也存在课程内涵理解不清、全面开设不足、评价方式和实施保障有待改进等问题。中学生对于研学旅行课程的满意度方面，总体满意，但在区域、性别及年级上存在显著的群体差异。中学生研学旅行课程满意度的影响因素方面，学生期望、质量感知、服务感知和价值感知均共同正向影响研学旅行课程满意度，其中学生的价值感知水平是影响研学旅行课程满意度的决定性因素，中学生研学旅行课程满意度的提升是一个全方位的优化过程。为促进中小学研学旅行课程的开展，围绕"为何学""学什么""在哪里学""怎样学"研学旅行课程设计的四大元问题，提出建立"创生—关联"性研学目标，诠释课程的关联性；甄选"跨界—统整"类研学知识，保持课程的严密性；开发"开放—立体"型研学资源，激活课程的丰富性；综合"现实—虚拟"式研学体验，促进课程的回归性。

第四，基于劳动大概念开展劳动研学课程设计。大概念融入劳动教育具有重要的价值意蕴，主要体现为构造劳动知识世界，促进深度学习的知识建构价值；聚焦劳动核心素养，发展跨学科素养的素养导向价值；深化劳动概念理解，实现思维进阶学习的进阶价值。核心素养下劳动教育大概念框架包括劳动观念、劳动能力、劳动精神与劳动习惯和品质四个大概念和尊重劳动、理解劳动、诚实劳动、劳动知识、劳动操作11个子概念。围绕这一框架，引入系统网模式，建立面向大概念的劳动研学课程模型，即以"大概念群"指定劳动教育目标，以"大原则"优选劳动教育课程内容，以"大工具"挖掘劳动教育课程资源，以"大循环"开展劳动教育课程评价。

第五，基于STEAM理念开展劳动研学课程资源建设。STEAM教育理念指导下的劳动研学课程资源建设可以看作是一个由相互联系、交互作用的多要素构成的复杂系统。这个复杂系统主要由课程资源建设目标、建设内容与主题、建设主体与客体、建设理念与原则等构成，并在各系统要素间以及学校、家庭和社会等外部教学环境间的相互作用和影响下生成课程育人功能。按照STEAM理念的科学、技术、工程、艺术和数学五大板块的分类标准，可划分为科学类、技术类、工程类、艺术类和数学类劳动研学课程资源。遵循课程资源建设的一般步骤，整合劳动教育的研学课程资源建设路径主要包括课程资源建设主题确定、建设目标确立、资源选择和组织应用四个基本环节。

第六，基于跨学科主题学习的劳动研学活动设计。跨学科主题学习活动是真理性与价值性跨进的全人教育，主题性与体验性跨积的灵性教育，学科性与非学科性跨越的整合教育。围绕"为什么学""学什么""如何学"以及"学得怎么样"四个问题，从学习活动主题、活动目标、活动内容和活动评估四个维度建构跨学科主题学习活动框架。在KDB伞模型和后向设计理论基础上，建立跨学科主题学习活动KDB后向设计伞模型。伞面象征跨学科主题学习活动的设计理念，即KDB伞模型是一把大伞将各个学科与教学环节连接起来并超越它们。伞柄部分主要阐释活动设计的具体路径，分别是"制定学习目标""搭建评估体系"以及"设计学习活动"三阶段七步骤的循环迭代过程。各个环节围绕KDB学习目标进行有机联系，有效保障劳动研学活动的有序开展。

本研究构建了劳动教育整合研学旅行课程的理论框架，调查了我国中学生劳动素养培养及研学旅行课程化发展现状，构建了基于劳动大概念的劳动教育课程、基于STEAM理念的劳动研学课程资源及基于跨学科主题学习活动的劳动研学活动。本研究主张"内外协同"统整设计基于劳动教育的研学旅行课程建设策略。内即从劳动教育及研学旅行课程本体出发,深入分析劳动教育、研学旅行课程政策及课程发展本身存在的问题。外即融合当下教育改革的热点主题"大概念""STEAM教育""跨学科主题学习",探究整合劳动教育的研学旅行课程建设方略。同时,研究力图以系统性、跨学科的研究方法开展整合课程路径探讨。综合运用教育学、地理学、旅游学、计算机等多学科交叉的理念与方法开展整合劳动的研学旅行课程建设。如数字画像技术的应用,精准剖析当下中学生劳动素养培育现状,建构基于劳动的研学旅行课程资源路径;如系统网模式的运用,从原则、活动序列、思维工具、评估反馈四个子系统,课程目标、课程内容、课程实施、课程评价四大阶段,建立以劳动教育"大概念"为中心的劳动教育整合课程设计模型。

　　囿于个人研究经验和能力所限,本研究仍有可以提升和改进的空间:首先,劳动教育和研学旅行均是丰富的、跨学科的、不断发展的概念体系,且劳动教育与研学旅行的整合课程研究成果相对较少,尽管笔者查阅了大量的文献资料,但对劳动教育融入研学旅行课程的认知仍不够深刻、描述还不够精准。其次,整合劳动教育的研学旅行课程另一重要目标是强化学科实践。当前对于学科实践的内在关系与学习过程尚未厘清,易导致对学科实践的本质属性及其外延产生误解。因此,如何将不同学科,而不仅仅局限于地理学科的尝试,与劳动研学旅行课程整合,实现从普遍到特殊的过程演绎,也有从特殊到普遍的过程归纳,将是本研究需要继续深入和细化的方面。最后,本研究主要采用问卷调查、访谈和政策工具等研究方法,虽然已经从最大程度上扩大样本量,提升研究对象的代表性,但调查对象和案例仍然有限,可能无法客观、全面地反映我国中学生劳动素养培育、中小学研学旅行课程化及满意度的现实样态,后续也需要进一步充实和完善研究方法。

后记

回溯我的研学旅行研究之旅，还记得2016年5月我承担重庆市科委的地学科普项目，与重庆七中陈道华（现也调任至重庆高新区教师进修学校）、渝中区教师进修学院的许方林、西大附中的魏大明等一拨老师，以及来自重庆巴蜀中学、南开中学的学生们在重庆万盛"跋山涉水"。当时我就被老师们矗立山石、指点江山的激情所感染，被学生们在林野间的欢呼雀跃、聚精会神所鼓舞。我们的课堂需要研学旅行，我们的老师需要研学旅行，我们的学生更需要研学旅行。

2016年11月，教育部、国家发改委等11部门联合印发《关于推进中小学生研学旅行的意见》。这一文件要求"将研学旅行纳入中小学教育教学计划"，就此迎来了研学旅行里程碑意义的发展。2020年7月，教育部印发《大中小学劳动教育纲要（试行）》，劳动教育也迎来新的变革。在一系列政策措施推动下，研学旅行课程和劳动教育课程在全国掀起了轰轰烈烈的改革之势。我们欣喜地看到研学旅行课程和劳动教育课程在不少的学校从无到有，有不少的研学旅行基地和劳动教育基地活动有声有色，有不少的院校开设了研学旅行管理和服务专业以及劳动教育专业，更有不少教师参与了研学旅行导师和劳动教育导师认证。

如何通过研学旅行与劳动教育的融通交互，促进两者的共同发展显得重要且必要。我们的团队自然责无旁贷。这几年，我和我的研究生们分赴处于全国不同经济发展水平和教育水平的学校开展调研，分析全国各大研学旅行基地和旅游平台的数据，与北京中教启星科技股份有限公司合作研发课程……我们的课程设计方案和调研方案也在全国各类赛事中获得多项荣誉：

2020年　重庆市大学生乡村振兴创意大赛　一等奖；

2021年　全国研学课程设计大赛　特等奖；

2021年　全国地理研学方案设计大赛 & 地理研学社会调研大赛　二等奖；

2021年　重庆市研究生创新创业大赛　一等奖；

2023年　重庆市大学生乡村振兴创意大赛　特等奖；

2023 年　劳动研学旅行课程设计案例入选中国专业学位案例库；

2024 年　全国地理研学方案设计大赛 & 地理研学社会调研大赛　二等奖

……

本书正是我们多年理论研究与实践成果的结晶。在劳动研学研究的漫漫之旅中，我的研究生们在资料收集、数据整理和分析中，倾注了大量的心血和精力。在本书的各章撰写中，孙悦悦、李龙静主要参与第二章，王珏慧主要参与第三章，雷蕾主要参与第四章和第八章，罗祥翼主要参与第五章，冯馨莹主要参与第六章，余靖宇主要参与第七章。还有王楚薇、倪亚、丁湘、马忠青、王紫嫣、帅诗睿也参与了相关数据的整理和分析。现在，他（她）们都已经步入自己的工作岗位，相信研学之旅中的学习点滴将会伴随和滋养他（她）们的职业生涯。也借本书的出版谢谢他（她）们给予我的莫大信任和支持，师生间的相互启迪和彼此成全让这段充溢着酸甜苦辣的劳动研学研究之旅变得如此美好！

本书的完成，于我不得不说亦是一项不小的工程，在此必须感谢华东师范大学出版社的编辑林青荻女士。她的严谨负责鞭策我克服工作和生活中那不经意的困难，让本书能够顺利出版。

整合劳动教育的研学旅行课程建设本立何处，道生何方？路漫漫其修远兮，吾将上下而求索。

胡蓉

2024 年 9 月 26 日于重庆

参考文献

一、中文文献

(一) 著作类

[1] [美]Grant Wiggins & Jay McTighe. 理解力培养与课程设计:一种教学和评价的新实践[M]. 么加利,译. 北京:中国轻工业出版社,2003.

[2] 班建武. 新时期劳动教育理论体系建构研究[M]. 杭州:浙江教育出版社,2022.

[3] [美]格兰特·威金斯,[美]杰伊·麦克泰格. 追求理解的教学设计(第二版)[M]. 闫寒冰,宋雪莲,赖平,译. 上海:华东师范大学出版社,2017.

[4] 关松林,李晓梅,付军. 学校课程建设与组织实施[M]. 北京:高等教育出版社,2017.

[5] 何静. 身体意象与身体图式:具身认知研究[M]. 上海:华东师范大学出版社,2013.

[6] 靳玉乐. 课程论(第二版)[M]. 北京:人民教育出版社,2015.

[7] 靳玉乐. 现代课程论[M]. 重庆:西南师范大学出版社,1995.

[8] [美]拉尔夫·泰勒. 课程与教学的基本原理[M]. 罗康,张阅,译. 北京:中国轻工业出版社,2014.

[9] [法]卢梭. 爱弥儿[M]. 李平沤,译. 北京:商务印书馆,2017.

[10] 祁乐瑛. 学前教育研究方法探微[M]. 北京:中央民族大学出版社,2022.

[11] 檀传宝. 劳动教育论要:现实畸变与起点回归[M]. 北京:北京师范大学出版社,2020.

[12] 王道俊,郭文安. 教育学(第七版)[M]. 北京:人民教育出版社,2016.

[13] 伍海琳,张曼,刘思萌,等. 研学旅行创新创业教育理论与实践[M]. 成都:四川大学出版社,2021.

[14] 余林. 课堂教学评价[M]. 北京:人民教育出版社,2007.

[15] 中共中央马克思恩格斯列宁斯大林著作编译局. 马克思恩格斯文集(第1卷)[M]. 北京:人民出版社,2009.

[16] 中共中央文献研究室. 习近平关于青少年和共青团工作论述摘编[M]. 北京:中央文献出版社,2017.

[17] 中华人民共和国教育部. 义务教育课程方案(2022年版)[M]. 北京:北京师范大学出版社,2022.

［18］周文叶.中小学表现性评价的理论与技术［M］.上海：华东师范大学出版社，2014.

（二）期刊论文

［1］艾昕，段玉山.基于新文化地理学视角的地域文化研学旅行案例初探——以青岛市市南区观海山历史文化街区为例［J］.地理教学，2019(7):19-26.

［2］艾兴，李佳.新中国中小学劳动教育课程设置：演变、特征与趋势［J］.教育科学研究，2020(1):18-24.

［3］安桂清.基于核心素养的课程整合：特征、形态与维度［J］.课程·教材·教法，2018,38(9):48-54.

［4］安相丞，陈蓉晖.问责视角下我国师德失范问题处理现状的质性分析与提升策略研究——基于387个师德失范问题通报案例［J］.江苏大学学报（社会科学版），2022,24(4):92-103.

［5］白长虹，王红玉.以优势行动价值看待研学旅游［J］.南开学报（哲学社会科学版），2017(1):151-159.

［6］白宏太，田征，朱文潇.到广阔的世界中去学习——教育部中小学"研学旅行"试点工作调查［J］.人民教育，2014(2):34-39.

［7］毕文健，顾建军.乐学思想与新时代劳动教育课程建设策略探析［J］.中国教育科学（中英文），2020,3(1):85-92.

［8］蔡其勇，向诗丽，谢霁月，等.新时代劳动教育课程的价值与建构［J］.当代教育科学，2020(9):42-46+76.

［9］蔡瑞林，花文凤.基于混合研究方法的大学生劳动素养评价指标体系构建［J］.中国大学教学，2021(11):81-85+96.

［10］曹飞.中小学生劳动素养评价指标体系探析［J］.劳动教育评论，2020(1):42-55.

［11］陈海彬.研学旅行课程设计问题和对策［J］.中学地理教学参考，2018(24):68-69.

［12］陈宏斌.面向计算思维培养的项目式学习的教学模式研究［J］.中国教育学刊，2023(S1):159-160+163.

［13］陈慧婷.利益相关者视域下的研学旅行社会支持系统构建［J］.商业经济，2017(11):126-128.

［14］陈鹏，刘铖.中小学生劳动素养增值评价："何能"与"何为"［J］.教育测量与评价，2022(3):11-18.

［15］陈恬昊，叶映华.中小学生研学旅行学习收获及影响因素［J］.教育学术月刊，2022(4):73-80.

[16] 陈向明. 扎根理论的思路和方法[J]. 教育研究与实验,1999(4):58-63+73.

[17] 崔国富,朱美英."从做中学"与教育的生存论解读——杜威实用主义生存论学习与教育思想探析[J]. 外国教育研究,2005(4):15-19.

[18] 崔允漷,郭洪瑞. 跨学科主题学习:课程话语自主建构的一种尝试[J]. 教育研究,2023(10):44-53.

[19] 邓纯考,李子涵,孙芙蓉. 衔接学校课程的研学旅行课程开发策略[J]. 教育科学研究,2020(12):58-64.

[20] 董泽华,蒋永贵. 指向劳动素养的表现性评价[J]. 人民教育,2022(19):60-62.

[21] 段玉山,袁书琪,郭锋涛,等. 研学旅行课程标准(一)——前言、课程性质与定位、课程基本理念、课程目标[J]. 地理教学,2019(5):4-7.

[22] 范涌峰. 新时代劳动教育课程的现实样态与逻辑路向[J]. 教育发展研究,2020,40(24):28-35.

[23] 冯永刚,师欢欢. 新时代劳动教育的价值意蕴及其实现[J]. 陕西师范大学学报(哲学社会科学版),2022,51(3):112-121.

[24] 龚春燕,魏文锋,程艳霞. 劳动素养:新时代人才必备素养[J]. 中小学管理,2020(4):9-11.

[25] 郭戈. 培养劳动兴趣是劳动教育的重要任务——学习苏霍姆林斯基劳动教育思想的一点体会[J]. 外国教育动态,1984(2):51-53.

[26] 郭洪瑞,李昶洁,廖丹铌. 百川归海:多元视角共话课程整合——第十七届上海国际课程论坛述评[J]. 全球教育展望,2020,49(3):119-128.

[27] 郝鹏翔. 地理核心素养视域下中学地理研学设计与实施[J]. 地理教学,2019(2):45-47.

[28] 郝志军. 学科课程渗透劳动教育:理据与路径[J]. 中国教育学刊,2021(5):75-79.

[29] 和学新. 试论基础教育课程改革保障体系建设[J]. 中国教育学刊,2002(3):31-32.

[30] 侯红梅,顾建军. 我国小学劳动教育课程的时代意蕴与建构[J]. 课程·教材·教法,2020,40(2):4-11.

[31] 胡定荣. 全面发展·综合素质·核心素养[J]. 新疆师范大学学报(哲学社会科学版),2018,39(6):61-78.

[32] 胡蓉,莫少雯. 中国研学旅行研究热点与走向[J]. 西南师范大学学报(自然科学版),2021,46(5):81-86.

[33] 胡焱,王晓杰,宋乃庆. 小学数学教材的劳动教育功能及其实现过程探析[J]. 数学教育学报,2023,32(5):62-67.

[34] 黄莉敏,王阔,陈锐凯,等. 大学生研学旅行的学理基础与地学科普使命[J]. 地理教学,2019

(5):24 - 28.

[35] 黄敏,王露.中小学生研学旅行课程开发探讨[J].当代教育理论与实践,2018,10(3):1 - 4.

[36] 黄小莲,周丽.园本课程资源开发乱象批判与治理[J].课程·教材·教法,2021,41(9):
37 - 43.

[37] 黄亚宇,李庆.互联网+研学旅行:高职创业教育教学创新与实践[J].科技经济市场,2017
(7):169 - 171.

[38] 黄宇,杨雪.建构主义学习理论视角下研学旅行的特征和原则[J].地理教学,2019(3):60 -
64.

[39] 纪德奎,陈璐瑶.劳动素养的内涵、结构体系及培养路径[J].天津师范大学学报(基础教育
版),2021,22(2):16 - 20.

[40] 蒋洪池,熊英.日本小学劳动教育:形式、特点及启示[J].外国教育研究,2020,47(12):71 -
81.

[41] 瞿皎姣,曹霞,米捷.中国情境下工作场所包容的剖面结构及其关系模式研究[J].管理学
报,2022,19(10):1489 - 1499.

[42] 雷浩.基于核心素养的课程评价:理论基础、内涵与研究方法[J].上海师范大学学报(哲学
社会科学版),2020,49(5):78 - 85.

[43] 李臣之,纪海吉.研学旅行的实施困境与出路选择[J].教育科学研究,2018(9):56 - 61.

[44] 李东和,朱玲玲,朱国兴.研学旅行影响因素分析——以合肥市青少年为例[J].黄山学院学
报,2016,18(6):23 - 28.

[45] 李刚.义务教育跨学科主题学习活动的内涵指向与设计思路[J].课程·教材·教法,2023,
43(7):11 - 17.

[46] 李刚,吕立杰.大概念视域下我国大中小学劳动教育课程一体化建设的思考[J].教育科学,
2020,36(5):19 - 26.

[47] 李军.近五年来国内研学旅行研究述评[J].北京教育学院学报,2017,31(6):13 - 19.

[48] 李克东,李颖.STEM教育跨学科学习活动5EX设计模型[J].电化教育研究,2019,40(4):
5 - 13.

[49] 李磊,路丙辉.高校劳动教育资源开发的路径探析[J].湖北工程学院学报,2023,43(5):
71 - 76.

[50] 李琦,鲍鹏,周永平.中等职业学生劳动素养"三生三维"评价体系建构[J].中国职业技术教
育,2021(28):73 - 76.

[51] 李倩.国内研学旅行课程研究:回顾、反思与展望[J].西北成人教育学院学报,2019(1):

79-84.

[52] 李先跃,张丽萍.全域研学的理论基础、发展理念与实践研究[J].经济地理,2022,42(8):
232-239.

[53] 李祥,郭杨.规避中小学研学旅行风险的建议[J].教育研究与评论(中学教育教学),2018
(1):96.

[54] 李兴防.研学旅行的特点及实施准备研究[J].中学地理教学参考,2017(7):7-8.

[55] 李学书.STEAM跨学科课程:整合理念、模式构建及问题反思[J].全球教育展望,2019,48
(10):59-72.

[56] 李志刚.扎根理论方法在科学研究中的运用分析[J].东方论坛,2007(4):90-94.

[57] 梁秀华,王向东.以大概念为线索的课程组织探析——以加拿大BC省K-12"科学"课程
文件为例[J].比较教育学报,2021(5):141-156.

[58] 林克松,熊晴.走向跨界融合:新时代劳动教育课程建设的价值、认识与实践[J].湖南师范
大学教育科学学报,2020,19(2):57-63.

[59] 刘芳芳,吴琼.习近平关于劳动教育重要论述的思想内涵与时代价值[J].内蒙古社会科学,
2021,42(3):9-15.

[60] 刘芳.研学旅行云平台建设[J].电脑知识与技术,2015,11(35):162-163+166.

[61] 刘徽."大概念"视角下的单元整体教学构型——兼论素养导向的课堂变革[J].教育研究,
2020,41(6):64-77.

[62] 刘珂,张原诚.我国中学生研学旅行学习满意度及学习成效探讨——以陕西省西安市为例
[J].中国市场,2017(9):113-114+125.

[63] 刘亚迪.研学旅行:让学生在数学活动中思考、体验与创新[J].辽宁教育,2020(7):14-17.

[64] 刘宇.指向核心素养培育的课程整合及其推进策略——以新西兰为例[J].全球教育展望,
2021,50(6):3-11.

[65] 刘媛媛.地域文化与高校劳动教育的价值契合与实践路径[J].中国高等教育,2022(10):
53-55.

[66] 刘志军.发展性课程评价体系初探[J].课程·教材·教法,2004(8):19-23.

[67] 吕立杰.大概念课程设计的内涵与实施[J].教育研究,2020,41(10):53-61.

[68] 吕立杰,马云鹏.基于教育公平的基础教育课程发展质量考察维度构建[J].教育研究,
2016,37(8):99-106.

[69] 罗艺,王路达.新时代生态劳动教育:内涵特征、育人功能与实践逻辑[J].东北师大学报(哲
学社会科学版),2023(6):123-128+156.

[70] 麻超,王瑞,刘亚飞,等.组织公平感与少先队辅导员职业认同:潜在剖面分析[J].中国健康心理学杂志,2023,31(2):262 - 270.

[71] 马志强,孔伶玉,岳芸竹.面向协作学习多重投入特征画像的多模态学习分析[J].远程教育杂志,2022,40(1):72 - 80.

[72] 孟初薇.研学旅行课程内容设置方法及其注意点[J].江苏教育研究,2018(35):34 - 38.

[73] 聂希.铸牢中华民族共同体意识的研学旅行模式创新研究——以活动理论为指导[J].西南民族大学学报(人文社会科学版),2023,44(6):43 - 53.

[74] 宁本涛,孙会平,吴海萍.我国中小学劳动教育的认知差异及协同对策——基于六省市的实证分析[J].教育科学,2020,36(5):11 - 18.

[75] 彭正梅,伍绍杨,付晓洁,等.如何提升课堂的思维品质:迈向论证式教学[J].开放教育研究,2020,26(4):45 - 58.

[76] 濮元生,濮蓉.RMP视角下南京市生态+研学旅游产品开发研究[J].江苏商论,2018(11):48 - 50+53.

[77] 任虹燕.研学旅行课程在实践中的几个问题[J].中小学德育,2017(9):24 - 26.

[78] 任平.德国中小学如何实施劳动教育[J].人民教育,2020(11):71 - 74.

[79] 邵英,史文印.劳动素养在高考地理试题中的考查探析——以高考地理全国卷试题为例[J].中国考试,2020(11):21 - 26.

[80] 宋长青,张国友,程昌秀,等.论地理学的特性与基本问题[J].地理科学,2020,40(1):6 - 11.

[81] 宋晔,刘清东.研学旅行活动的教育学审视[J].教育发展研究,2018,38(10):15 - 19.

[82] 孙昌璞.量子力学诠释与波普尔哲学的"三个世界"[J].中国科学院院刊,2021,36(3):296 - 307.

[83] 孙宏志,解月光,张于.核心素养指向下高阶思维发展的表现性评价设计[J].电化教育研究,2021,42(9):91 - 98.

[84] 檀传宝.劳动教育的概念理解——如何认识劳动教育概念的基本内涵与基本特征[J].中国教育学刊,2019(2):82 - 84.

[85] 唐林.国外职业教育典型模式简介及其经验借鉴[J].试题与研究,2020,(7):117.

[86] 唐旭.文化研学旅行课程开发的基本思路[J].现代基础教育研究,2019,36(4):40 - 46.

[87] 滕丽霞,陶友华.研学旅行初探[J].价值工程,2015,34(35):251 - 253.

[88] 田晓伟,张凌洋.研学旅行服务发展中的公私合作治理探析[J].中国教育学刊,2018(5):46 - 50.

[89] 王春华. 基于学习者画像的精准教学干预研究[J]. 济南大学学报(社会科学版),2023,33(2):136-146.

[90] 王晖,刘霞,刘金梦,等. 中小学生劳动素养评价的国际经验及启示[J]. 北京师范大学学报(社会科学版),2022(4):142-149.

[91] 王牧华,付积. 论基于馆校合作的场馆课程资源开发策略[J]. 全球教育展望,2018,47(4):42-53.

[92] 王倩,纪德奎. 中小学课堂教学中劳动素养培育的困境与路径探析[J]. 当代教育论坛,2021(6):108-114.

[93] 王清涛. 马克思劳动价值论的生存解读及其当代价值[J]. 东岳论丛,2019,40(6):21-33.

[94] 王泉泉,刘霞,陈子循,等. 核心素养视域下劳动素养的内涵与结构[J]. 北京师范大学学报(社会科学版),2021(2):37-42.

[95] 王润,张增田. 研学旅行:价值取向与问题透视[J]. 河北师范大学学报(教育科学版),2017,19(6):90-95.

[96] 王世奇,刘智锋,王继民. 学者画像研究综述[J]. 图书情报工作,2022,66(20):73-81.

[97] 王喜斌. 学科"大概念"的内涵、意义及获取途径[J]. 教学与管理,2018(24):86-88.

[98] 王向东,邓若男,梁秀华. 地理学科核心素养整合培育的内涵与建议[J]. 课程·教材·教法,2024,44(4):140-145.

[99] 王晓燕. 研学旅行的基本内涵和核心要义——《关于推进中小学生研学旅行的意见》读解[J]. 中小学德育,2017(9):15-16.

[100] 王正青,刘涛,杜娇阳,等. 新时代大学生劳动素养测评模型构建与测度研究[J]. 现代教育管理,2021(6):81-89.

[101] 魏冰娥,何云峰. 论崇尚劳动、尊重劳动的内涵实质与风尚营造[J]. 思想理论教育,2019(6):25-30.

[102] 魏晓东,于冰,于海波. 美国 STEAM 教育的框架、特点及启示[J]. 华东师范大学学报(教育科学版),2017,35(4):40-46+134-135.

[103] 温忠麟,黄彬彬,汤丹丹. 问卷数据建模前传[J]. 心理科学,2018,41(1):204-210.

[104] 翁伟斌,张良. 新时代劳动教育的价值审视与实践路径[J]. 教育科学,2023,39(2):41-47.

[105] 吴刚平. 课程资源的开发与利用[J]. 全球教育展望,2001(8):24-30.

[106] 吴支奎,杨洁. 研学旅行:培育学生核心素养的重要路径[J]. 课程·教材·教法,2018,38(4):126-130.

[107] 夏明霞,李丹,何雪琦."双减"背景下小学劳动教育资源的开发及利用[J].中国教育学刊,2021(S2):228-230.

[108] 项贤明."五育"何以"融合"[J].教育研究,2024,45(1):41-51.

[109] 肖君,乔惠,李雪娇.基于 xAPI 的在线学习者画像的构建与实证研究[J].中国电化教育,2019(1):123-129.

[110] 肖绍明,扈中平.新时代劳动教育何以必要和可能[J].教育研究,2019,40(8):42-50.

[111] 谢妙娴,郭程轩.基于地理核心素养的课程开发——以佛山陶瓷产业工业研学旅行为例[J].地理教学,2018(19):60-62.

[112] 徐碧辉."艺术是一种生产劳动":朱光潜后期美学观点的实践维度[J].社会科学辑刊,2018(3):187-198.

[113] 徐彬,刘志军.指向核心素养的课程评价探析[J].课程·教材·教法,2019,39(7):21-26.

[114] 徐继存,段兆兵,陈琼.论课程资源及其开发与利用[J].学科教育,2002(2):1-5+26.

[115] 徐鑫镕,莫玲菲,刘明,等.高一学生成就目标特征模式及学业适应:基于潜在剖面分析[J].心理发展与教育,2022,38(1):81-89.

[116] 薛二勇,周秀平.中国教育脱贫的政策设计与制度创新[J].教育研究,2017,38(12):29-37.

[117] 严万云.城市初中研学旅行活动课程"四四"模式初探[J].中学政治教学参考,2018(30):56-57.

[118] 杨天军.研学旅行中体验式学习评价标准开发与应用研究[J].学周刊,2019(1):57-58.

[119] 杨晓.研学旅行的内涵、类型与实施策略[J].课程·教材·教法,2018,38(4):131-135.

[120] 杨志平,辛继湘.学校劳动教育实践的三重反思[J].教育科学研究,2020,307(10):25-30.

[121] 殷世东.活态文化视角下中小学研学旅行课程的价值考察[J].教育研究,2019,40(3):154-159.

[122] 殷世东,汤碧枝.研学旅行与学生发展核心素养的提升[J].东北师大学报(哲学社会科学版),2019(2):155-161.

[123] 殷世东,张旭亚.新时代中小学研学旅行:内涵与审思[J].教育研究与实验,2020,(3):54-58.

[124] 尹婷婷,龚思怡,曾宪玉.基于用户画像技术的教育资源个性化推荐服务研究[J].数字图书馆论坛,2019(11):29-35.

[125] 于书娟,王媛,毋慧君.我国研学旅行问题的成因与对策[J].教学与管理,2017(19):11-

13.

[126] 余江舟.新时代劳动素养的四重维度[J].中国高等教育,2021(13):53-55.

[127] 余明华,张治,祝智庭.基于可视化学习分析的研究性学习学生画像构建研究[J].中国电化教育,2020(12):36-43.

[128] 余明华,张治,祝智庭.基于学生画像的项目式学习评价指标体系研究[J].电化教育研究,2021,42(3):89-95.

[129] 喻发胜,张玥.沉浸式传播:感官共振、形象还原与在场参与[J].南昌大学学报(人文社会科学版),2020,51(2):96-103.

[130] 袁长林.研学旅行课程资源设计:原则、向度与路径[J].课程·教材·教法,2021,41(2):32-36.

[131] 袁磊,郑开玲,张志.STEAM教育:问题与思考[J].开放教育研究,2020,26(3):51-57+90.

[132] 袁书琪,李文,陈俊英,等.研学旅行课程标准(三)——课程建设[J].地理教学,2019(7):4-6.

[133] 袁振杰,谢宇琳,何兆聪.主体、知识和地方:一个研学旅行研究的探索性理论框架[J].旅游学刊,2022,37(11):14-26.

[134] 翟鸣宇,程建,王苏桐,等.基于K-prototype聚类的学生教育画像分析[J].大连理工大学学报(社会科学版),2021,42(6):22-31.

[135] 张帝,陈怡,罗军.最好的学习方式是去经历:研学旅行课程的校本设计与实施——以重庆市巴蜀小学为例[J].人民教育,2017(23):19-24.

[136] 张莉,赵景欣,刘霞.指向核心素养的劳动课程设计[J].北京师范大学学报(社会科学版),2023(4):71-77.

[137] 张丽虹,吕立杰.从任务群到劳动项目式学习:劳动教育的学校实践思考[J].中国教育学刊,2023(4):69-73.

[138] 张泰源,韩喜平.习近平总书记关于劳动教育的重要论述的四维意蕴[J].教育研究,2022,43(6):19-27.

[139] 张伟,杨斌,李笑非.创生型课堂的变革取向与实践探索[J].课程·教材·教法,2012,32(8):20-27.

[140] 张颖之.理科课程设计新理念:"学习进阶"的本质、要素与理论溯源[J].课程·教材·教法,2016,36(6):115-120.

[141] 张拥军,李剑,徐润成.新时代大学生劳动教育现状及认知影响因素研究——基于湖北省

部分高校大学生的实证分析[J].思想教育研究,2020(6):151-155.

[142] 张治,杨熙,夏冬杰.基于在线作业数据的学习行为投入画像构建研究[J].电化教育研究,
2021,42(10):84-91.

[143] 章全武.研学旅行纳入学校教学的两难困境及其超越[J].课程·教材·教法,2018,38
(4):121-125.

[144] 赵长林.新中国成立70年我国劳动教育思想的演进与劳动课程的变迁[J].国家教育行政
学院学报,2019(6):9-17.

[145] 赵慧臣,陆晓婷.开展STEAM教育,提高学生创新能力——访美国STEAM教育知名学
者格雷特·亚克门教授[J].开放教育研究,2016,22(5):4-10.

[146] 赵荣辉.劳动教育的内涵、主旨与功用[J].教育理论与实践,2024,44(5):3-6.

[147] 赵幼芳.试论我国国内旅游的青少年学生市场[J].旅游学刊,1996(4):33-35+63.

[148] 钟柏昌,刘晓凡.跨学科创新能力培养的学理机制与模式重构[J].中国远程教育,2021
(10):29-38+77.

[149] 钟林凤,谭诤.研学旅行的价值与体系构建[J].教学与管理,2017(31):30-33.

[150] 钟林凤,谭诤.中小学研学旅行安全保障体系的构建[J].教学与管理,2018(18):71-74.

[151] 钟志平,刘天晴.研学旅行示范基地政策评价与需求方强相关性因素研究[J].湖南社会科
学,2018(6):147-153.

[152] 周春梅.整合设计,让研学旅行课程更有深度——以太仓市实验小学研学旅行课程设计
为例[J].江苏教育研究,2019(11):28-30.

[153] 朱洪秋."三阶段四环节"研学旅行课程模型[J].中国德育,2017(12):16-20.

[154] 朱立明,宋乃庆,黄瑾,等.STEAM教育核心理念下的深度学习:理据、架构与路径[J].中
国教育学刊,2022(1):69-73.

[155] 朱忠琴.论学生的课程理解[J].课程·教材·教法,2018,38(12):67-72.

[156] 邹太龙.中小学研学旅行亟须处理好五对关系[J].教育理论与实践,2019,39(11):9-11.

(三) 博硕论文

[1] 郭靖.统整课程理念下初中美术课程研究——以《人在霾途》主题单元课程为例[D].上海:
上海师范大学,2021.

[2] 李家邦.小学生劳动素养测评模型构建研究[D].重庆:西南大学,2021.

[3] 吴秀娟.基于反思的深度学习研究[D].扬州:扬州大学,2013.

[4] 熊晴.指向具身认知的中小学劳动教育课程实施研究[D].重庆:西南大学,2020.

（四）其他文献

［1］国务院办公厅.国民旅游休闲纲要(2013—2020年)[N].中国旅游报,2013-02-28(1).

［2］国务院办公厅印发《关于新时代推进普通高中育人方式改革的指导意见》[EB/OL].
(2019-06-19)[2024-04-23].http://www.gov.cn/xinwen/2019-06/19/content_
5401610.htm.

［3］胡锦涛在中国共产党第十八次全国代表大会上的报告[EB/OL].(2012-11-17)[2024-
04-24].http://www.gov.cn/ldhd/2012-11/17/content_2268826.htm.

［4］教育部等11部门关于推进中小学生研学旅行的意见[EB/OL].(2016-12-02)[2024-
04-24].http://www.moe.gov.cn/srcsite/A06/s3325/201612/t20161219_292354.html.

［5］教育部关于印发《大中小学劳动教育指导纲要(试行)》的通知[EB/OL].(2020-07-15)
[2024-04-24].https://www.gov.cn/zhengce/zhengceku/2020-07/15/content_
5526949.htm.

［6］习近平.高举中国特色社会主义伟大旗帜为全面建设社会主义现代化国家而团结奋斗:
在中国共产党第二十次全国代表大会上的报告[EB/OL].(2022-10-25)[2024-04-
24].http://www.gov.cn/xinwen/2022-10/25/content_5721685.htm.

［7］习近平.决胜全面建成小康社会夺取新时代中国特色社会主义伟大胜利:在中国共产党
第十九次全国代表大会上的报告[EB/OL].(2017-10-27)[2024-04-24].https://
www.rmzxb.com.cn/c/2017-10-27/1851777.shtml.

［8］习近平在全国教育大会上强调坚持中国特色社会主义教育发展道路培养德智体美劳全
面发展的社会主义建设者和接班人[EB/OL].(2018-09-10)[2024-04-24].http://
www.moe.gov.cn/jyb_xwfb/s6052/moe_838/201809/t20180910_348145.html.

［9］中共中央国务院关于全面加强新时代大中小学劳动教育的意见[EB/OL].(2020-03-
26)[2024-04-24].https://www.gov.cn/zhengce/2020-03/26/content_5495977.htm.

［10］中共中央国务院印发《中国教育现代化2035》[N].人民日报,2019-02-24(1).

［11］中华人民共和国教育部.普通高中地理课程标准(2017年版2020年修订)[S].北京:人民
教育出版社,2020.

［12］中华人民共和国教育部.义务教育劳动课程标准(2022年版)[S].北京:北京师范大学出
版社,2022.

二、外文文献

(一) 著作类

[1] Chalmers C, Nason R. Systems thinking approach to robotics curriculum in schools [M]//Khine M S. Robotics in STEM Education: Redesigning the Learning Experience. Switzerland: Springer, 2017:33 - 57.

[2] Cooper A. The inmates are running the asylum: Why high-tech products drive us crazy and how to restore the sanity [M]. Indianapolis: Sams, 1999.

[3] Csikszentmihalhi, M. Finding flow: The psychology of engagement with everyday life [M]. New York: Hachette UK, 2008.

[4] Darling-Hammond L, Adamson F. Beyond basic skills: The role of performance assessment in achieving 21st century standards of learning [M]. California: Stanford Center for Opportunity Policy in Education, 2014.

[5] Drake S M, Burns R C. Meeting standards through integrated curriculum [M]. VA: Association for Supervision & Curriculum Development, 2004.

[6] Hans N. The Russian tradition in education [M]. London: Routledge, 2012.

[7] Hiebert J, Carpenter T P. Handbook of research on mathematics teaching and learning [M]. New York: Macmillan, 1992.

[8] Parry J, Allison P. Experiential learning and outdoor education: Traditions of practice and philosophical perspectives [M]. London: Routledge, 2019.

[9] Paulsen F. German education past and present [M]. New York: Scribner, 1908.

[10] Richards G W. Cultural tourism trends in Europe: A context for the development of cultural routes [M]//Khovanova K. Impact of European Cultural Routes on SMEs'innovation and competitiveness. Strasbourg: Council of Europe Publishing, 2011: 21 - 39.

[11] Ritchie B W. Managing educational tourism [M]. Bristol: Channel View Publications, 2003.

[12] White L. Impact: World development in British education [M]. London: The Education Unit Voluntary Committee on Overseas Aid and Development, 1971.

(二) 期刊类

［ 1 ］ Addison J T, Schnabel C, Wagner J. The course of research into the economic consequences of German works councils ［J］. British journal of industrial relations, 2004, 42(2):255 - 281.

［ 2 ］ Andrew A H. A test of Gottfredson's theory using a ten-year longitudinal study ［J］. Journal of Career Development, 2001(28):77 - 95.

［ 3 ］ Aoki K. The use of ICT and e-learning in higher education in Japan ［J］. International Journal of Educational and Pedagogical Sciences, 2010,4(6):986 - 990.

［ 4 ］ Barak M, Assal M. Robotics and STEM learning: students' achievements in assignments according to the P3 Task Taxonomy—practice, problem solving, and projects ［J］. International Journal of Technology and Design Education, 2018,28(1):121 - 144.

［ 5 ］ Breivik G. "Richness in ends, simpleness in means!" on Arne Naess's version of deep ecological friluftsliv and its implications for outdoor activities ［J］. Sport, Ethics and Philosophy, 2021,15(3):417 - 434.

［ 6 ］ Brewer T J. Rousseau plays outside in Norway: A personal reflection on how Norwegian outdoor kindergartens employ Rousseauian pedagogical methods of play ［J］. International Journal of Play, 2012,1(3):231 - 241.

［ 7 ］ Bruneau W. A Canadian journey: Post-secondary education since 1945 ［J］. Education Canada, 2004,44(4):25 - 27.

［ 8 ］ Dahl L, Lynch P, Moe V F, et al. Accidents in Norwegian secondary school friluftsliv: Implications for teacher and student competence ［J］. Journal of Adventure Education and Outdoor Learning, 2016,16(3):222 - 238.

［ 9 ］ Doménech-Betoret F, Abellán-Roselló L, Gómez-Artiga A. Self-efficacy, satisfaction, and academic achievement: The mediator role of students' expectancy-value beliefs ［J］. Frontiers in Psychology, 2017(8):1193.

［ 10 ］ Fisher R M. Four Arrows: His philosophy, theory, praxis and pedagogy ［EB/OL］. ［2024 - 04 - 24］. https://prism.ucalgary.ca/server/api/core/bitstreams/7bed9953-9f8f-4837-b595-feb8b18d79c6/content.

［ 11 ］ Fornell C, Johnson M D, Anderson E W, et al. The American customer satisfaction index: nature, purpose, and findings ［J］. Journal of Marketing, 1996,60(4):7 - 18.

［ 12 ］ Hallak R, Assaker G, El-Haddad R. Re-examining the relationships among perceived quality, value, satisfaction, and destination loyalty: A higher-order structural model [J]. Journal of Vacation Marketing, 2018,24(2):118 - 135.

[13] Hoffman E, Muramoto S. Peak-experiences among Japanese youth [J]. Journal of Humanistic Psychology, 2007,47(4):524 - 540.

[14] Hoffman E. Peak experiences in childhood: An exploratory study [J]. Journal of Humanistic Psychology, 1998,38(1):109 - 120.

[15] Hooley T, Watts A G, Sultana R G, et. al. The "Blueprint" framework for career management skills: A critical exploration [J]. British Journal of Guidance & Counselling, 2013,41(2):117 - 131.

[16] Jirásek I, Veselsk P, Poslt J. Winter outdoor trekking: Spiritual aspects of environmental education [J]. Environmental Education Research, 2017,23(1):1 - 22.

[17] Jorba M. Husserlian horizons, cognitive affordances and motivating reasons for action [J]. Phenomenology and the Cognitive Sciences, 2020,19(5):847 - 868.

[18] Jossberger H, Brand-Gruwel S, van de Wiel M W J, et. al. Exploring students' self-regulated learning in vocational education and training [J]. Vocations and Learning, 2020 (13):131 - 158.

[19] Kudlá ček M, Bocarro J, Jirásek I, et al. The Czech way of inclusion through an experiential education framework [J]. Journal of Experiential Education, 2009,32(1): 14 - 27.

[20] McGladdery C A, Lubbe B A. Rethinking educational tourism: Proposing a new model and future directions [J]. Tourism Review, 2017,72(3):319 - 329.

[21] Mutz M, Müller J. Mental health benefits of outdoor adventures: Results from two pilot studies [J]. Journal of adolescence, 2016(49):105 - 114.

[22] North C, Brookes A. Case-based teaching of fatal incidents in outdoor education teacher preparation courses [J]. Journal of Adventure Education and Outdoor Learning, 2017,17 (3):191 - 202.

[23] Pitman T, Broomhall S, McEwan J, et al. Adult learning in educational tourism [J]. Australian Journal of Adult Learning, 2010,50(2):219 - 238.

[24] Sando O J, Sandseter E B H. Affordances for physical activity and well-being in the ECEC outdoor environment [J]. Journal of environmental psychology, 2020(69):101430.

[25] Sharma-Brymer V, Brymer E. Norwegian Friluftsliv: A way of living and learning in

nature [J]. Journal of Adventure Education and Outdoor Learning, 2019,21(1):93-95.

[26] Stott T, Hall N. Changes in aspects of students' self-reported personal, social and technical skills during a six-week wilderness expedition in Arctic Greenland [J]. Journal of Adventure Education & Outdoor Learning, 2003,3(2):159-169.

[27] Sun Y, Chai R. An early-warning model for online learners based on user portrait [J]. Ingénierie des Systèmes d'Information, 2020,25(4):535-541.

[28] Sweeney J C, Soutar G N. Consumer perceived value: The development of a multiple item scale [J]. Journal of Retailing, 2001,77(2):203-220.

[29] Uusitalo R. Return to education in Finland [J]. Labour Economics, 1999,6(4):569-580.

[30] Watson S L, Watson W R, Yu J H, et al. Learner profiles of attitudinal learning in a MOOC: An explanatory sequential mixed methods study [J]. Computers & Education, 2017,114(11):274-285.

[31] Winje O, Londal K. Theoretical and practical, but rarely integrated: Norwegian primary school teachers' intentions and practices of teaching outside the classroom [J]. Journal of Outdoor and Environmental Education, 2021,24(2):133-150.

[32] XUE E, LI J. What is the ultimate education task in China? Exploring "Strengthen Moral Education for Cultivating People" ("Li De Shu Ren") [J]. Educational Philosophy and Theory, 2021,53(2):128-139.

[33] Yakman G. What is the point of STEAM?-A brief overview [J]. STEAM Education, 2010,7(9):1-9.

[34] Zhang J, Wang J, Min S D, et al. Influence of curriculum quality and educational service quality on student experiences: A case study in sport management programs [J]. Journal of Hospitality, Leisure, Sport & Tourism Education, 2016(18):81-91.

(三) 其他文献

[1] Flekkøy K G. Many outdoor accidents can be averted [EB/OL]. (2021-12-08)[2024-04-24]. https://www. nih. no/english/research/news/2021/many-outdoor-accidents-can-be-averted. html.